中国人事科学研究院
·学术文库·

职称制度的历史与发展

谢晶 著

中国社会科学出版社

图书在版编目（CIP）数据

职称制度的历史与发展／谢晶著.—北京：中国社会科学出版社，2019.10（2022.2重印）

ISBN 978-7-5203-5275-8

Ⅰ.①职… Ⅱ.①谢… Ⅲ.①职称—人事制度—研究—中国 Ⅳ.①D630.3

中国版本图书馆 CIP 数据核字（2019）第 215328 号

出 版 人	赵剑英
责任编辑	孔继萍
责任校对	季　静
责任印制	郝美娜

出　　版	中国社会科学出版社
社　　址	北京鼓楼西大街甲 158 号
邮　　编	100720
网　　址	http://www.csspw.cn
发 行 部	010-84083685
门 市 部	010-84029450
经　　销	新华书店及其他书店
印刷装订	北京市十月印刷有限公司
版　　次	2019 年 10 月第 1 版
印　　次	2022 年 2 月第 2 次印刷
开　　本	710×1000　1/16
印　　张	17.5
插　　页	2
字　　数	226 千字
定　　价	98.00 元

凡购买中国社会科学出版社图书，如有质量问题请与本社营销中心联系调换
电话：010-84083683
版权所有　侵权必究

序

职称制度是我国专业技术人员管理的一项基本制度，是衡量我国专业技术人员学术技术水平和专业能力高低的重要标志。随着经济社会发展、干部人事制度的变革，职称制度经历了新中国成立初期到60年代中期的技术职务任命制、改革开放初期到1983年的技术职称评定制、1986年以来的专业技术职务聘任制、1991年以后的"资格"与"职务"并存、2016年以来的全面深化职称制度改革等不同历史阶段，在团结凝聚专业技术人才、激励专业技术人才干事创业、提升专业技术人才队伍整体素质等方面发挥了积极作用，对专业技术人才评价起到了指挥棒和风向标作用。纵观各个历史阶段，职称制度主要由三个基本要素构成，即体系结构、评审机制和结果的使用。体系结构是关于职称系列设置的概括性描述，即规定职称设定的专业范围、等级划分；评审机制是职称制度的核心要素，是发挥职称评价"指挥棒""风向标"作用的关键所在，主要包括评审标准、评审委员会、评审方法和程序等；结果使用的根本就是评聘关系，有"评聘结合"和"评聘分开"两种基本模式。

本书基于职称制度发展的历史脉络，全景式地呈现了专业技术人员职称制度改革状况。全书共分十章，第一章总括性地介绍了职称制度的基本概念、构成要素和历史特征；第二章到第九章对新中国成立以来职称制度的改革发展状况进行了历史梳理，第二章介绍了新中国成立以来到20世纪60年代实行的技术职务任命制，第三章介绍了基于20世纪60年代学衔称号制度的探索，在改革开放初期到1983年实行的技术职称评定制，第四章介绍了1986年专业技术职务聘任制的诞生及到1989年年底首次评聘工作的试行总结情况，第五章介绍了1990年后企事业单位正式开展专业技术职务评聘工作情况，第六章介绍了专业技术资格评价的出现和发展，第七章介绍了21世纪以来职称制度改革探索实践情况，第八章介绍了职称评审社会化的有关概念、发展及改革思路，第九章介绍了新一轮职称制度改革的主要任务、指导精神、具体实施情况；第十章对国外专业技术人员的相关职务管理制度进行了概要介绍。职称改革任重道远，笔者能力有限，希望通过本书的介绍，读者能够对职称制度有全局性概览，对未来职称制度改革发展提供一定的借鉴和参考。

本书的写作得到了中国人事科学研究院余兴安院长和蔡学军副院长的悉心指导和鼎力帮助。蔡学军副院长、黄梅、孙一平参与了本书的写作，提供了许多核心素材，黄梅执笔撰写了第八章职称评审社会化，孙一平执笔梳理了职称评聘关系的问题，以及各地深化职称制度改革意见。中国人事科学研究院的相关专家、团队成员以及其他同事们，特别是董志超主任、范巍主任、赵宁也都提供了重要帮助。在此，对以上领导、专家、同事们表示衷心的感谢！

由于能力水平有限，错谬之处在所难免，敬请各位读者与同人提出宝贵意见，并欢迎通过电子邮箱 xj0722@163.com 直接与我联系，我将不胜荣幸！同时，值此国家大力推进职称制度改革之际，真诚地希望有更多的学者能为职称制度改革献计献策。

谢　晶

2019年5月

目　录

第一章　绪论 …………………………………………………（1）
　第一节　职称的概念 ………………………………………（1）
　　一　职务 …………………………………………………（2）
　　二　称号 …………………………………………………（3）
　　三　资格 …………………………………………………（6）
　第二节　职称制度的构成要素 ……………………………（8）
　　一　体系结构 ……………………………………………（8）
　　二　评审机制 ……………………………………………（16）
　　三　结果的使用 …………………………………………（20）
　第三节　我国职称制度的历史特征 ………………………（24）
　　一　以实行职务等级工资制为导向的技术职务
　　　　任命制（新中国成立至60年代）……………………（24）
　　二　以学衔制探索为导向的技术职称评定制阶段
　　　　（1978—1983年）……………………………………（25）
　　三　以职务管理为导向推行专业技术职务聘任制
　　　　阶段（1986—1995年）………………………………（25）
　　四　以完善人才评价机制为导向的"职务管理"和
　　　　"资格管理"选择阶段（1995—2016年）……………（26）
　　五　以人才分类评价机制改革为导向的深化职称
　　　　制度改革阶段（2016年至今）………………………（27）

第二章 技术职务任命制 ……………………………………（29）

第一节 制度背景 ………………………………………（29）
一 新中国成立初期专业技术人员的特点 ……………（29）
二 革命根据地的专业技术人才的管理制度 …………（31）
三 南京国民政府的专门职业及技术人员管理方式 ……（34）
四 苏联干部管理模式和制度的借鉴 …………………（37）

第二节 职称的体系结构 ………………………………（40）
一 1952年工资改革中规定的职务等级体系 …………（40）
二 1956年工资改革中的职务等级体系 ………………（41）

第三节 职称的评审机制 ………………………………（44）
一 评定依据 ……………………………………………（45）
二 评定标准 ……………………………………………（46）
三 评定方式 ……………………………………………（47）

第四节 评价结果的使用 ………………………………（48）
一 "大一统"的干部职务管理体制（1949—1952年）……（49）
二 "分部分级"的干部职务管理体制（1953—1959年）……（51）
三 "强调统一管理"的干部职务管理体制（1960—1964年） …………………………………………………（53）
四 干部管理体制遭到破坏停滞（1966—1976年）……（55）

第三章 技术职称评定制 …………………………………（56）

第一节 制度背景 ………………………………………（56）
一 党中央的倡导 ………………………………………（56）
二 专业技术干部回归岗位的需求 ……………………（57）
三 落实党的知识分子政策的要求 ……………………（59）
四 工资遗留问题 ………………………………………（59）

第二节 职称的体系结构 ………………………………（60）

  一　职称框架 …………………………………………… (60)
  二　职称评定条例的设置 ……………………………… (62)
 第三节　职称的评审机制 ………………………………… (64)
  一　评审标准 …………………………………………… (65)
  二　评价方式 …………………………………………… (68)
  三　管理机制 …………………………………………… (69)
 第四节　技术职称评定制的评价 ………………………… (70)
  一　主要成效 …………………………………………… (70)
  二　存在问题 …………………………………………… (71)
  三　改革思路 …………………………………………… (72)

第四章　专业技术职务聘任制 ……………………………… (75)
 第一节　制度背景 ………………………………………… (75)
  一　专业技术职务聘任制实行的目的和意义 ………… (76)
  二　专业技术职务聘任制的功能定位 ………………… (76)
  三　实行专业技术职务聘任制的要求 ………………… (78)
  四　试行经验基础上制度逐步完善 …………………… (80)
 第二节　职称的体系结构 ………………………………… (82)
  一　专业技术职务系列 ………………………………… (82)
  二　专业技术职务岗位设置 …………………………… (83)
  三　专业技术职务试行条例 …………………………… (84)
 第三节　职称的评审机制 ………………………………… (87)
  一　评价标准 …………………………………………… (87)
  二　评审委员会 ………………………………………… (90)
  三　评审方法 …………………………………………… (91)
 第四节　评价结果的使用 ………………………………… (91)
  一　聘任制 ……………………………………………… (91)
  二　任命制 ……………………………………………… (92)

三　资格认定制 ………………………………………………（93）
　　四　考核 ……………………………………………………（93）
　第五节　首次评聘工作的总结 …………………………………（94）
　　一　主要成效 ………………………………………………（95）
　　二　存在问题 ………………………………………………（96）
　　三　当时提出的改革方向 …………………………………（97）

第五章　企事业单位评聘专业技术职务 …………………（104）

　第一节　岗位设置 ………………………………………………（104）
　　一　按需设岗 ………………………………………………（105）
　　二　岗职匹配 ………………………………………………（106）
　　三　结构比例和职数适当 …………………………………（107）
　　四　动态高效 ………………………………………………（107）
　第二节　评价标准 ………………………………………………（108）
　　一　关于学历 ………………………………………………（109）
　　二　关于资历 ………………………………………………（110）
　　三　关于外语 ………………………………………………（111）
　　四　关于破格 ………………………………………………（112）
　第三节　评审委员会 ……………………………………………（113）
　　一　组建要求 ………………………………………………（113）
　　二　评审专家 ………………………………………………（114）
　　三　评价方法和程序 ………………………………………（115）
　　四　评审权的下放 …………………………………………（116）
　第四节　聘后管理 ………………………………………………（117）
　　一　评聘选择 ………………………………………………（117）
　　二　职务聘任 ………………………………………………（119）
　　三　聘后考核 ………………………………………………（120）

第六章 专业技术资格评价 (122)

第一节 专业技术任职资格 (122)
一 概述 (123)
二 专业技术任职资格考试 (123)
三 专业技术任职资格评审 (126)

第二节 专业技术人员职业资格 (130)
一 概述 (131)
二 考试考务管理 (134)
三 职业资格与职称的区别 (136)

第三节 资格评价实践 (137)
一 非公经济组织专业技术人员的职称评定 (138)
二 农民技术人员的职称评定 (140)

第七章 新世纪以来职称制度改革探索实践 (144)

第一节 职称制度改革深化的基础 (144)
一 职业分类体系日渐成熟 (145)
二 事业单位人事制度改革不断推进 (147)
三 职称制度的改革思路逐步明确 (149)

第二节 基层职称制度改革的探索 (151)
一 高校和科研院所的职称制度改革探索 (151)
二 中小学教师的职称制度改革探索 (153)
三 基层专业技术人员职称制度改革探索 (156)

第三节 专业技术人员职称状况调查 (159)
一 调查内容 (160)
二 调查结果 (162)
三 调查发现 (165)

第八章 职称评审社会化 (172)

第一节 概述 ……………………………………………（172）
一 概念界定 ……………………………………………（172）
二 构成要素 ……………………………………………（174）
三 主要特征 ……………………………………………（176）
第二节 我国职称评审社会化的发展概况 ………………（178）
一 我国职称评审社会化的形成发展 …………………（178）
二 职称评审社会化的意义 ……………………………（180）
三 职称评审社会化存在的突出问题 …………………（182）
第三节 职称社会化评价的改革思路和路径 ……………（186）
一 典型国家专业技术资格社会化评价制度的经验借鉴——以工程师为例 ……………………………（187）
二 职称评审社会化改革思路 …………………………（192）
三 职称评审社会化改革 ………………………………（193）

第九章 新一轮职称制度改革 ………………………………（198）
第一节 新一轮职称制度的主要任务 ……………………（198）
一 改革文件正式出台 …………………………………（198）
二 职称改革的主要任务和发展方向 …………………（200）
第二节 新一轮职称制度的精神 …………………………（204）
一 发挥"指挥棒"和"风向标"作用 …………………（204）
二 突出职称的分类评价导向 …………………………（205）
三 强调评价的科学规范有序 …………………………（207）
四 确立职称评审的法律地位 …………………………（209）
第三节 各地深化职称制度改革意见 ……………………（210）
一 职称体系 ……………………………………………（211）
二 评价标准 ……………………………………………（212）
三 评价机制 ……………………………………………（213）
四 评聘方式 ……………………………………………（214）

五　管理服务方式……………………………………（216）
　第四节　分系列职称制度改革………………………………（217）
　　一　技工院校教师职称制度改革…………………………（218）
　　二　会计人员职称制度改革………………………………（219）
　　三　工程技术人员职称制度改革…………………………（221）
　　四　民用航空飞行技术人员职称制度改革………………（223）
　　五　自然科学研究人员职称制度改革……………………（225）
　　六　经济专业人员职称制度改革…………………………（227）

第十章　国外的专业职务制度……………………………………（229）
　第一节　苏联的学衔制度……………………………………（229）
　　一　体系结构………………………………………………（229）
　　二　评审机制………………………………………………（230）
　　三　结果的使用……………………………………………（232）
　第二节　美国高校的专业职务制度…………………………（234）
　　一　体系结构………………………………………………（235）
　　二　评审机制………………………………………………（236）
　　三　结果的使用……………………………………………（239）
　第三节　其他国家高校的专业职务制度……………………（242）
　　一　英国高校的专业职务制度……………………………（242）
　　二　德国高校的专业职务制度……………………………（247）
　　三　日本高校的专业职务制度……………………………（251）

参考文献……………………………………………………………（255）

第 一 章

绪 论

职称制度是我国专业技术人员管理的一项基本制度，是衡量我国专业技术人员学术技术水平和专业能力高低的重要标志。这一制度在团结凝聚专业技术人才、激励专业技术人才干事创业、提升专业技术人才队伍整体素质等方面都发挥了积极作用。随着经济体制改革和干部人事制度发展，我国职称制度的功能定位、适用范围、构成要素及其内在结构关系不断发生重大变化，在不同历史时期也呈现出相应的不同特点。

第一节 职称的概念

"职称"这一概念是在长期的历史条件下逐步形成的，新中国成立之初，根据当时的专业技术人员状况，借鉴苏联对专业技术干部的管理模式，对职称最初的提法是"职务的名称"，后来又出现了学衔、荣誉称号、技术称号、学术称号等多种提法，随着社会主义市场经济体制的不断推进，又有了专业技术资格、职业资格等提法。这些提法均体现了当时的经济社会需求导致的政策思路，无论从内涵还是作用上都发生了变化。

一 职务

职称最本源的提法，即"职务之名称"，是专业技术职务的体现。职务有两个基本属性：一是"职务"设计与组织（单位）目标任务密切联系。有组织（单位）才有"职务"，没有超越组织（单位）、社会通用的职务；二是与品位管理不同。"职务"设计坚持以"事"为中心，有明确职责、任职条件和任期。在新中国成立之初的技术职务任命制和1986年建立的专业技术职务聘任制都是依照此提法进行设计的。

新中国成立时，为了尽快恢复和发展国民经济，国家全盘接受了旧中国留给我们的很少的专业技术人员，本着维持原职原薪的政策，对他们的学术技术等级和学术职务，经过核定后基本予以保留。1952年和1956年，在中央人民政府领导下进行了两次工资改革，都是设想实施一套相对完整的"职务等级工资制"。这制度实际上是将专业技术人员的职称评定、职务聘任和工资待遇三者结合起来，根据技术业务工作、管理工作的需要以及专业技术人员的德、才条件，包括专业技术人员的学术技术水平、工作能力和工作成就，由干部主管部门任命专业技术工作者担任某一职务，担任什么职务即领取什么职务的工资，不担任该职务，则工资及职务名称随即取消。这时的"职称"主要是源自专业技术行政管理和机构设置编制的需要，只是表示一个人的职务，并不一定表示水平、能力和贡献等，即使不称职，只要在其位就可有其"称"，数量有一定的限制，主要解决专业技术岗位责任及工资分配等问题。

1986年2月，国务院正式发布《关于实行专业技术职务聘任制度的规定》，其中明确"专业技术职务是根据实际需要设置的工作岗位，是学术、技术、专业职务的统称，是需要具备一定程度的、系统的专门知识才能担负的职务，不同于一次获得后而终身拥有的学位、学衔、学术和各种技术称号"。作为职务，要有明确的职责，数量由编制确定，各级职务有一定的结构比例，有一定任期，在任职期间领取专业技术职务工资。这就从根本上明确了职称的"职务"属性。

二 称号

职称的另一种提法，是称号，即代表专业技术人员学术技术水平的称号。这种提法包括20世纪50年代中期到60年代中期提出的"学衔""荣誉称号""技术称号""学术称号"等，还有改革开放初期提出的"技术职称"和"业务技术职称"。

（一）学衔

新中国成立之初，由于专业技术人员的职务是根据业务和行政管理的需要而任命的，加之工资级别的调整又受调整幅度的限制，因而专业技术人员的职务晋升不能与学术技术水平的提高对应起来，不能随专业技术人员学术技术水平的提高而相应地提升其职务和工资。专业技术人员的职务晋升受到限制，在一定程度上影响了专业技术人员钻研技术业务的上进心和积极性，也无法充分发挥专业技术人员的专长。为解决一些人学术技术水平显著提高后不能晋升职务的问题，就产生了主要根据学术、技术水平不受职务限制地晋升资格称号的想法。

1955年9月，经周恩来提议，中共中央、国务院指示由林枫、张际春、钱俊瑞、范长江、杨秀峰、张稼夫、董纯才、徐运北、孙志远、薛暮桥、毛齐华、李颉伯、曾一凡13人组成"学位、学衔、工程技术专家等级及荣誉称号等条例起草委员会"，开始相关条例的起草工作。1956年6月起草委员会向中央报送了11个条例草案。其中《高等学校教师学衔条例》与《科学研究工作者学衔条例》中的定名分别为：教授、副教授、讲师、助教；教授、研究员、副研究员、助理研究员。① 在这次起草报告中，明确了学衔的定义为："国家根据科学研究人员、高等学校教师在工作岗位上所达到的学术水平、工作能力和工作成就所授予的学术职务称号。"从概念上，1956年要设的学衔实质上是后来职称类别中的一部分，即高教与科研职称的别称。

（二）荣誉称号

1956年报送的11个条例中，有3个条例《中华人民共和国授予文学艺术工作者荣誉称号条例》《中华人民共和国授予中等以下学校教师荣誉称号条例》《社会主义劳动英雄荣誉称号条例》是属于完全荣誉性质的。② 这3个条例将荣誉称号分别定名为：中华人民共和国功勋作家（艺术家、演员），是我国文学艺术工作者的最高荣誉称号；中华人民共和国功勋教师，作为国家专门授予中、小学教师的最高荣誉；"社会主义劳动英雄"的荣誉称号作为国家在经济建设、文化建设以及其他各方面奖励有功人员的最高荣誉称号。

（三）技术称号和学术称号

由于新中国刚刚成立不久，国家财政收入不足，自1959年开始又连续三年自然灾害，国家经济暂时困难，1960年工资冻结，然而广大技术干部在困难中仍然不断追求学术技术进步，这时有人提出，不能给他们升工资，难道不能给他们弄个称号吗？中央也认识到了学术称号的重要性，1961年11月12日，时任国务院副总理、国家科委主任的聂荣臻同志向中央提出了"关于建立学位、学衔、工程技术称号等制度的建议"。

1962年1月，中央科学小组、国家科委党组通知中共中央宣传

---

① 徐颂陶：《中国人事管理工作实用手册》（上），中国财政经济出版社1991年版，第155页。

② 同上书，第156页。

部等六部委着手起草工作。1962年在国家科委主持下，由周培源等11人组成"学位、学衔、工程技术称号"起草工作小组。在工作过程中，起草小组也曾经提出，对专业技术人员实行职务聘任办法，但由于当时技术职务任命制和职务等级工资制的局限性，职务的晋升和学术技术水平的提升难以同步。最终确定有必要建立一种有别于职务，而又能标志学术技术水平的称号制度。根据这一思想，这个小组先后草拟了《中国科学院，自然科学研究所研究技术人员定职升职暂行办法（草案）》《工业、农业、医药卫生科学技术人员称号试行条例（草案）》，同时采纳了1960年颁发的《高等学校教师职务名称及其确定与晋升办法的暂行规定》。

起草小组在《工业、农业、医药卫生科学技术人员称号试行条例（草案）》中，提出了建立"技术称号"的问题。"技术称号"不同于学位，"对于获得技术称号者的要求，具有科学理论水平固然重要，但更重要的是具有解决实际技术问题的能力"。并强调"技术称号是一种荣誉称号。改任其他职务时仍可保持已经取得的技术称号……它不同于技术职务名称"。条例起草过程中，还提出了"学术称号"的问题，明确："学术称号与职务名称不同之处，是在于学术称号带有荣誉的性质，可以终身保持。至于担任讲师、助理研究员及其以下职务者，没有必要终身保持这些名称，所以没有把这些职务名称当作一级学术称号列入条例。"

（四）技术职称和业务技术职称

1977年9月23日《中共中央关于召开全国科学大会的通知》提出："应该恢复技术职称，建立考核制度，实行技术岗位责任制。"自此，"职称"一词被明确使用出来。1979年12月7日，原国务院科技干部局发出《关于做好科技干部技术职称的评定工作的通知》，职称工作开始正式恢复。通知指出："评定技术职称，须经过相应的技术或学术组织（评审委员会）考核评定，主要是以工作成就、技术水平和业务能力为依据，适当考虑学历和从事技术工作的资历，没有比例限制，不和工资挂钩。"这里提出了"技术职称"的概念，即反映科技干部工作成就、技术水平和业务能力的称号。1981年3月在《国家人事局关于贯彻执行国务院颁发的七种业务技术职称[①]暂行规定若干问题的说明》中明确指明"业务技术职称是反映专业干部的学识水平、业务能力和工作成就的称号"。

"技术职称"和"业务技术职称"在提法上有些许不同：一是前者强调"技术水平"，后者强调"学识水平"；二是"工作成就"先后次序不同；三是前者反映的是"科技干部"，后者反映的是"专业干部"。但评价内容基本都是一致的，都是称号，不与工资挂钩。这时职称的内涵可概括为：区别专业技术（或学识）水平能力与成就的等级称号。所谓"恢复技术职称"的说法，是指恢复"文化大革命"前的"职务名称"，但在实际工作中，都强调评定职称，是反映专业技术人员的学术技术水平和业务能力的资格水平。这样，评定职称实质上成了资格称号评定。

三　资格

职称作为"资格"的提法，源自20世纪90年代，在深化经济体制改革、建立社会主义市场经济的新形势下，伴随着企事业单位转制，开始推行专业技术资格制度和职业资格制度，职称成为一种资格，开始实行评聘分开。

（一）专业技术资格

1992年国务院下发《全民所有制工业企业转换经营机制条例》，其中明确"企业享有人事管理权"，"企业有权根据实际需要，设置在本企业内有效的专业技术职务。按照国家统一规定评定

[①] 国务院已经批准颁发的统计、编辑、外语翻译、新闻记者、经济、图书档案资料、会计七种专业干部业务技术职称暂行规定。

的具有专业技术职称的人员,其职务和待遇由企业自主决定"。面对经济体制改革这一新形势,1992年年底国务院下发《国务院职称改革工作领导小组关于当前职称改革工作中有关问题的通知》,提出"按照国家统一规定评定和全国统一组织的专业技术资格考试取得的专业技术资格,是专业技术人员水平能力的标志,不与工资等待遇挂钩,可作为企事业单位聘任专业技术职务的依据之一"。最早开展专业技术资格考试的是计算机软件、统计、经济、会计、审计等的初、中级职称。

1993年10月1日《中华人民共和国科技进步法》发布,其中规定:"国家实行专业技术职称制度。科学技术工作者可以根据其学术水平、业务能力和工作实绩,取得相应的职称。"这里的"职称"实际上就是指专业技术资格。随后,人社部陆续会同有关部委根据两个文件的精神制订的中、高级专业技术资格评审条件陆续颁布。1994年人事部专门出台文件——《专业技术资格评定试行办法》,对科技人员的中、高级专业技术资格评定做出规定。其中明确专业技术资格的概念,即"专业技术资格是学术技术水平的标志,一般没有岗位、数量的限制,不与工资等待遇挂钩,可作为聘任专业技术职务的依据"。并且提出对专业技术资格,"国家通过制定标准条件,实行宏观控制"。这标志着职称由职务向资格的转型。

(二) 职业资格

1986年,我国颁布了《注册会计师条例》,建立了第一项专业技术职业资格制度。1993年,国家明确提出要制定各类职业的资格标准和录用标准,实行学历文凭和职业资格两种证书制度。根据这一要求,政府有关部门开始积极研究在相应领域推行职业资格制度。1994年劳动部、人事部颁发了《职业资格证书规定》,同年7月,职业资格证书制度写入《中华人民共和国劳动法》,1995年人事部颁发了《职业资格证书制度暂行办法》,对专业技术人员职业资格进行了相应的规定，提出"国家按照有利于经济发展、社会公认、国际可比、事关公共利益的原则，在涉及国家、人民生命财产安全的专业技术工作领域，实行专业技术人员职业资格制度"。2007年国务院办公厅下发《关于清理规范各类职业资格相关活动的通知》，提出"要根据职称制度改革的总体要求，将专业技术人员职业资格纳入职称制度框架，构建面向全社会、符合各类专业技术人员特点的人才评价体系"。专业技术人员职业资格是对从事某一职业所必备的学识、技术和能力的基本要求，包括从业资格和执业资格。[①] 从业资格是政府规定专业技术人员从事某种专业技术性工作的学识、技术和能力的起点标准。执业资格是政府对某些责任较大，社会通用性强，关系公共利益的专业技术工作实行的准入控制，是专业技术人员依法独立开业或独立从事某种专业技术工作学识、技术和能力的必备标准。

第二节 职称制度的构成要素

职称制度作为我国专业技术人员评价和管理制度，主要包括体系结构、评审机制和评价结果的使用三个基本要素。其中体系结构是专业技术职务系列框架的概括性描述，包括职称系列和层级设计等；评审机制是职称评价制度的核心，包括评审标准、方法和程序等；评价结果的使用是职称作用的体现，重点反映了评聘关系。

一 体系结构

（一）框架描述

职称的体系结构就是关于职称系列设置的概括性描述，即规定

---

① 人事部：《职业资格证书制度暂行办法》，1995年1月17日。

职称设定的专业范围、等级划分。我国现行的 29 个职称系列是 1986 年专业技术职务聘任制建立时形成的,沿用至今。从架构上,包括职组、职系、职级和职等。所谓职系也可称为职种,是工作性质相同的职务的集合。职组是若干工作性质接近的职系的集合。每个职组由若干职系构成。29 个专业技术职务系列大体可对应到"职组"的划分,职系就是各个专业技术职务系列下对应的若干专业技术职务。所谓职级是工作性质相同,工作难易、责任轻重、任职资格条件也相同的职务的集合。所谓职等则是工作性质不同,而工作难易、责任轻重、任职资格条件相当的职级的集合。尽管职称制度中没有明确采用"职级"和"职等"的概念,但事实上目前我国专业技术职务职级和职等体系已基本建立。对应到"职级"上,专业技术职务分为高、中、初级三个档次;对应到"职等"上,专业技术职务可以对应到 13 个等级岗位上,其中正高级专业技术职务岗位为 1—4 级,副高级岗位为 5—7 级;中级岗位为 8—10 级;初级岗位为 11—13 级,如表 1—1、表 1—2 所示。

表 1—1　　　　　　　　29 个专业技术职务系列

序号	系列	专业技术职务名称和档次			
		高级		中级	初级
1	高等学校教师	教授	副教授	讲师	助教
2	社会科学研究人员	研究员	副研究员	助理研究员	实习研究员
3	自然科学研究人员	研究员	副研究员	助理研究员	实习研究员
4	卫生技术人员	主任医师	副主任医师	主治医师	医师	医士
		主任药师	副主任药师	主管药师	药师	药士
		主任护师	副主任护师	主管护师	护师	护士
		主任技师	副主任技师	主管技师	技师	技士

续表

序号	系列	专业技术职务名称和档次			
		高级		中级	初级
5	工程技术人员	高级工程师	工程师	助理工程师	技术员
6	农业技术人员	农业技术推广研究员	高级农艺师	农艺师	助理农艺师	农业技术员
			高级畜牧师	畜牧师	助理畜牧师	畜牧技术员
			高级兽医师	兽医师	助理兽医师	兽医技术员
7	新闻专业人员	高级记者	主任记者	记者	助理记者
		高级编辑	主任编辑	编辑	助理编辑
8	出版专业人员	编审	副编审	编辑	助理编辑
		—	—	技术编辑	助理技术编辑	技术设计员
		—	—	一级校对	二级校对	三级校对
9	图书、资料专业人员	研究馆员	副研究馆员	馆员	助理馆员	管理员
10	文博专业人员	研究馆员	副研究馆员	馆员	助理馆员	管理员
11	档案专业人员	研究馆员	副研究馆员	馆员	助理馆员	管理员
12	工艺美术专业人员	高级工艺美术师	工艺美术师	助理工艺美术师	工艺美术员
13	技工学校教师	高级讲师	讲师	助理讲师	教员
		高级实习指导教师	一级实习指导教师	二级实习指导教师	三级实习指导教师
14	体育教练员	国家级教练	高级教练	教练	助理教练
15	翻译专业人员	译审	副译审	翻译	助理翻译
16	广播电视播音	播音指导	主任播音员	一级播音员	二级播音员	三级播音员
17	海关专业人员	高级关务监督	关务监督	助理关务监督	关务员
18	会计专业人员	高级会计师	会计师	助理会计师	会计员

续表

序号	系列	专业技术职务名称和档次			
		高级		中级	初级	
19	统计专业人员	高级统计师		统计师	助理统计师	统计员
20	经济专业人员	高级经济师		经济师	助理经济师	经济员
		高级国际商务师		国际商务师	助理国际商务师	经济员
21	实验技术人员	高级实验师		实验师	助理实验师	实验员
22	中等专业学校教师	高级讲师		讲师	助理讲师	教员
23	中学教师	中学高级讲师		中学一级教师	中学二级教师	中学三级教师
24	小学、幼儿园教师	— || 小学高级教师	小学一级教师	小学二级教师	小学三级教师
25	艺术专业人员	一级编剧	二级编剧	三级编剧	四级编剧	
		一级作曲	二级作曲	三级作曲	四级作曲	
		一级导演	二级导演	三级导演	四级导演	
		一级演员	二级演员	三级演员	四级演员	
		一级演奏员	二级演奏员	三级演奏员	四级演奏员	
		一级指挥	二级指挥	三级指挥	四级指挥	
		一级美术师	二级美术师	三级美术师	四级美术师	
		一级舞美设计师	二级舞美设计师	三级舞美设计师	四级舞美设计师	
26	公证员	一级公证员	二级公证员	三级公证员	四级公证员	公证员助理
27	律师	一级律师	二级律师	三级律师	四级律师	律师助理
28	船舶技术人员	高级船长		船长、大副	二副	三副
		高级轮机长		轮机长、大管轮	二管轮	三管轮
		高级电机员		通用电机员一等电机员	二等电机员	—
		高级报务员		通用报务员一等报务员	二等报务员	限用报务员

续表

序号	系列	专业技术职务名称和档次			
		高级	中级	初级	
29	民用航空飞行技术人员	一级飞行员	二级飞行员	三级飞行员	四级飞行员
		一级领航员	二级领航员	三级领航员	四级领航员
		一级飞行通讯员	二级飞行通讯员	三级飞行通讯员	四级飞行通讯员
		一级飞行机械员	二级飞行机械员	三级飞行机械员	四级飞行机械员

表1—2　　　　　　　职称制度中职级和职等的对应

高级							中级			初级		
正高级				副高级						助理级	助理级	员级
一级	二级	三级	四级	五级	六级	七级	八级	九级	十级	十一级	十二级	十三级

(二) 构建基础

职称的功能定位决定了其构建基础的不同。作为"专业技术职务"的职称，其构建基础是"职务分类"；而作为"资格"评价的职称，其构建基础是"职业分类"。

1. 职务分类

所谓职务分类，就是指以客观存在的事实为依据，将职务按其工作性质、任务的繁简难易程度、责任的大小、承担本项工作的资格及条件，加以分析和比较，并根据一定的标准，把每一个职务都归入适当的等级档次，以此作为劳动报酬和任用、考核、晋升、调配、奖惩员工的基本依据。由此可见，职务分类本身不是目的，而只是人事治理的一种科学方法。具有如下特点：一是坚持以事为中心。与"品位分类"相对，职务分类以"事"为中心，即职务的工作、责任及所需的资格条件，不同于品位分类的以"人"为中心；职务分类重视工作和责任，待遇随着工作和责任加重而提高，不同于品位分类重视"名分"，只要"名分"提高便增加待遇；职务分类具有较大的科学性和专业化，不像品位分类缺乏科学依据。二是坚持"适才适用"与"适才适遇"是职务分类的两大基本理念，有关职务分类的具体制度设计都是围绕这两个理念展开的。"适才适用"即"专才专用"，就是建立符合公共部门专业技术人员专业化发展的职业发展渠道，或者沿着职务的级别阶梯晋升，或是沿着职务序列的阶梯晋升，或者同时沿着两条阶梯晋升。"适才适遇"即"同工同酬"，就是要设计合理的工资保险福利制度。

职务是职务分类的基本单元，它是职务责任和职权的集合体。职务分类的程序因各国的政治制度、经济发展水平和社会文化背景的差异而有所不同，但主要的步骤和方法是共同的。(1) 拟定实施计划。主要内容包括确定主办机构、进行人员培训、拟定实施步骤以及经费预算等。(2) 进行职务调查。对职务的工作内容进行详细调查，为实行职务分类提供根据。(3) 区分职系和职组。在调查基础上对职务进行性质或行业的划分和归类。一般说，每个职系就是一种专门职业。划分职组可横向比较各职系间职级和职等的关系。(4) 划分职级和职等。职级、职等的区分在职务分类中最为重要，它为同工同酬奠定了基础，同一职等内的职级工资相同。(5) 撰写职级规范，按职务的规定编写职务说明书。说明书的内容包括：工作性质、工作项目、难易程度、责任轻重、权限范围、所需资格条件、工资待遇等。(6) 制定各种职务分类的法规，公布实施。(7) 办理职务归级。按工作人员所担负的工作归入相应的职级。(8) 职务动态调整。职务分类标准一旦确定，就应具有相对的稳定性，但随着社会状况的变化，行政管理职能也在变化之中，新功能、新业务、新关系在产生，有些旧功能、业务、关系在消失，职务之间的责任、权力也可能重新划定，必须采取相应的措施，对职务加以调整，使其与组织的职能变化保持一致。

2. 职业分类

职业是社会分工最基本的表现形式。职业分类是指以工作性质的同一性或相似性为基本原则，对社会职业进行的系统划分与归类。对职业进行分类管理，是现代市场经济条件下实现社会化管理的必然选择。职业分类作为制定职业标准的依据，是促进人力资源科学化、规范化管理的重要基础性工作，对于适应和反映经济结构特别是产业结构变化，适应和反映社会结构特别是人口、就业结构变化，适应和反映人力资源开发与管理特别是人力资源配置需求等方面都具有重要的意义。

1999年5月我国颁布了第一部《中华人民共和国职业分类大典》，该体系是参照国际劳工组织颁布的《国际标准职业分类》的基本原则和描述结构，借鉴发达国家的职业分类经验，并根据我国国情建立的。它依据工作性质的同一性原则将各类不同职业归为八个大类，其中第一大类是国家机关、党群组织、企业、事业单位负责人，第二大类是专业技术人员，第三大类是办事人员和有关人员，第四大类是商业、服务业人员，第五大类是农、林、牧、渔、水利业生产人员，第六大类是生产、运输设备操作人员及有关人员，第七大类是军人，第八大类是其他。将我国职业归为8个大类，66个中类，413个小类，1838个细类（职业）。

2010年启动大典修订，历时5年，于2015年颁布《中华人民共和国职业分类大典（2015年版）》，本次修订按照"深入贯彻科教兴国和人才强国战略，以适应国家经济社会发展需要为导向，根据我国实际，借鉴国际职业分类先进经验，构建与国民经济发展相适应、符合我国国情的现代职业分类体系，促进我国人力资源管理工作的科学发展"的指导思想，沿用1999年版大典确定的大类、中类、小类和细类（职业）的层级结构，并维持八大大类不变，将职业分类原则由"工作性质同一性"调整为"工作性质相似性为主，技能水平相似性为辅"。修订后的2015新版《大典》的职业分类结构为8个大类、75个中类、434个小类、1481个职业。与1999年版相比，维持8个大类、增加9个中类和21个小类，减少547个职业，如表1—3所示。

表1—3　　1999年版和2015年版大典的职业分类结构比较

大类	中类		小类		（细类）职业	
1999年和2015年相同	1999	2015	1999	2015	1999	2015
第一大类：国家机关、党群组织、企业、事业单位负责人	5	6	16	15	25	23
第二大类：专业技术人员	14	11	115	120	379	451
第三大类：办事人员和有关人员	4	3	12	9	45	25
第四大类：商业、服务业人员	8	15	43	93	147	278
第五大类：农、林、牧、渔、水利业生产人员	6	6	30	24	121	52
第六大类：生产、运输设备操作人员及有关人员	27	32	195	171	1119	650
第七大类：军人	1	1	1	1	1	1
第八大类：不便分类的其他从业人员	1	1	1	1	1	1
合计	66	75	413	434	1838	1481

第二大类专业技术人员的修订除遵循职业分类一般原则和技术规范外，还着重考量了职业的专业化、社会化和国际化水平。其中，专业化是指该职业的专业知识和专业技能独特性，社会化是指职业活动的社会通用型和国家对该职业的呼应程度，国际化是指职业定义和活动描述的国际可比性和等效性。最终，此次专业技术人员大类修订后减少了3个中类，增加了5个小类，增加

了72个细类（职业）。职业分类是实现"干什么评什么"的前提，职业分类大典的出台为推动我国职称制度改革发挥了重要作用，为建立专业技术人才能力素质标准，优化职称评审条件，提升专业技术人才开发与管理水平，推进专业技术人才评价国际化打下了重要基础。

二 评审机制

评审机制是职称制度的核心要素，是发挥职称评价"指挥棒""风向标"作用的关键所在，主要包括评审标准、评审委员会、评审方法和程序等。"职务"的评审与岗位密切相关，一般在岗位结构比例内开展评审，"资格"的评审一般采用社会化方式，即由独立于用人单位和专业技术人员的"第三方"，依据一定标准和程序对专业技术人员职业能力和学术技术水平进行评价。

（一）评审标准

我国有"玉尺量才"的说法，玉尺就是标准。评审标准是职称评审的依据，是职称评审活动中应用于评价对象的价值尺度和界限。基于"职务"的职称评审标准总体依据"用人做事"原则加以确定，重点考察专业技术人员的职业道德，专业性、技术性、实践性、创造性，以及履行岗位职责的工作绩效、创新成果的经济效益和社会效益等，即专业技术职务任职条件。而社会化的评价标准则需要以职业分类为基础、以职业能力为导向，形成体现不同职业特点和各类人才成长规律的职业能力标准。总体来看，评审标准包括德、学历、资历、能力和业绩等维度。

1. 德

自古以来"德才兼备""以德为先"就是对人才的评价标准，古人有云："有才无德是小人，无才有德是君子，德才兼备是圣贤。"我们党对于广大干部提出的德的要求，包括政治品质、社会公德、职业道德、个人品德和家庭美德五个方面。① 职称作为专业技术人员的评价制度，无论作为"职务"还是"资格"，对德也有明确的要求，由于职称是专业技术人员学术技术水平的体现，因此在德的方面更多注重考核的是职业道德，强调职业操守和社会责任。

2. 学历

学历是一个人受教育经历，一般表明其具有的文化程度。专业技术职务是需要具备专门的业务知识和技术水平才能担负的工作岗位，因此，在各个专业技术职务系列都有对学历的基本要求。一般而言，初级职称要求中专及以上学历；中级职称要求专科及以上学历；高级职称要求本科及以上学历。但也有一些职称对学历的要求是不一样的，比如：艺术系列职称，对学历是不作要求的；农业系列职称对学历要求相对较低，专科学历也可以评高级职称。对担任专业技术职务的学历要求问题，要始终坚持既重视学历又不唯学历的原则。重视学历，是保证评审质量的主要措施之一，因为一定的学历代表着专业技术人员所掌握专业基础知识的广度和深度，同时，不同的学历反映着不同的培养目标，而人才的培养目标和使用目标应该是一致的。重视学历，也涉及国家教育政策导向问题，关系到国家未来的兴衰。不唯学历，就是对虽然不具备规定学历，但确有真才实学的专业技术人员，也可以按照一定的条件进行评审，根据德才兼备原则和工作需要聘任相应的专业技术职务。②

3. 资历

在参加职称评审时，根据政策都有任职资历要求，这个任职资

---

① 中组部：《关于加强对干部德的考核意见》，2011年10月。
② 人事部职位职称司：《关于贯彻人职发〔1990〕4号文件有关问题的解答》，1991年5月8日。

历是指受聘担任某一职务的工作年限。不同的级别、不同的学历对应不同的任职资历要求。一般情况下，评中级职称最低需要专科以上学历；评高级需要本科以上学历。初级评中级，一般都是专科学历、聘任初级满 5 年；如果是本科学历，聘任初级满 4 年。中级评高级，一般都要求本科以上学历，聘任中级满 5 年。任职资历按受聘专业技术职务时间计算，从受聘之月起计算到申报当年的 12 月 31 日。这个计算都是周年，而不是虚年。在现岗工作一年以上转系列申报高一级专业技术资格的，其任职资历可按变动专业技术工作前后实际受聘任职年限累加计算。

4. 能力和业绩

能力和业绩是用来表明专业技术人员是否能够很好完成并胜任专业技术工作的主要证据。能力是指专业技术人员掌握的与工作相关的能力和技术水平，以及与未来发展相关的潜在能力。业绩是指专业技术人员从事该项专业工作以来所取得成绩，包括承担工作情况、突出表现、获得的奖项等。长期以来，为了便于量化，能力和业绩的要求逐渐变成对"论文、著作、外语、计算机、所获奖项以及继续教育时数"等硬性指标。同时提倡"对不具备专业技术职务试行条例规定的学历、资历条件，但确有真才实学、成绩显著、贡献突出的，可根据具体情况和工作需要破格评聘专业技术职务。具体破格条件由各地区、各部门提出，报人事部审核"[1]。

（二）评审委员会

评审委员会作为职称评审的专门机构，"是负责评议、审定专业技术人员是否符合相应专业技术职务任职条件的组织"[2]。其组建直接影响着评价的公正性、科学性，是职称评价的重要影响因素。职称评审委员会分为高级、中级和初级三个级别。各级评审委员会

---

[1] 人事部：《企事业单位评聘专业技术职务若干问题暂行规定》，1990 年 11 月 10 日。
[2] 国务院：《关于实行专业技术职务聘任制度的规定》的通知，1986 年。

按系列组建，不能建立综合性评审委员会。高级职务评审委员会一般应由国务院各部门和各省、自治区、直辖市组建，国务院各部门和各省、自治区、直辖市也可授权确实具备评审条件的下属单位直接组建、报部门或省、自治区、直辖市批准。本单位专业技术力量薄弱，不能成立评审委员会的，可以由上一级组织的评审委员会或聘请外单位专家与本单位专家共同组成的评审委员会承担评审任务。组建中级、初级职称评审委员会的基本条件由各地、各有关部门和单位自行制定，报上一级主管部门核准。

评审委员会应由具有较高的专业技术水平或担任较高专业技术职务、作风正派、办事公道、群众公认的专家组成，其中中青年应占一定比例。评审委员会可以是常设的，也可以在需要时临时组成。评审委员会的人选由本单位专业技术人员酝酿推荐，单位专业技术负责人提名，经单位领导批准。高级评委会一般由 25 人以上组成，委员应具有本专业的高级职务。中级评委会一般由 20 人以上组成，委员应具有本专业中级以上职务，具有本专业高级职务的委员不少于 1/2。初级评委会应由本专业中级以上职务者组成。行政领导一般不参加评委会。[①]

（三）评审方法和程序

职称评审实行考试（含答辩）、考核、评审相结合，对不同系列、不同层次各有侧重的办法，客观公正地测定申报人的任职条件和履行职责的能力、水平，具体内容和方式由各地区、各部门确定。评审结果报相应的人事（职改）部门审批备案。按照规定，评委会的评审工作必须坚持民主程序、走群众路线，提高评审工作的透明度和公开性。评审办法、评审条件、岗位数额等应向广大专业技术人员公布。对被评审人的学术、技术水平和业绩

---

① 人事部：《关于重新组建专业技术职务评审委员会有关事项的通知》，1991 年 4 月 25 日。

成果（含论文、著作）等基本情况广泛听取意见，然后组织一定范围、规模的答辩会，以测定被评审人的实际水平，作为评审的重要依据。

一般来说，职称评审要经过申报推荐、受理审核和组织评审三个环节。初级职称一般由基层单位党政联席会议审议后，报人事部门认定，具体事项包括：个人申报、评审前材料公示、基层单位审议、认定和结果公布等。中级职称实行基层评审组评议和中评委评定两级评审，具体事项包括：个人申报、资格审核和材料审核、推荐前材料公示、推荐指标下达、基层评审组评议推荐及结果公示、中评委评定、结果公布等。高级职称实行基层评审组评审、学科组评议和高评委评定三级评审。具体事项包括：个人申报、资格审核和材料审核、推荐前材料公示、推荐指标下达、推荐组评议推荐及结果公示、申报人员资格复核及同行专家通信评议、评议指标下达、学科组评议及结果公示、高评委评定、评定结果公布等。

三 结果的使用

职称评价结果使用的核心问题就是评聘关系，围绕这个问题，形成了"评聘结合"和"评聘分开"两种基本模式。两者最大的不同在于，评聘结合是职务聘任管理制度，要聘任职务才评定任职资格，"哪里评哪里有效"；而评聘分开是学术称号和职务聘任的综合体。

（一）评聘结合

也称单轨制，是专业技术职务聘任制最基本的评聘模式。1985年下半年，经党中央、国务院批准，全国51个试点单位开始专业技术职务聘任制试点。核心是实行专业技术职务聘任制度，实行专业技术人员的岗位责任制和以职务为主要内容的结构工资制。其主要做法是：根据实际需要设置专业技术工作岗位，规定明确的职责和任职条件；在定编定员的基础上，确定高、中、初级专业技术职务的合理结构比例；由行政领导在经过评审委员会评定的、符合相应条件的专业技术人员中聘任；有一定的任期，在任职期间领取专业技术职务工资。①

要聘任职务才评定任职资格。"专业技术职务是根据实际工作需要设置的有明确职责、任职条件和任期，并需要具备专门的业务知识和技术水平才能担负的工作岗位，不同于一次获得后而终身拥有的学位、学衔等各种学术、技术称号"，并"在任职期间领取专业技术职务工资"，所以，如果只评定了任职资格，没有受聘或受聘后又被解聘，没有或不再履行岗位职责，均不应领取相应的职务工资，也不能作为担任高级专业技术职务人员进行管理。

"哪里评哪里有效"。实行专业技术职务聘任制以后，只能是哪个地方哪个单位想聘任某个专业技术人员时，才将这个专业技术人员的有关材料提交评审委员会，对他是否具备担任拟聘职务的条件进行评审。那种认为只要一旦评上就全国有效、永远有效的观点是对聘任制的误解。这个省评的某个人调到另一个省，另一个省自然要按照本省的情况确认或重新评审这个人是否具备新聘任职务的条件。因为各地区经济、文化、教育发展不平衡，岗位情况和人员情况不同，甚至差异很大，对各系列的试行条例中任职条件的理解和执行，在掌握上很难做到宽严一致，因此，应该是哪里评的哪里有效。

（二）评聘分开

也称双轨制。1991 年人事部《关于职称改革评聘分开试点工

---

① 国务院：《关于实行专业技术职务聘任制度的规定》的通知，1986 年。

作有关事项的通知》中指出:"进行评聘分开试点工作,是为了进一步强化竞争机制,深化和完善专业技术职务聘任制度,研究探索少数专业系列实行职务聘任制,建立学术技术称号制度。"试点最初在人才密集单位的副高级职称中进行,后逐步推开。[①]

其主要做法是专业技术人员通过职称评审等方式,获取相应的专业技术职务任职资格;用人单位根据专业技术岗位的需要,自主聘任具备相应任职条件的专业技术人员担任相应的专业技术职务。其评聘对象为:在各种所有制经济成分的企事业单位专业技术工作岗位上工作的专业技术人员,只要遵守中华人民共和国宪法和法律,具备良好的职业道德和敬业精神,符合各专业中、高级技术评审条件所规定的申报条件,都可自主申报参加专业技术资格。这种模式可总结为"个人申报、社会评价、单位聘任、政府指导"。

任职资格与聘任职务有明确的界限。进行评聘分开试点工作,目的之一是"建立学术技术称号制度",任职资格只反映专业技术人员的学术技术水平,表明具备担任某一职务的学术技术水平和能力,不能与工资和待遇挂钩。而职务是根据工作需要设置的,有明确的职责、限额比例和任职期限的岗位,由行政领导择优聘任,在任期内领取职务工资。获得任职资格未被聘任人员,不得以任何借口要求兑现工资待遇。

(三) 两种模式的区别

评价人才是为了用好人才,评聘结合将职称评定与职务聘任、聘后管理等环节有机结合起来,体现了因事择人和责权利相统一原

[①] 选择试点单位只限于以下范围的人才密集单位:国务院各有关部委和各省、自治区、直辖市所属的高等院校、科研、设计单位;卫生部和各省、自治区、直辖市所属的卫生医疗机构;少数特大型、大型企业。属于上述范围的试点单位,只在本单位主体系列在职人员的副高级职务层次实行评聘分开,即高等院校的副教授;科研、设计单位的副研究员、高级工程师;特大型、大型企业的高级工程师;卫生医疗机构中的副主任医师和副主任药师。

则。评聘分开是把职称的评定和职务的聘任彻底分离开来。根本上这两种模式背后隐含着对职称功能定位理解的不同，集中体现在职称是"职务"还是"等级称号/资格"上。聘任的岗位称之为"专业技术职务"；而专业技术人员的水平则以"专业技术职务任职资格"来标识。

如果把职称作为根据用人单位实际工作需要设置的，有明确职责、任职条件和任期，并需要具备专门的业务知识和相应的学术技术水平、身体健康，才能担负的专业技术工作岗位，那么它不同于一次获得后而终身拥有的学位、学衔等各种学术、技术称号。应具有以下属性：（1）与工资待遇挂钩；（2）有数额限制；（3）有任期；（4）有明确的职责，与工作岗位紧密联系，只能依附于岗位而存在；（5）有明确的任职条件，相同的职务，因具体岗位不同，其任职条件可以有所不同；（6）离退休人员不能参加职务评聘，退休后其职务自然解聘；（7）能否被聘相应职务，首先取决于岗位需要，其次才取决于自身具备的条件。考核专业技术人员是否具备任职条件，重点要根据岗位需要考察其专业水平、工作能力及工作实绩、职业道德、发展潜力等方面的情况，看其能否履行相应的职务职责。

如果把职称界定为专业技术或学识、水平、能力与成就的等级称号，把它作为反映专业技术人员学术水平、工作能力及过去成就的标志，作为对专业技术人员的一种评价和承认。那么，这种意义上的职称应该具有如下特征：（1）不与工资待遇挂钩；（2）没有数额限制；（3）一旦取得，终身享有；（4）标准控制，相同的职称，评定的标准应该是相同的，不应因工作单位、地区、民族等因素而有所差异；（5）与使用无关，离退休人员也可以参加职称评定，如表1—4所示。

表1—4　　　　评聘结合与分开模式对职称制度功能定位的体现

维度	评聘结合	评聘分开	
		评（称号）	聘（职务/岗位）
评聘目的	评价与使用制度	评价	使用（聘任）
与薪酬关系	与工资待遇挂钩	不与工资待遇挂钩	与工资待遇挂钩
数量控制	有数额限制	没有数额限制	有数额限制
时效	有任期	无	有任期
与岗位的关系	依附岗位存在	跟专业/职业相关，与岗位无关	依附岗位存在
评价标准	相同的岗位/职务，相同的标准	相同的职称序列，相同的标准	相同的岗位，相同的标准

第三节　我国职称制度的历史特征

从新中国成立至今，职称制度历经了五个阶段，新中国成立初期的技术职务任命、1977—1983年的专业技术职称评定、1986—1995年的专业技术职务聘任、1995—2016年的职务管理和资格管理的选择阶段、2016年以来的深化职称制度改革。五个阶段的具体特征如下。

一　以实行职务等级工资制为导向的技术职务任命制（新中国成立至60年代）

这一时期没有明确的职称概念。专业技术人员是"国家干部"，其评价、使用、激励等与其他人员没有区别。"职称"有以下特征：（1）"职称"即职务名称，是职务等级工资制的重要组成部分。（2）职务级别等同于行政级别，与等级工资制挂钩，统一实行30个工资级别。（3）实行领导任命制，有岗位要求和数量限制，有任职期限。（4）技术职务适用范围限于机关技术人员（工程技术人员)、大学教学人员、中学教学人员、小学教学人员、科学研究人员、新闻工作人员、出版编辑人员、卫生技术人员、翻译工作人员和文艺工作人员10个系列。

二 以学衔制探索为导向的技术职称评定制阶段（1978—1983年）

这一时期以学衔制探索为导向。其特点是：（1）首次提出并明确了"职称"概念，即职称是"表明专业技术人员水平能力和工作成就的称号"[①]；（2）没有岗位要求和数量限制，没有任期，终身享有；（3）不与职务、待遇直接挂钩；（4）由行业专家依照标准和程序评审确定；（5）职务分类、评定标准和程序由国务院职称主管部门统一管理。到1983年，正式批准的职称系列发展到了22个。

三 以职务管理为导向推行专业技术职务聘任制阶段（1986—1995年）

这一阶段以"职务管理"为导向。其特点是：（1）职称是职务，"是根据实际工作需要设置的有明确职责、任职条件和任期，并需要具备专门的业务知识和技术水平才能担负的工作岗位，不同于一次获得后而终身拥有的学位、学衔等各种学术技术称号"。（2）实行岗位结构比例控制，有明确的任职条件和任职期限。（3）与工资、待遇挂钩。实行以职务为基础的结构工资制。（4）实行"评聘结合"，即由行政领导在经过评审委员会认定的、符合相应条件的人员中聘任。（5）职称系列从22个增加到29个。其间，自1991年开始进行"评聘分开"试点工作，专业技术人员

---

① 国务院科技干部局：《关于做好科技干部职称评定工作的通知》，1979年12月7日。

通过职称评审等方式，获取相应的专业技术职务任职资格；用人单位根据专业技术岗位的需要，自主聘任具备相应任职条件的专业技术人员担任相应的专业技术职务。"职称"开始游离在"职务"和"资格"之间。

四 以完善人才评价机制为导向的"职务管理"和"资格管理"选择阶段（1995—2016）

随着社会主义市场经济体制逐步建立、干部人事制度改革稳步推进以及国家职业资格制度建立和推行，这一阶段的职称框架体系与1986年确立的专业技术职务聘任制相比产生了较大变化。这一时期的职称框架体系承载了太多的内容，是国有企事业单位"职务管理"和社会化"资格管理"的混合体。具体表现在：（1）在功能定位上，"职称"既是职务又是资格。专业技术职务聘任制仍然实行，同时又探索面向非公单位、社会组织、专业服务机构甚至农民开展社会化资格评价。（2）在体系框架上，是既包括任职资格也包括许可类职业资格、职业水平评价"三位一体"的框架结构。[①]（3）在职称系列上，仍主要沿用29个职称系列，但已经实施职业资格制度，同时已不再开展职称评价的类别没有调整，新职务序列没有增加。（4）在评价和使用关系上，既有评聘合一又有评聘分开。（5）在适用范围上，打破"体制内外"的界限，搭建为全社会提供职称评价服务平台。[②]

[①] 2007年，国务院办公厅《关于清理规范资格认证活动的意见》首次提出将职业资格纳入职称框架。2009年全国人社厅局长会提出：建立新职称框架体系。这个体系包括许可类职业资格评价制度、职业水平评价制度和任职资格评价制度。

[②] 1997年，全国人事厅局长会议提出，突破职称工作中的陈旧观念的局限，把职称工作服务领域由国有单位延伸到农村、非国有单位和整个社会；突破职称工作对象的局限，把服务对象由传统的国家干部延伸到各级各类各种所有制的专业技术人才，包括乡土人才；突破职称工作老套方式的局限，把服务方式由单一的评聘扩大到评聘、考试、测评等多种评价机制，为各类人才服务。

五　以人才分类评价机制改革为导向的深化职称制度改革阶段（2016 年至今）

2016 年 11 月中央下发《关于深化职称制度改革的意见》，2018 年又连续下发《关于分类推进人才评价机制改革的指导意见》和《关于深化项目评审、人才评价、机构评估改革的若干意见》两个文件，明确了人才分类评价的导向。具体表现在：（1）在功能定位上，职称具有评价和管理双重属性，即职称制度是专业技术人才评价和管理的基本制度，是专业技术人才学术技术水平和专业能力的主要标志。（2）在体系框架上，确立了面向国有企事业单位、评聘结合的职称评审和面向非公有制单位、社会组织、自由职业者、评聘结合的社会化职称评审两大体系。（3）坚持评价与使用相结合。在事业单位，不再进行岗位结构比例外单独资格化的职称评审。（4）按照"谁使用、谁评价"原则，逐步下放职称评审权。确立用人单位、社会组织的主体地位。推动职称评审向协会、学会等社会组织有序转移。（5）初步厘清了职称制度与职业资格制度的关系。

纵观我国职称制度的演进过程，有以下几条基本经验：

（1）功能定位是建构职称框架体系的基石和逻辑起点。职称是"职务"，还是"称号"（资格），是深化职称制度改革应该着力解决的首要和最基本问题。

（2）职称框架体系调整、变化的动力，主要不是来自职称制度本身，而是来自干部人事制度和企业用人制度的综合配套改革。所以，不能就职称论职称。

（3）职称制度萌芽于干部分类管理改革，其适用对象和范围在不同时期都有特殊的规定性。从大一统的职称评审，要分类导向的职称评审，都反映了其特定时期的发展需要。

（4）坚持逻辑与历史的统一，把握好职称"变"与"不变"的关系。一是贯彻落实"尊重劳动、尊重知识、尊重人才、尊重创造"的方针，激发各类专业技术人员积极性、创造性的根本方针没有变；二是实行国家对职称工作的统一领导的制度模式没有变；三是国有企事业单位坚持以专业技术职务聘任制为导向的职务管理制度属性没有变；四是推进体制外专业技术人员职称评审社会化改革的方向没有变。

第二章

技术职务任命制

新中国成立之初,专业技术人员均属于国家干部,职称制度作为专业技术干部管理制度的重要组成部分,实行技术职务任命制和职务等级工资制,职务由各单位行政领导和组织部门考核任命,发放相应等级的工资。

第一节 制度背景

技术职务任命制是根据新中国成立初期专业技术人员的特点和状况,参考国民革命时期专门职业及技术人员管理制度,借鉴苏联干部管理模式和制度下制定和实施的。

一 新中国成立初期专业技术人员的特点

早在新民主主义革命时期,中国共产党就对发展科学文化事业、建设专业技术人才队伍给予了充分的重视。新中国成立前后,中国共产党和中央人民政府领导人多次指出,要建设独立、民主、和平、统一、富强的新中国,就必须大力发展科学文化事业,而要做到这一点,就必须高度重视妥善使用可能争取到的所有专门人才,并充分发挥他们的作用。新中国成立以后,专业技术人才队伍的家底很薄,高等学校毕业生仅18万人,科技人员仅5万人左右。

为此，中国共产党就开始有针对性地制定并实施一系列政策，组建新中国专业技术人才队伍。这支队伍主要来自以下几个部分。

（一）革命根据地的专业技术人才

民主革命时期，革命根据地培养了一支与革命斗争密切相关，以无线电通信、军事工业、医疗卫生、新闻等为重点的红色专业技术人才队伍。而且先后派遣了110名学生留学苏联，学习机械工程、飞机制造、无线电技术等专业，为新中国成立后的专业技术人才队伍建设做准备。新中国一成立，这部分专业技术人员就发挥了关键性组织领导作用，在新中国专业技术干部队伍建设中自觉发挥政治骨干作用、模范带头作用。

（二）旧中国留下的专业技术人才

为动员更多的知识分子尽快加入新中国建设者的行列，1949年5月，周恩来对参加中华全国第一次自然科学工作者代表大会筹备工作的205位科技界人士郑重宣布，凡从事自然科学研究或实际工作者，只要不反动，都将受到新中国科学团体的欢迎。针对一些人的思想顾虑，他还说，某些科学家在政治上纵然与我们有不同意见，但在长期的共同工作和学习中，一定会了解到中国共产党确是最尊重科学、拥护科学真理的革命党，就会更加信任，更加接近起来。本着这种热诚欢迎的态度，中国共产党和中央人民政府以"量才录用，妥善安排"为指导方针，对旧中国原有的知识分子作了妥善安置，并以他们为基础力量，组织起新中国的专业技术干部队伍。

（三）争取回国的海外专家和留学生

新中国的建立，不仅给国内的知识分子以巨大的鼓舞，而且牵动了海外华人学者的心。尽管他们当中的大多数人对中国共产党领导的新中国并不完全了解，仍有不少人放弃了国外较好的生活、工作条件，回归祖国参加建设。为了帮助和争取海外学人回国，在周恩来直接领导下成立了专门机构——"争取还在资本主义国家留学生回国工作小组"。该小组一方面在国内通过个别走访和成立"留美学生家属联谊会"类形式的活动，做深入的思想动员；另一方面利用国际活动与各国的中国留学生、科技工作者加强接触，宣传中国共产党的政策。中国共产党和中央人民政府为了确保海外学者、留学生的顺利回归，做了大量努力，不仅采取了一套切实可行的办法，对归国旅资、路线、安全诸方面都作了稳妥的统筹安排，而且形成了一系列特殊政策。这些人很快成了各条战线的骨干。侯德榜、李四光、钱学森等还成为各自科学文化领域的事业开拓者、学术巨擘。

(四) 新中国培养的专业技术人才

为了迅速改革旧中国高等教育的体制和格局以适应新中国经济建设的迫切需要，自1951年3月开始，国家对全国高等院校的院系设置进行了大规模的调整。调整之后，各院系逐步地走上定质、定量、定向和有计划地为国家培养和输送专门人才的正常轨道。1953年1月，国家又对全国高等院校及中等专业学校全面地进行了改革和调整，提高了高等教育及中等专业教育的质量，推动了人才培养工作。同时，中国共产党对培养劳动人民出身的专业技术人才给予了特殊的关注，一大批出身劳动人民的青年干部成长为科学文化人才，加入了知识分子的行列。截至1966年，全国高等学校毕业生为专业技术人才队伍共输送了146万余名毕业生，科研机构增至1714个，仅全民所有制单位的自然科学技术工作者就达到245.8万人。"文化大革命"期间，专业技术人才队伍遭到极大冲击，出现了长达十年的"人才低谷区"。

二 革命根据地的专业技术人才的管理制度

1921年7月，中国诞生了新型的无产阶级革命政党——中国共产党。自此，中国人民在中国共产党的领导下，开展了轰轰烈烈的反帝反封建和建立新民主主义政权的革命斗争。中国共产党在领导人民群众创建革命根据地政权的斗争中，十分注意自身的干部队伍建设，逐步形成一套独特的干部管理制度。这一时期对专门技术人才的评聘政策为新中国专业技术干部管理制度的建构提供了雏形。

（一）土地革命时期的专门人才政策

土地革命战争时期，根据地建立在偏僻的农村，经济、文化十分落后，各种专门技术人才非常缺乏。这就严重地影响了根据地的各项建设事业的开展。当时的苏维埃政府决定招聘社会上各种专门技术人才，主要聘请以下几方面的人才：一是聘请行政管理的经济建设方面的人才；二是聘请科技人才和军事技术人员，包括医师、无线电人才和各类军事技术人才。[1]

为了吸引社会上专门技术人才为根据地建设服务，苏维埃政府颁布了优待专门技术人才的条例。1931年9月1日，鄂豫皖区苏维埃政府颁布了《优待医生暂行条例》，对优待医务人员作了具体规定，包括公民权、家属生活保障、工资、土地分配、子女教育和住房保障等。1934年2月16日，中华苏维埃共和国临时中央政府人民委员会颁布了《小学教员优待条例》，规定小学教员的生活费、医疗费，以及对其家属的照顾和免税等方面的待遇，应与苏维埃工作人员一样小学教员工作成绩达到所规定的标准，则每半年给奖一次，奖金为半年生活费的5%—20%。一个教员连续得一等奖金两次的，按年增加原有奖金2/10—3/10。应该得奖的教员由各级教育部查明成绩审批后给奖，并在报纸上发表。这个规定对调动小学教员的积极性，提高教学质量起了一定作用。与此同时，川陕省苏维埃政府公布的《优待专门人才暂行条例》则对专门技术人才的优待

---

[1] 林代昭：《中国近现代人事制度》，劳动人事出版社1989年版，第355页。

条件规定得更为全面和具体。它规定："各种专门人才在苏区服务之薪金，不受苏维埃薪资条例之限制。每月薪额由六十串至两千串，有特别技能其薪资超过两千串者临时规定之。""凡有关于学术上的著述，由国家出版审查委员会审查后交国家印刷所付印，并斟的其价值予著述人以相当报酬。""关于学术上之新发明，经苏维埃文化机关审查后，从优给以奖励。""在苏维埃政府服各之专门家，忠实工作三年以上者，得享有公民权或减免其本身犯罪之刑罚。""在苏区服务之专门家，忠实工作五年以上，因年老或病忠请求解职者，苏维埃政府每年予以退职金。""专门家在苏区服务与苏维埃政府相互间之条件，须预先经双方同意载入契约，共同履行。""专门人才之家属来苏区居住者，苏维埃政府当予以生活上一切之优待。""各级在苏区服务之专门人才，其子女得入苏维埃学校肄业，并享受免费优待。""各种专门人才在苏维埃政权下服务有相当劳绩者，其残废或死亡，苏维埃政府予以抚恤金，其金额与年限，由苏维埃政府酌定。""赤区内地主富农有专门技能愿意在苏维政权下忠实服务者，同样受本条例之优待过去虽参加反革命行动，有贫苦工农担保其悔过自新者，得减轻其刑罚。"

(二) 抗日民主革命时期的政策

1939年1月，八路军延安留守兵团召开了第一次党代表大会。会议的总结报告中提出了吸收、帮助和信任知识分子干部的问题。同年6月，八路军总政治部发布了《关于吸收革命知识分子参加军队工作问题的训令》，要求教育老干部抛弃对知识分子的歧视和偏见，大胆地吸收和耐心地带领知识分子干部。1939年12月，毛泽东为中共中央起草了《关于大量吸收知识分子的决定》，向全党阐明了大量吸收知识分子的重要性。1941年5月1日，中共边区中央局提出了《陕甘宁边区施政纲领》，规定"尊重知识分子，提倡科学知识与文艺运动，欢迎科学艺术人材，保护流亡学生与失学青年"。1942年,八路军总政治部发出了《关于部队中知识分子平部问题的指示》,提出了对待知识分子的容、化、用三项政策。至此,抗日根据地党、政、军各系统对待知识分子的政策已形成。它的具体内容可归纳为大量吸收、积极培养、放手任用三个方面。

这一时期对专业技术人才的管理方式主要实行聘任制,即用招聘的形式任用干部。《陕甘宁边区各级参议会组织条例》规定,各级参议会之议员由人民直接选举,但同级政府认为有必要时,得聘请勤劳国事及在社会经济、文化等各方面有名望的人为议员。1941年4月28日,中央军委发出指示,要求各部队对于有特殊能力的人才,要不惜重价聘请。1944年6月24日,山东省战时行政委员会发出了关于延揽人才的训令。规定延揽人才,争取与团结旧有各种专门技术人员使之参加根据地建设工作,是各级政府的一项重要任务。训令还要求各级政府克服宗派主义观点和狭隘心理,对旧有专门技术人才要从大处着眼,不要斤斤于细枝末节,对凡是愿意为抗战服务和参加民主建设者,不论其有一技之长或系专门技术人才与专门工作者,如旧有司法人才等,应一律采取欢迎的态度。除一般的提高其待遇解决其困难外,应按其才力大小给以适当的位置。其有特殊工作能力和特殊技术须要重用者:下级政权应逐渐推荐到上级机关,不得自行留延,以达到人尽其才、才尽其用的目的。[①]

三 南京国民政府的专门职业及技术人员管理方式

民国时期不仅是中国社会历史发展的一个重要转变时期,也是中国近代文官制度推行的一个重要转型时期,这一时期文官制度得到飞跃发展。特别是随着南京国民政府"军政"的结束和"训政"的开始,纷繁复杂的国家行政事务逐渐具体化和日常化,管理的内

---

① 林代昭:《中国近现代人事制度》,劳动人事出版社1989年版,第442页。

容也随着经济、社会的发展日趋专业化和精细化，基层政权的建设和官员人事的管理成为当务之急，迫切需要除旧革新，选拔大量业务精干、专长突出、技术全面的专业行政官员，建立新型的文官管理制度，其中专业技术人员属于重要的一支，通过考试的方式对其进行选拔、评价以及任用等制度对现代职称制度的形成有一定的影响。

（一）考试范围

南京国民政府成立后，遵循孙中山先生提出的"五权宪法"思想，设立了文官考试制度，并于1929年8月1日，正式公布第一部《考试法》，它是所有考试制度的基本法，其中把考试的范围分为三类：候选人员、任命人员、应领证书之专门职业及技术人员。1930年12月30日南京国民政府颁布《考试法施行细则》①，对"应领证书之专门职业或技术人员"给予了解释，明确其包括下列人员："一、律师、会计师；二、农工矿业技师及公营事业技术人员；三、医师、药师、兽医、化验技士、助产士、看护士；四、其他法令规定应领证书之人员。"1933年3月10日修正《考试法施行细则》，从上述第三款所列人员中删去化验技士一项，看护士改称为护士。1935年8月6日《考试法施行细则》作了第三次修订，又将上述第二款改为"农工矿业技师、技副"。

1942年9月24日，国民政府正式公布关于专业技术人员考试的单行法规——《专门职业及技术人员考试法》。专门职业及技术人员考试法第二条将专门职业及技术人员的范围界定为以下五类："一、律师、会计师；二、农业技师、工业技师、矿业技师；三、医师、药师、牙医师、兽医师、助产士、护士、药剂士；四、河海航行员、引水人员、民用航空人员；五、其他依法应领证书之专门

---

① 《考试法施行细则》对《考试法》的有关条款进行解释和补充规定。其主要内容有：(1) 界定应受考试人员范围；(2) 规定举行考试的程序；(3) 规定及格标准和录取等级。

职业及技术人员。"与此前《考试法施行细则》中的规定相比，主要是增加了航业人员一类。1944年修订的《专门职业及技术人员考试法》在第三类里加入了镶牙生。①

（二）考试机制

民国时期对专业技术人员的评价方式主要是考试。1929年的《考试法》把文官考试范围分为三类，其中第三章关于"专门职业及技术人员考试"用五条对考生资格，考试方式，考试依据加以规定。随后陆续出台了部分专业的法律，如《高等考试西医医师考试条例》《特种考试助产士考试条例》《普通考试卫生行政人员考试条例》《高等考试会计人员会计师考试条例》等。1942年9月底，公布了各类专门职业及技术人员考试法规的母法——《专门职业及技术人员考试法》，对专门职业及技术人员考试的方法和应考资格作出了规定。考试方法分为试验与检核两种，其中检核除审查证件外，必要时还可举行面试。试验即通常意义上的集中考试，试验合格即可获得执业资格，检核是对应试者的资格进行审查，通过检验核对应试者所提交的各种证书和文件，确认应试者所申报的资格后，即可具有执业资格。试验是使应试者取得原先不具有的资格，而检核则是对应试者原有资格的一种确认。考试的种类、科别及应试科目由考试院另行规定。专门职业及技术人员考试的应试资格，有高等与普通、试验与检核之别。之后在此法基础上制定了一系列与考试相关的、考试院组织以及具体的各类专门职业及技术人员考试法规、条例、办法等。

（三）聘任机制

专业技术人员的聘用制度在民国时期又称作文官铨叙任用制度。国民政府把文官分为两类：政务官和事务官，两者可以相互转

---

① 王敏：《试析民国时期专业技术人员考试法制》，硕士学位论文，西南政法大学，2011年。

换任用。专门职业及技术人员属于事务官。为了更好地管理文官，1929年7月，国民政府颁布《文官俸给暂行条例》，把官等分为特任、简任、荐任、委任四等三十七级，对应相应职责和待遇。第一等为特任，只有一级，官俸为800元。第二等是简任官，有八个级别，薪俸为400—600元。第三等为荐任官，共分12级，薪俸为220—370元。第四等是委任，共分十六个级别，薪俸为40—200元。专门职业及技术人员的官等是简任、荐任、委任三等36级。南京国民政府在《公务员任用法》和《公务员考绩法》中对专门职业及技术人员的任用、考核和晋升做出相应规定。

四　苏联干部管理模式和制度的借鉴

苏联政治体制对包括中国在内的社会主义国家产生了深远影响，新中国成立初期，干部队伍建设和干部管理机制都受到其深刻的影响。

（一）列宁的干部队伍建设思想

列宁针对苏联干部队伍建设的需要，提出要培养任用一批"真正的组织家"作为党的新型干部。列宁指出，要耐心识别"真正的组织家"，即那些具有清醒头脑和实际本领的人才，忠于社会主义事业又能不声不响埋头苦干的人才。经过考验，逐步让这些人才承担更加重要、更加复杂的任务，然后按照"德才兼备"的标准使用，"提拔到领导国民劳动和领导管理工作的负责岗位上来"。不能任用那些追求地位、功利性强的干部，一经发现应当将其驱逐出党。1922年，列宁强调，"要研究人，要寻找能干的干部"。[①]否则，党的各项命令和决议只会徒有虚名，难以得到具体的实行。在列宁看来，管理人才有不同类型。一种是技术管理型人员，即使是

[①]《列宁全集》（第35卷），人民出版社1985年版，第542页。

旧政府的人员，本身有自己的阶级立场，只要进行重新教育，也可以利用其发挥积极作用。另一种是掌管权力的人员，这类人士，应该从工人、农民阶级中选拔产生，确保阶级立场和政权性质。因此，不能把"国家和管理混为一谈"，即不能把政权的统治权力与一般的技术管理相混淆。新的干部队伍要服务于苏俄的新政权，保证国家体制的正常运行，干部队伍是苏维埃领导具有决定性意义的力量。列宁提出的思想为苏俄时期党的干部队伍建设的转型提供了思想指导。

（二）苏联的官员等级名录制

苏联时期建立了一系列干部管理制度，比较重要的就是官员等级名录制，其建立和完善经历了较长时间。1923年4月，俄共（布）通过《关于组织问题》的决议，强调要在领导干部挑选任用工作中加强党的领导，完成这项工作要建立正确的工作人员登记挑选制度，责成中央委员会加强登记分配机关，掌握所有干部和工作人员的情况。这是党中央正式提出建立官职等级名录制，标志着任命制成为党管理国家的重要方式。所谓"官职等级名录"，是指包括苏联党和国家机构、各级政权机关、各类社会团体重要领导职务及领导干部的名录清单，其中也包括由各级党委预先进行审查，选拔和推荐，以及批准任命的重要职务的候选人。同年，苏共确立了官职等级名录制任命干部的原则。最初，官职等级名录分为1号名录和2号名录。前者包括经过中央委员会决议才能任命的有关职位；后者包括经中央组织分配部同意才能任命的有关职位。除此之外的职位，由相关的国家机关同中央组织分配部进行沟通和协商，并经后者同意确定的名单进行干部的挑选和有关任命，这个名单则被称为3号名录。1925年，俄共（布）要求所有州、边疆区的党委与民族共和国党中央制订地方机构官职等级名录，这些职位的任命须经地方党的机构批准。随后，官职等级名录出现在社会各个层面，渗透到基层单位。30年代末，官职等级名录制最终确立，一直持续到80年代末。

(三) 苏联干部管理制度的特征和原则

一是坚持党管干部原则。苏维埃政权建立后，一直坚持党管干部的原则，建立了党委领导下具有高度集权特征的干部管理体制，有效保证了党的路线的贯彻执行。党组织要负责干部工作路线、方针和政策，负责研究批准重要领导干部的任免，并对其管理的干部具有最终任免权。二是建立了集中统一的干部调配体制。苏俄时期，虽然列宁多次提出民主集中的思想，并将其载入党章，作为党的根本组织原则，但实际上干部队伍管理还是实行统一调配体制。斯大林掌权后，改变了有关制度，逐渐以个人集权取代民主集中制，在干部管理方面，决策更加集中。三是坚持德才兼备的干部选用原则。从列宁开始，布尔什维克党就注重干部素质的全面性，要求干部既有较高的政治素质，又有较强的专业能力。政治素质是"德"的重要内容，专业能力是"才"的衡量标准。四是主张提拔工人、农民和知识分子。从苏维埃政权的阶级基础和国家政权的性质出发，苏联党非常重视提拔工人和农民干部。同时，注重选拔符合条件的知识分子。五是注重干部的教育培训。从建政之初开始，布尔什维克党就高度重视干部队伍的培训。通过建立干部学校、健全党校体制等途径培训了大批在职干部，提高了干部队伍的文化素质。六是严格干部考核和监督。苏联设立了各级监察委员会，该委员会由同级代表大会选举产生，并向同级人民代表大会负责，这为监督干部权力提供了保证。七是强调实行"内行领导"的原则。苏联十分重视从各方面、各领域选拔领导干部，也十分注重对干部进行专业化的培训。同时，培养选拔了一些专家学者型的领导干部。这种管理方法促进了干部队伍的专业化，提升了队伍整体业务水平。

第二节 职称的体系结构

新中国成立初期，中央人民政府本着维持原职原薪的政策，对专业技术人员原有的任职资格、学位、学衔及职务一律予以承认并使之继续发挥作用。这种情况一直延续到1956年的工资改革。1952年和1956年，在中央人民政府领导下进行的两次工资改革，都是设想实施一套相对完整的"职务等级工资制"，因此当时的专业技术人员的职称体系结构着重体现在职务工资标准中。

一　1952年工资改革中规定的职务等级体系

1952年7月，政务院发出《关于颁发各级人民政府供给制工作人员津贴标准及工资制工作人员工资标准的通知》，并附发了供给制工作人员津贴标准表和工资制工作人员工资标准表。随后又颁发各级人民政府机关技术人员（工程技术人员）、各级学校教职员工、各级科学研究人员、各级报社、通讯社、广播电台工作人员、国营出版社编辑人员、翻译工作人员、各级卫生技术人员和文艺工作人员等各类人员的暂行工资标准（见表2—1）。工资标准中列出了机关技术人员、大学教学人员、中学教学人员、小学教学人员、科学研究人员、新闻工作人员、出版编辑人员、卫生技术人员、翻译工作人员、文艺工作人员10个系列的职务名称。其中机关技术人员从2级助理技术员到1级工程师共分14级；大学教学人员从助教到教授共分23级；中学教学人员从小城市初中教员到大城市高中教员共分17级；小学教学人员从乡村小学教员到大城市小学教员共分16级；科学研究人员从16级研究实习员到1级研究员共分16级；新闻工作人员从22级见习记者到正、副总编辑共分22级；出版编辑人员从见习编辑到正、副总编辑共分20级；卫生技术人员从 24 级药剂员到 1 级主任医师共分 26 级；翻译工作人员从 15 级翻译到 1 级翻译共分 15 级；文艺工作人员从 22 级见习人员到 1 级文艺工作者共分 22 级。

表 2—1　　1952 年各类工作人员最高最低工资标准简表

专业技术人员类别	等级数量	最高、最低月工资标准（工资分）
机关技术人员	14	820 分（1 级工程师）—174 分（2 级助理技术员）
大学教学人员	23	880 分（教授）—165 分（助教）
中学教学人员	17	400 分（大城市高中教员）—120 分（小城市初中教员）
小学教学人员	16	285 分（大城市小学教员）—80 分（乡村小学教员）
科学研究人员	16	820 分（1 级研究员）—170 分（16 级研究实习员）
新闻工作人员	22	820 分（正、副总编辑）—150 分（22 级见习记者）
出版编辑人员	20	760 分（正、副总编辑）—150 分（见习编辑）
卫生技术人员	26	810 分（1 级主任医师）—115 分（24 级药剂员）
翻译工作人员	15	740 分（1 级翻译）—170 分（15 级翻译）
文艺工作人员	22	760 分（1 级文艺人员）—120 分（22 级见习人员）

资料来源：邓力群等：《当代中国的人事管理》（下），当代中国出版社 1994 年版，第 84 页。

二　1956 年工资改革中的职务等级体系

1955 年 8 月，国务院颁发了《关于国家机关工作人员全部实行工资制和改行货币工资制的命令》。决定自 1955 年 7 月份起，在国家机关、事业单位先行废除工资分计算办法，改行货币工资制。为此，国务院修订和颁发了国家机关工作人员（包括行政人员、技术人员、法院和检察院人员、翻译人员以及工人）的货币工资标准；同时责成国务院各主管部门修订和颁发事业单位的科研、教学、新闻、出版、卫生、文艺等各类工作人员的货币工资标准；并规定各党派、人民团体参照国家机关工作人员的工资标准执行。新修订和颁发的各类工作人员货币工资标准，在全国各地区是统一的。其中专业技术人员类别与1952年大体相同，只是将新闻工作人员和出版编辑人员合成为新闻出版人员，部分职务等级数目有所变化，机关技术人员从14级调整为19级，高等学校教学人员从23级调整为21级，中学教员从17级调整为16级，新闻出版人员为21级，文艺工作人员从22级调整为25级，如表2—2所示。

表2—2　　1955年各类专业技术人员最高最低货币工资标准简表

专业技术人员类别	等级数目	最高、最低月工资标准
机关技术人员	19级	120元（工程师）—30元（助理技术员）
机关翻译人员	15级	200元（1级翻译）—40元（5级翻译）
高等学校教学人员	21级	217.8元（教授）—45.1元（助教）
中学教员	16级	93.5元（省辖市以上高中教员）—29.7元（乡村初中教员）
小学教员	16级	70.4元（省辖市以上）—20.9元（一般地区）
科学研究人员	16级	218元（研究员）—45元（研究实习员）
卫生技术人员	26级	210元（主任医师）—27元（药剂员）
新闻出版人员	21级	300元（正副总编辑）—30元（见习编辑）
文艺工作人员	25级	210元（1级文艺人员）—22元（25级文艺人员）

资料来源：邓力群等：《当代中国的人事管理》（下），当代中国出版社1994年版，第91页。

1956年的工资改革对1955年的职务等级工资制或等级工资制进行了改进，在各类专业技术人员的工资标准表中明确了职务名称对应的工资级别，如表2—3所示。

表2—3　　1956年各类专业技术人员职务名称和工资等级对应表

专业技术人员类别	等级	职务名称与工资等级对应关系
工程技术人员	18	总工程师、副总工程师1—4级；工程师4—9级；技术员9—13级；助理技术员14—16级；练习生17—18级

续表

专业技术人员类别	等级	职务名称与工资等级对应关系
农业技术人员	18	总农业技师、副总农业技师1—4级；农业技师4—9级；技术员9—13级；助理技术员14—16级；练习生17—18级
翻译人员	15	划分五等十五级，每等三级
高等学校教学人员	12	教授1—6级，副教授3—6级，讲师6—9级，助教9—12级
中等专业学校教学人员	11	
中学教员（包括初高级中学）	10	
小学教员	11	
科学研究人员	12	研究员1—4级，副研究员3—6级，助理研究员6—9级，研究实习员9—12级
卫生技术人员	21	分为公共卫生人员、医疗人员、药剂人员、护理助产人员和其他卫生技术人员五大类。每类都按六等二十一级划分，一等是1—3级，二等是4—7级，三等是8—11级，四等是12—14级，五等是15—17级，六等是18—21级。其中： 公共卫生人员：公共卫生主任医（技）师为1—7级；公共卫生医（技）师为6—14级；公共卫生医（技）士为11—17级；防疫员、消毒员和保健员为15—20级；练习生为21级。 医疗人员：主任医师为1—7级；主治医师为6—11级；医师为9—14级；医士为11—17级。 药剂人员：主任药剂师为1—7级；药剂师为6—14级；药剂士为11—17级；药剂员为15—20级；练习生为21级。 护理助产人员：护士长、助产士长为6—14级；护士、助产士为11—17级；护理员、保育员和妇幼保健员为15—21级。 其他卫生技术人员：主任技师为1—7级；技师为6—14级；技士为11—17级；技术员为15—20级；练习生为21级。

续表

专业技术人员类别	等级	职务名称与工资等级对应关系
报社、新华社、广播电台编辑、记者	20	共分中央一级、省市一级和省辖市、专区一级三大类,其中: 中央一级:正副总编辑为1—7级,正副部室主任4—9级;正副组长、编辑、记者、播音员为4—12级;助理编辑、助理记者、助理播音员为12—16级;见习编辑、见习记者、见习播音员为16—18级。 省市一级:正副总编辑为4—10级;编辑室正副主任为6—12级;正副组长、编辑、记者、播音员为6—17级;见习编辑、见习记者、见习播音员为16—19级。 省辖市、专区一级:正副总编辑为7—12级;编辑室正副主任为9—13级;正副组长、编辑、记者、播音员为9—18级;见习编辑、见习记者、见习播音员为17—20级
出版社编辑工作人员	15	分为中央一级和省市一级两大类。其中: 中央一级:正副总编辑为1—6级;编审为1—7级;正副编辑室主任为4—8级;编辑为4—9级;助理编辑为10—12级;见习编辑为13—14级。 省市一级:正副总编辑为4—8级;正副编辑室主任为6—10级;助理编辑为11—13级;见习编辑为14—15级
文艺工作人员	16	

资料来源:邓力群等:《当代中国的人事管理》(下),当代中国出版社1994年版,第100—128页。

第三节 职称的评审机制

这一时期实行的"职务等级工资制"实际上是将专业技术人员的职称评定、职务聘任和工资待遇三者结合起来,根据技术业务工作、管理工作的需要以及专业技术人员的德、才条件,包括专业技术人员的学术技术水平、工作能力和工作成就,由干部主管部门任命专业技术工作者担任某职务,担任什么职务即领取什么职务的工资，不担任该职务则工资及职务名称也随即取消。

一 评定依据

1952年，政务院在《关于颁发各级人民政府供给制工作人员津贴标准及工资制工作人员工资标准的通知》中规定："评定各个工作人员津贴和工资，在目前情况下，应依其现任职务，结合其'德'、'才'，并适当地照顾到其'资历'。担任同一职务的人员，其津贴、工资可以不同。"1954年，在政务院颁发《国家机关工作人员工资包干费标准及有关事项的规定》的命令中指出："评定国家机关工作人员工资，包干费的级别，应依其现任职务，结合其'德'、'才'，并适当地照顾其'资历'为原则，防止偏'才'、偏'资历'等偏向。"

1956年，国务院在《关于工资改革的决定》中规定："企业职员和技术人员的工资标准，应该根据他们所担任的职务进行统一规定。"高教部在《关于一九五六年全国高等学校教职工工资评定和调整的通知》中规定："教职员工的工资级别，应根据现任职务，结合'德'、'才'条件和工作成绩，进行评定。评定工资时，不要硬套原来的工资级别，一般应根据每个人的学术水平、工作能力、教学或工作成绩来评定工资级别。"

文化部在《关于颁发全国文化事业工作人员工资标准和调整工资的通知》中规定："评定和提升工作人员级别，应根据工作人员的现任职务，贯彻德才兼备的干部政策，并且适当地照顾其资历。文艺工作人员和其他业务技术人员的工资级别的评定和提升，主要地应根据本人当前的艺术或业务技术水平，结合其在人民群众中的地位和影响，同时应当适当地照顾其在艺术或业务工作上的历史功绩。"

林业部在《关于颁发林业事业系统职工工资标准及工资改

革中有关问题规定的通知》中规定，技术人员工资的评定："一般的应根据技术能力的高低，任务的大小，工作态度的好坏，工作效果如何及其在技术工作人员中的声望与对国家的贡献等条件。"

二 评定标准

从上述规定来看，评定国家工作人员的工资级别；虽然也考虑一些其他因素和条件，但主要依据是职务、德、才、资历。其中职务是根本，德、才更多地被作为职务任命的依据，资历是主要的参考条件。

职务就是指工作人员的现任职务，专业技术人员主要包括政府机关技术人员、高等院校教师、科研人员、卫生技术人员、新闻编辑人员、农业技术人员等职称（职务）。如，1960年国务院颁发的《关于高等学校教师职务名称及其确定与提升办法的暂行规定》中规定："高等学校教师职务名称定为：教授，副教授、讲师、助教四级；高等学校教师职务名称的确定和提升，应该以思想政治条件、学识水平和业务工作能力为主要依据；同时，对资历和教龄也必须加以照顾。"规定同时对不同职务等级高校教师的德、才和资历要求作出相应规定。

"德"是指工作人员的政治思想品质。对于各类各级人员"德"的要求，一般是共同的，但有时也对不同部门不同行业的工作人员，提出某些不同的要求。例如，1952年，中央人民政府人事部、卫生部在其发布的联合通知中规定：卫生技术人员的"德"的要求是："政治立场坚定，服从组织；遵守纪律、制度；爱护病员；工作积极，认真负责；作风正派，忠诚老实；联系群众，努力并虚心学习；能批评与自我批评。"卫生部在其制定的《中医人员评定工资等级的参考条件》中亦规定：对中医人员工资级别的评定，在

"德"的方面要考虑其工作作风、对病人的服务态度及思想要求进步等。

"才"是指工作人员担负某一种业务工作的能力。对于各类各级人员"才"的要求是不同的。例如1954年卫生部颁发的《卫生技术人员评定工资等级标准》中，对卫生技术人员的"才"就提出了程度不同的六个等级的要求。其中第一等（适用于一至四级的主任医师、主任药师、主任技师等）要求：（1）精通本科与熟知有关各科理论，能掌握本科全画业务并能解决技术上重大疑难问题；（2）了解本科技术上最新进展的情况，能领导教学研究工作，在学术上有著述和创造；（3）能组织领导其下级卫生技术人员改进工作，提高业务有显著成绩。第三等（适用于九至十二级的主治医师医师、药师、技师等）要求：（1）通晓本科理论，技术熟练，能单独解决本科业务问题；（2）能了解本科近代科学研究情况及理论之发展。第六等（适用于二十三至二十六级的技术员、护理员、防疫员等）要求：初步了解本科的一般知识，能作一般的技术操作。

"资历"是指工作人员参加革命年限、学历，原任职务及对革命事业的贡献等。"资历"一般不作为评定某一工资级别的必备条件，而只是作为评级的参考因素。评定同样一个职务的不同级别，除了考虑德、才条件外，在很大程度上即考虑其资历。如根据一定的德、才条件，某二人同被确定为医师，其中一人为国内外高等医药学校（学制四年以上）毕业，从事医药工作三年以上，而另一人则为中级卫生技术学校毕业，亦从事该项工作三年以上，前者通常被评定较后者为高的级别。

三 评定方式

新中国成立初期，专业技术人员属于国家干部，职称评定属于干部考核的一项重要内容,由技术干部管理部门根据业务和行政管理的需要进行考核。干部考核一般是根据干部的类别及其所担任职务和所承担责任,采用不同的方式进行,对专业技术干部一般进行任职期满考核与年度考核的方式。基本方法是领导与群众相结合,定期考核主要是上级考核组(在干部的年度考核中,一般要求成立临时性的,由有关领导和群众参与的考核委员会)通过听取个人述职、群众评议,与被考核人及其上下左右的干部群众谈话(或开座谈会)等方法进行。考核结束后,考核(考察)组要在广泛听取群众和有关方面意见的基础上,对被考核者作出客观、全面的评价,由考核(考察)组形成书面的考核报告报干部管理部门或任免机关。考核结束后,一般要求考核组向被考核者本人进行谈话反馈,肯定被考核者的工作成绩,指出其应当注意克服的缺点。对专业技术干部的考核,一般采用业务部门与人事部门相配合,专家、领导和群众相结合的组织形式,主要运用审核专业技术成果的方法进行考核,侧重考核其专业技术水平、工作成果的数量和质量。国家人事部负责制定考核专业技术干部的具体规定和有关标准,具体考核工作按照干部管理权限分工进行。

第四节 评价结果的使用

新民主主义革命时期,中国共产党已经形成了"任人唯贤"的组织路线,"民主集中制"的组织原则,"实事求是"的思想路线,"德才兼备"的用人标准以及一系列的干部管理方法。对专业技术人才更是强调政治上充分信任,工作上量才使用的政策,在1941年4月《中共中央军委关于军队中吸收和对待专门家的政策指示》中就明确规定不能随便怀疑专门家,一律以他们的专门学识为标准，给予充分负责的工作，如工厂厂长、医院院长等。[①] 新中国成立后，我们党继续积极探索将专业技术人员作为国家干部的管理体制。这一时期的干部职务管理体制，经历了最初的"大一统"，转向"统一领导下的分级分类"，到"强调统一管理"，又到破坏停滞这四个阶段。

一 "大一统"的干部职务管理体制（1949—1952年）

新中国成立之初，全国仅有几十万的干部，其数量与质量远远不能满足国民经济建设的需要。增加干部数量，成为当时急需解决的政治任务和组织任务。针对这一情况，中共中央确定了"人尽其才"的方针，"把社会上所有的人才，只要有一技之长者，都发现出来，组织起来，分配以适当工作，使他们能各得其所，把他们的全部能力贡献给国家的建设事业"。为此，我们党继续沿用了战争年代实行的"大一统"的干部管理制度。所谓"大一统"，是指除军队系统干部外，其余所有干部均由中共中央及地方各级党委的组织部门统一管理。

1949年11月，政务院设立了人事局，协助中央组织部管理政府机关的干部人事工作，具体职责是办理政务院任免的各级工作人员的任免、调查、审核、调配、统计及其他处理事项。同时，中央人民政府政法委员会、财经委员会、文教委员会和内务部也设有人事机构，分别主管本系统的干部人事工作。随着机关工作人员的迅速增加，为了避免干部人事管理的业务交叉和重复从而统一干部人事管理工作，1950年11月，中共中央决定撤销上述机构，成立中央人事部，负责管理全国政府系统及所属事业单位的机构、编制以及各项人事管理事宜。中央人事部的具体工作范围主要有：中央司

[①] 邓力群等：《当代中国的人事管理》（下），当代中国出版社1994年版，第23页。

局长及地方厅长、专员以上干部任免手续的办理及其档案的保管事项；全国政府机关干部的统计；干部的调动及有关制度的拟定和审议；军队转业干部的工作分配及登记统计；全国高等学校毕业生的统一分配及出国工作人员的审查；全国技术人员（只限于理、工、农、医）及毕业未满两年的高等学校毕业生的工作调整；各级人民政府及其所属事业部门的机构、编制的拟定和审议等；各级人民政府工作人员（包括行政人员、机关技术人员和文教人员）的工资标准、调整方案的拟定和审议，及中央级各机关工作人员的工资调整；各级人民政府工作人员的退休、福利办法的拟定、审议及中央级（军委除外）各机关工作人员的福利。[①] 1953年11月24日，中共中央发布《关于统一调配干部，团结、改造原有技术人员及大量培养、训练干部的决定》，其中指出："统一调配干部，团结、改造原有技术人员及大量培养、训练干部，以解决工业建设及其他方面迫切需要的干部问题，这是当前党的组织工作的主要任务之一。""本着'才德兼备'的原则，大胆地、大量地从有生产经验、有工作能力、有发展前途而政治上又忠实可靠的先进技术工人和革命知识分子中提拔干部。"

  这一时期干部管理的特点是：在中共中央及各级党委的统一领导下，中央及各级党委的组织部集中管理干部，中央、各级党委"下管三级"干部。同时为了适应政治、经济、文化科技等各项事业发展以及机构调整变化的需要，中共中央对干部管理体制也作过若干次小的调整。1950年7月中共中央组织部、中共中央统战部关于党内外干部审查、分配的规定中决定：党的干部由组织部负责；一般党外干部由政府人事部门负责；各民主党派干部、民主人士及旧社会上层人物（如开明士绅、学者）的审查、分配，由各级党委

[①] 邓力群等：《当代中国的人事管理》（下），当代中国出版社1994年版，第73—84页。

的统战部（无统战部门之地区由党委指定专人）提出意见与政府党组商量后交人事部门处理，或由政府党组征求统战部意见后交人事部门处理。1951年2月，中共中央在关于加强与调整各级党委宣传部的工作和机构的指示中决定：宣传部在干部管理方面会同各级组织部共同管理宣传和文化教育工作的干部的任用和考察。中共中央在这一时期的有关文件中还决定：赋予铁道部政治部、公安部政治部、新华通讯社党组织、青年团、工会等机构管理部分干部或负责干部管理的部分工作的责权。这些决定，反映了由各级党委组织部统一集中管理干部的体制向各级党委有关部门分管干部的体制转变的趋势。

二 "分部分级"的干部职务管理体制（1953—1959年）

1953年，开始了第一个五年计划的建设。中国共产党领导人民集中力量进行大规模的社会主义改造和社会主义建设，政治、经济形势的迅速发展和工作任务的变化，使行政管理和建设的分工日益精细，组织机构日益增多，干部队伍迅速扩大。仅以工业部门为例，当时的一个重工业部就分为第一、第二、第三机械工业部、冶金工业部、化学工业部五个部，干部人数急剧增加。为了适应形势发展的需要，1953年11月，中共中央做出《关于加强干部管理工作的决定》，决定建立在中央及各级党委统领导下，在中央及各级党委组织部统一管理下的分部分级管理干部的体制。按照工作需要将全体干部分为九类，在中央及各级党委组织部的统一管理下，由中央及各级党委的各部分别进行管理：（1）军队干部，由军委的总干部部、总政治部和军队中的各级干部部、政治部负责管理；（2）文教工作干部，由党委的宣传部负责管理；（3）计划、工业工作干部，由党委的计划、工业部负责管理；（4）财政、贸易工作干部，由党委的财政、贸易工作部负责管理；（5）交通、运输工作干部,由党委的交通、运输部负责管理;(6)农、林、水利工作干部,由党委的农村工作部负责管理;(7)少数民族的党外上层代表人物宗教界的党外上层代表人物,各民主党派和无党派的民主人士,华侨民主人士,工商界代表性人物,协商机关,民主党派机关、工商联、佛教协会、伊斯兰协会和回民文化协会的机关干部,由党委的统战工作部负责管理;(8)政法工作干部,由党委的政法工作部负责管理;(9)党、群工作干部和未包括在上述八类之内的其他工作干部,由党委的组织部负责管理。

为了适应新的干部管理体制,中共中央于1955年开始集中力量抓中央、中央各部、各级党委管理干部职务名称表的制定工作,明确各部各级干部管理机构管理干部的范围,进一步完善了分部分级管理干部的体制。1955年1月中央在关于颁发中共中央管理的干部职务名称表的决定中,对国营工业干部的管理和干部管理中的条块关系做了原则性规定。1955年9月,中央组织部根据《中共中央管理的干部职务名称表》颁发实施后半年的实践,对其进行了完善和修改。在修改中强调了两个重要的管理原则:第一,中央管理的干部范围为中央、国家机关司、局长,省(市)正副厅局长,地委正、副书记、专员以上干部;第二,考察一个干部职务是否列入中央管理范围时,应根据这一职务的重要性来确定,而不应根据干部的工资级别或其他条件来确定。1955—1956年,中共中央组织部还指导和督促中央各部、国家机关各部门、各级地方党委制定他们管理的干部职务名称表,并先后制定了关于干部的任免手续、组织部与其他分管干部的各部分工与联系的规定、干部年终鉴定和干部档案管理工作的暂行规定等一系列配套的干部管理制度。

由于专业技术干部队伍人员类别复杂,与党政干部比较又有明显的特殊性,所以管理很难深化。为解决这一问题,加强对专业技术干部队伍,尤其是加强对各类高级知识分子的管理,在1956年

《中共中央关于知识分子问题的指示》中指出："为统一解决许多有关高级知识分子的行政性问题，决定在国务院设立专家局。各省、自治区、直辖市在必要的时候，也可以设立类似的机构。"本着这一指示精神，当年即成立了国务院专家局。这一机构的职责是统一检查、督促政府各部门贯彻执行国家对于专家和其他高级知识分子方面的政策、法令，并解决一些需要统一处理的有关高级知识分子的问题。国务院专家局的成立对专业技术干部队伍中高级知识分子的管理工作的推动是很大的，为改善其工作和生活条件、倾听其呼声、维护其权益发挥了很明显的作用。1958年，中共中央又决定把地方的大、中专院校的干部和教师，全部归地方管理。这些学校的干部和教师，中央如有需要，可以与地方协商抽调。中央各部学校的干部和教师，地方如有需要，征得主管部门的同意，也可调用。随着部分中央部属企业、事业单位、大中专学校和技术力量的下放，一大批干部的管理权限也相应下放给地方党委。

三 "强调统一管理"的干部职务管理体制（1960—1964年）

为了纠正1958年开始的"大跃进"造成的"左"倾错误①，中共中央于1960年逐步开始调整国民经济的工作，适当集中干部管理权限。1960年2月，中央批准了煤炭工业部党组关于将九省区的三十一个矿务局和筹备处、两个机械厂实行以中央为主的双重领导的管理体制的报告，决定把这些省、区煤炭系统的管理局、地质局、基建局，矿务局、大型煤矿、科学研究院、设计院、大专院校的主要行政领导、主要技术负责干部的管理权从地方收回，统一由煤炭工业部管理。同年5月，又决定对于中央直属工业企业、设计、研究等单位的干部和技术力量，地方应尽量少调或不调，必须

---

① "左"倾错误以高指标、瞎指挥、浮夸风和共产风为主要标志。

抽调少量干部时，由地方和中央主管部协商，取得一致意见后再调。1961年1月，中共中央八届九次全会决定成立华北、东北、华东、中南、西南、西北六个中央局，作为中央的代表机构。

1962年10月，中共中央组织部召开全国组织工作会议。会议制定了《关于改进干部管理制度的九点意见》的文件。文件肯定1953年以来，中央《关于加强干部管理工作的决定》和《关于颁发中共中央管理的干部职务名称表的决定》以及以后陆续所作的一些具体管理规定，对加强干部管理起了重要作用。同时，文件根据当时情况和中央指示，对干部管理体制提出了改进意见，其中提到"各个系统著名的科学技术、文化教育干部由中央管理，其他工程师以上的各种技术干部，由有关部门负责管理"。

1963年，为了加强对高等学校的领导，中共中央决定对高等学校的正、副校长和正、副院长实行中央统一领导，中央和各省、自治区、直辖市两级管理的体制。对于高教部直接管理的高等学校正、副校长、院长，由高教部提出任免建议，国务院批准；中央各部、地方政府管理的高等学校正、副校长和正、副院长，由中央各业务部，省、自治区、直辖市人民政府提出任免建议，经中央教育部转报国务院批准；高等学校的教授、副教授名单由高教部统一审批。

1964年，为了进一步加强对专业技术干部队伍中自然科学技术干部的管理，经全国人大常委会第124次会议批准，成立了国务院科学技术干部局，负责统一管理科学技术干部。国务院科技干部局的工作职责主要是检查中央有关科技干部政策的执行情况；调查全国科技干部的状况；参加制订科技干部培养计划并检查执行情况，根据国家需要提出合理使用科技干部的调整方案，在中央批准后组织执行，拟定有关规章制度；制订派遣留学生和留学毕业生的分配计划，争取海外留学生回国。同年，中共中央批准中央组织部草拟的《关于科学技术干部管理工作条例试行草案》。这个管理条例草案共分九章四十条，第一次对科技干部管理工作做出了规范化、制度化的明确规定，成为科技干部队伍管理工作的基本准则。

四　干部管理体制遭到破坏停滞（1966—1976年）

1966年开始的"文化大革命"，造成了全国性的十年动乱。大批领导干部、专业技术干部遭受迫害，负责管理干部的中共党委组织部门和政府人事部门，从中央到地方都已陷于瘫痪，干部管理工作遭到严重破坏，干部管理体制停止了运行。"文化大革命"后期，干部管理的某些具体工作虽有所恢复，但也谈不上有系统明确的干部管理体制。

第 三 章

技术职称评定制

1978 年，中共中央提出"应该恢复技术职称"，所谓"恢复技术职称"是指恢复"文化大革命"之前的"职务名称"。但在这一时期的实际工作中，强调评定职称是反映专业技术人员的学术技术水平和业务能力的资格水平，实质上是称号、资格的评定。到 1983 年，颁发的评定技术职称的暂行规定达到 22 个。

第一节 制度背景

改革开放初期，在党中央的倡导下，在专业技术干部回归岗位和落实党的知识分子政策的强烈需求下，职称制度得以恢复和重建。但因当时历史工资欠账太多，只能实行技术职称评定制，即用以表明专业技术人员的学术技术水平。

一 党中央的倡导

1978 年，我们党召开了具有重大历史意义的十一届三中全会，做出了把党和国家的工作重点转移到社会主义现代化建设上来和实行改革开放的战略决策，实现了新中国成立以来具有深远意义的伟大转折，开启了改革开放的历史时期。为调动专业技术人员积极性，适应"四化"建设需要，邓小平多次强调"技术职称，学位制度，包括各个领域的工程师制度，研究员制度，应该很快建立起来，这有助于我们培养、发现和使用人才"[1]；"大专院校也应该恢复教授、讲师、助教等职称"[2]；"在学术上，只要有创造，有贡献，就应该评给相应的学术职称，不能论资排辈"[3]；"所有的企业、学校、研究单位、机关，都要有对工作的评比和考核，要有学术职称、技术职称和荣誉称号。要根据工作成绩的大小、好坏，有赏有罚，有升有降。而且，这种赏罚、升降必须同物质利益联系起来"[4]。在邓小平倡导和力主下，1978—1983年，职称制度改革得以恢复和重建。

二 专业技术干部回归岗位的需求

1978年3月，全国科学大会提出，对于确有真才实学而用非所学的专业人才，应该有步骤地调回科学技术工作岗位。为了摸清全国专业技术干部队伍的基本情况，同年9月，中共中央责成国家科委会同国家计委、民政部、国家统计局首先对全国自然科学工作者的情况进行普查。普查的结果表明，与科技发达的先进国家相比，中国的专业技术队伍无论是数量还是科技水平都处于相当落后的状态，与现代化建设的需要相差甚远。截至1978年6月30日，全国全民所有制单位中自然科学方面的科技人员只有434万人，不仅一些新兴、边缘学科缺乏有关专业人员，就是工业、交通、建筑等国民经济基本部门科技人员也不足。每100名职工中工程技术人员不到4人，每1万农业人口中农业技术人员只有4名，每1万人口中医师还不足4人、科研人员只有3人。

---

[1] 1979年11月1日，在纪念中国科学院建院30周年茶话会上，邓小平同志以"繁荣昌盛，人才辈出"为题的重要讲话。
[2] 《邓小平文选》第2卷，人民出版社1994年版，第70页。
[3] 同上书，第224页。
[4] 同上书，第151页。

科技人员的分布也不均衡，他们大多集中于大中城市的科研、教学部门。虽然在这支队伍中也有一些世界一流的科学家、工程技术专家，但就整体而言，高水平的人还是较少。在当时的整个科技人员中，受过高等教育的仅占43%，其中1/3还是"十年动乱"中教育遭受严重破坏时期毕业的。由于十年动乱的冲击，使原先基础比较扎实的科技人员也荒疏了业务。加上十年中还少培养大约100万科技人员，这支队伍中缺乏25—35岁年龄段的人才（35岁以下者仅占36%），因而青黄不接也是个严重问题。普查的结果还表明，在专业技术干部队伍建设中，一方面人才缺乏，科技力量严重不足；另一方面又确实存在着用非所学，大量浪费人才的现象。在当时我国百废待兴而科技人才严重缺乏的情况下，全国有将近80多万科技人才被闲置。很多人从事的工作和科研没有任何关系，他们的专业被荒废，才华没有用武之地。1978年，由国家科委牵头，民政部执行，对当时科技人员的任职情况进行了一次系统全面的调查。并发出了《关于调查农村、城镇闲散的自然科学技术人员的通知》。调查的对象主要是针对当时闲散在农村、城镇的科技工作者。调查结果显示：闲散在社会上的科学技术人员共有170 384人。其中，工程技术人员48 784人，农林技术人员51 026人，医疗卫生技术人员35 852人，其他技术人员34 722人。他们的原有学历，具有高等教育经历的占22%，中等专业院校毕业的占69%，其他的占9%。年龄在35以下的有64 942人，36—55岁的有91 441人，56岁以上的有14 001人。[①]再看高等学校教师的状况，"文化大革命"时期，教师职务评定工作全部停顿，教师职务制度遭到破坏，十年未晋升教师职务。据统计，至1977年年底，全国高校教师队伍中，教授不到3000

---

① 国家科学技术委员会科技管理局：《中华人民共和国科学技术法规选编（第一册）》，科学技术文献出版社1984年版。

人，约占教师总数的10%，副教授比例大约20%。教授年龄普遍老化，50岁以上教授比例高达98.86%，60岁以上者占83.56%，70岁以上者占38.56%。急需恢复职称评价制度，促进专业技术干部队伍的建设和调整工作，使专业技术人员能够尽快回归可以充分发挥其学术技术才能的岗位。

三 落实党的知识分子政策的要求

1978年10月31日，中共中央组织部部长胡耀邦在落实知识分子政策座谈会上代表中共中央郑重宣布："我国知识分子队伍的状况已经发生了一系列根本变化；因此，我们党在新中国成立前后提出来的，以旧社会过来的知识分子为主要对象的'团结、教育、改造'这个方针，现在已经不适用了。"从而从政策上认定了知识分子是工人阶级的一部分。11月3日，中共中央组织部发出《关于落实知识分子政策的几点意见》，要求各地区、各单位对知识分子队伍应有一个正确的估计；继续做好复查和沉冤得雪工作；对知识分子干部要充分信任，放手使用，做到有职有权有责；调整用非所学，做到人尽其才，才尽其用；努力改善工作条件和生活条件；加强领导，改进作风。这些措施和要求对知识分子队伍的建设产生了很大的促进作用。其中，考核评定技术职称是落实知识分子政策的一个重要内容，对从事专业技术工作的知识分子来说，可以通过其得到评价和荣誉，调动他们在科学技术和经济建设中的积极性，增强其责任感，提高其社会地位，进而稳定专业技术队伍。

四 工资遗留问题

由于多年没有调整工资，当时的职称和工资级别差距较大（一般相差一级至三级），而刚经过动乱的国家财力不足，经济困难，工资调整面有限，在恢复职称时，不可能同时全部解决工资上的遗留问题，难以满足职称评定与福利待遇兑现的需求。1978年2月教育部率先向国务院提出恢复执行1960年国务院颁发的《关于高等学校教师职务名称及其确定与提升办法的暂行规定》的请示报告，并指出"原已确定提升的各等级职务一律有效，恢复名称，不须重新办理报批手续"，表明职称评定仅仅是"恢复职务名称"。1979年7月国家科委、国家经委、国务院科技干部局为颁发《工程技术干部技术职称暂行规定》给国务院的请示报告中也明确提出："鉴于目前的工资级别已经不能反映实际的技术水平和贡献，因此提升技术职称不应受工资级别的限制，在今后调整工资时作为晋级的一种依据。"因此，开展职称评定只是衡量技术人员和专业人员的技术工作成就、技术水平和业务能力的表征，不与工资挂钩，属于称号、荣誉和资格的范畴。

第二节 职称的体系结构

1978年2月教育部率先向国务院提出恢复职称工作，到1983年国务院陆续批准颁发了包括高教、工程、农业、卫生、科研、统计、翻译、编辑、新闻记者、图书档案资料、经济、会计、体育教练、工艺美术、文博研究、技校教师、社科研究、播音、科技情报研究、科技管理、海关、物价在内的22个职称系列的暂行规定。

一 职称框架

1978年2月教育部率先向国务院提出恢复职称工作，到1983年国务院陆续批准颁发了包括高教、工程、农业、卫生、科研、统计、翻译、编辑、新闻记者、图书档案资料、经济、会计、体育教练、工艺美术、文博研究、技校教师、社科研究、播音、科技情报研究、科技管理、海关、物价在内的22个职称系列的暂行规定，其中对不同等级的职务名称都有所规定。每个职称系列都分高、中、初级。其中有的层级设计较完整，自下至上为：员级、初级、中级、副高级和正高级，如卫生技术人员、图书档案资料专业干部等；有的层级高级没有区分，自下至上为：员级、初级、中级和高级，如工程技术干部、会计干部、统计干部、经济干部等；有的层级没有员级，自下至上为：初级、中级、副高级和正高级，如高校教学人员，编辑干部、外语翻译干部、新闻记者等。

表3—1　　　　　　　部分系列的（业务）技术职称对照表

系列	（业务）技术职称				
卫生技术人员	主任医师	副主任医师	主治（管）医师	医师	医士
	主任药师	副主任药师	主管药师	药师	药士
	主任护师	副主任护师	主管护师	护师	护士
	主任技师	副主任技师	主管技师	技师	技士
高校教学人员	教授	副教授	讲师	助教	
工程技术干部	高级工程师		工程师	助理工程师	技术员
编辑干部	编审	副编审	编辑	助理编辑	
外语翻译干部	译审	副译审	翻译	助理翻译	
新闻记者	特级记者	高级记者	记者	助理记者	
图书档案资料专业干部	研究馆员	副研究馆员	馆员	助理馆员	管理员
会计干部	高级会计师		会计师	助理会计师	会计员
统计干部	高级统计师		统计师	助理统计师	统计员
经济专业干部	高级经济师		经济师	助理经济师	经济员

资料来源：国家人事局：《关于贯彻执行国务院颁发的七种业务技术职称暂行规定若干问题的说明》，1980年3月6日。

二 职称评定条例的设置

新中国成立初期，实行技术职务任命制和职务等级工资制度，均按照干部管理的相关条例进行，60年代初探索试行学术技术称号时，组织制定了《高等学校教师职务名称及其确定与晋升办法的暂行规定》《中国科学院，自然科学研究所研究技术人员定职升职暂行办法（草案）》《工业、农业、医药卫生科学技术人员称号试行条例（草案）》等，但由于种种原因没有实行。

全国科学大会以后，各省、直辖市、自治区和各部委陆续恢复了科学技术干部的技术职称，积极进行了考核晋升工作，取得了很大成绩。但是，在确定和提升工程技术干部技术职称的工作中，由于缺乏统一规定，存在不少问题，主要表现：一是技术职称和技术管理职务混淆，定名也很不一致，名称有十种之多。总工程师、副总工程师、主任工程师、副主任工程师本业是技术管理职务，有的部门也用作技术职称；二是同一职称在不同部门的考核标准很不一致；三是考核和评定的组织尚未建立和健全起来；四是确定和提升技术职称的程序和审批权限也不统一。这种状况很不利于工程技术干部的培养、考核、选拔、调配、统计和工资福利等工作。广大工程技术干部也热切希望有一个全国统一的规定。为此，1978年下半年，国家科委、国家经委和国务院科技干部局经过调查研究，在召开工程技术干部和干部管理部门负责同志座谈会的基础上，草拟了《工程技术干部技术职称暂行规定》，广泛征求了各省、直辖市、自治区和有关工业部委的意见，并多次同工程技术专家、教授和中、青年工程技术干部研究，反复进行修改后，制定了《工程技术干部技术职称暂行规定》。

高校教师最早恢复职称评定工作，最初执行的是1960年国务院颁发的《关于高等学校教师职务名称及其确定与提升办法的暂行规定》，经过三年的实践，到1981年年底，全国共有139 462名教师确定与提升了讲师以上职称，相当于"文化大革命"以前讲师以上人数（37 088人）的3.76倍。到1981年年底，全国共有139 462名教师确定与提升了讲师以上职称，相当于"文化大革命"以前讲师以上人数（37 088人）的3.76倍。其中，2498人确定与提升为教授，20 771人确定与提升为副教授，116 193人确定与提升为讲师。不少学校在提职中注意了对思想政治上符合条件，业务上进步特别快，教学、科研成绩特别卓著的教师破格提升。到1982年3月底，全国高等学校由助教越级提升为副教授的有550人，由讲师越级提升为教授的有196人。经过大量定职提职，我国高等学校教师队伍的结构也发生了变化。全国教授由1977年的2288人，占教师总数的1.2%，上升到5 078人，占教师总数的1.9%，副教授由1977年的3 531人，占1.9%，上升到22 541人，占8.6%；讲师由1977年的27 344人，占14.8%，上升到128 386人，占48.8%；助教由1977年的110 478人，占59.8%，下降到37 324人，占14.2%。有的学校有的专业过去没有教授、副教授的，现在有了。由于一批中青年教师得到提升，高等学校各级职称的教师的平均年龄也降低了。[①] 经过了三年的实践，1981年12月23—29日高等学校教师提职工作座谈会在京召开，时任教育部副部长高沂同志发表讲话，讲话中明确提出"今后应该把这项工作转为经常性的工作，并使之制度化。"经过这次会议的讨论，形成了《关于当前执行〈国务院关于高等学校教师职务名称及其确定与提升办法的暂行规定〉的实施意见》，作为高等学校师资队伍建设中的一项法规，于1982年2月18日印发。

1979年2月23日，卫生部颁发《卫生技术人员职称及晋升条

[①] 高沂同志在1981年12月23—29日在京召开的高等学校教师提职工作座谈会上的讲话。

例（试行）》，其中将根据业务性质将卫生技术人员分为四类：一是医疗防疫人员（含中医、西医，卫生防疫，寄生虫、地方病防治，工业卫生，妇幼保健等）的技术职称为：主任医师、副主任医师、主治（主管）医师、医师（住院医师）、医士（助产士）、卫生防疫员（妇幼保健员）。二是药剂人员（含中药、西药）的技术职称为：主任药师、副主任药师、主管药师、药师、药剂士、药剂员。三是护理人员的技术职称为：主任护师、副主任护师、护师、护士、护理员。四是其他技术人员（含检验、理疗、病理、口腔、同位素、放射、营养、生物制品生产等）的技术职称为：主任技师、副主任技师、主管技师、技师、技士、见习员。1981年9月，卫生部和国务院科技干部局决定在《卫生技术人员职称及晋升条例（试行）》中增加"主管护师"职称。为了落实党的中医政策，处理好历史遗留问题，加强中医药队伍的整顿和建设，调动中医药人员的积极性，1980年4月1日，卫生部在《卫生技术人员职称及晋升条例（试行）》基础上，颁布了《中医药人员定职晋升若干问题的补充规定》和《中西医结合高级医师的培养使用和晋升的规定（试行）》。

除高校教师、工程技术人员和卫生技术人员3个系列外，其他19个系列也都针对各自行业和系统专业技术人员的特点设置了职称评定条例，并据此积极地开展职称评定工作。

第三节 职称的评审机制

各系列的职称评定条例中都对本专业的评审机制进行了详细的规定，包括评审标准、评审程序和管理服务机制等方面，本节将结合上一节提到的《工程技术干部技术职称暂行规定》《高等学校教师职务名称及其确定与提升办法的暂行规定》《卫生技术人员职称及晋升条例（试行）》中的相关内容进行阐述。

一 评审标准

技术干部的职称评定标准基本都是按照德能勤绩的标准来制定的。以德为首要考察标准，即所有专业技术干部首先要符合拥护共产党的领导，热爱社会主义祖国，不断提高政治觉悟，努力为社会主义建设服务等思想道德标准。然后根据技术职称级别的不同，从学历、资历和能力的角度提出不同层次的标准。以工程技术干部、高等学校教师和卫生技术人员为例（见表3—2、3—3、3—4）。

表3—2　　　　　　　　工程技术干部的技术职称标准

技术职称		以工作成就、技术水平和业务能力为主要依据，并适当考虑学历和从事技术工作的资历
技术员		中等专业学校毕业，担任技术干部，见习一年期满，成绩良好，或具有同等学力和同等技术水平的
助理工程师	见习一年期满的高等院校四年制本科毕业生、技术员和具有同等学力	具备下列条件：1. 能够完成一般生产、设计、试验、科研任务；2. 掌握本专业的基础理论知识和技术知识；3. 能阅读本专业外文资料
工程师		1. 有独立承担工程技术工作或技术管理工作的能力，能够解决本专业范围内比较复杂的技术问题，并在工作上有一定成绩；2. 掌握本专业比较系统的基础理论知识和技术知识；3. 掌握一门外语，能够比较熟练地阅读本专业的外文资料
高级工程师		1. 有较丰富的实践经验，能够解决本专业的重要技术问题，并在工作上有显著成绩；2. 有系统深入的专业理论知识和技术知识；3. 能组织和指导较大的工程技术设计、施工、科研工作，或在学术上有独到见解的论著，或能制订、审核现代化重大工程的生产建设、科研、设计项目；4. 熟练掌握一门外语

资料来源：摘自《国务院批转国家科委、国家经委国务院科技干部局关于颁发工程技术干部技术职称暂行规定的请示报告》。

表 3—3　　　　　　　　　　　高等学校教师评价标准

职务名称	
职务名称	高等学校职务名称的确定和提升，应该以思想政治条件、学识水平和业务工作能力为主要依据；同时，对学历和教龄也必须加以照顾
助教	合乎本规定中的思想政治条件要求，并且在高等学校本科毕业（或者具有同等学力），学业成绩优良，一般经过一年见习期的考察（高等医科院校临床可教师应该有两年临床医生的工作经验），证明能够胜任助教工作
讲师	合乎本规定中的思想政治条件要求，并且具备下列条件的助教：1. 已经熟练地担任助教工作，成绩优良；2. 掌握了本专业必需的理论知识和实际知识与技能，能够独立讲授某门课程，并且有一定的科学研究能力；3. 掌握一门外国语，能够顺利地阅读本专业的书籍（对于某些学科和有特殊原因的教师，这一项可暂不列为必备的条件）
副教授	合乎本规定中的思想政治条件要求，并且具备下列条件的讲师：1. 能胜任本专业一门或一门以上课程的教学工作，质量较高，成绩优良；2. 对本门学科具有系统而坚实的理论知职和比较丰富的实际经验，在一定的业务范围内，能够密切联系实际进行比较深入的研究工作，并取得显著的成就，提出具有一定水平的科学论文，或者在生产技术方面有较大的贡献，或者在业务技能上有较高的造诣；3. 熟练地握一门外国语（对于某些学科和有特殊原因的教师，这一项可不列为必备的条件）
教授	合乎本规定中的思想政治条件要求，教学工作成绩卓著，对本门学科有科学著作，或者有重大的发明创造，证明在学议水平和解决实际问题的能力方面，已经具有更高水平的副教授（对外国语的要求与副教授同）
破格条件	合乎本规定中的思想政治条件要求，政治上、业务上进步特别快，在教学、生产劳动和科学研究工作方面成特别卓著，或者有重大发明创造的教师，可以根据工作需要优先提升。 本规定中的思想政治条件要求，长期担任高等学校教学工作，教学成绩卓著，并有丰富的实际经验的讲师和副教授，虽然他们没有科学著作或者重大的发明创造，由于工作需要，也可以提升

资料来源：摘自《国务院关于高等学校教师职务名称及其确定与提升办法的暂行规定》（1960 年 2 月 16 日国务院全体会议第 96 次会议通过）。

表 3—4　　　　　　　　卫生技术人员职称评价标准

技术职称	
	思想政治条件是前提，在此基础上，考虑学识水平和业务工作能力，同时要考虑学历和工作经历
卫生防疫员、妇幼保健员、药剂员、护理员、见习员	1. 初步了解本专业一般知识，并能担任一般的专业工作； 2. 具有初中以上文化程度，在实际工作中经过短期学徒或培训
医士、助产士、药剂士、技士、护士	1. 了解本专业基本理论，并有一定的实际技术操作能力； 2. 能担任本科一般常见病防治或一般常用业务技术工作，并能对初级人员进行业务指导； 3. 中等技术学校毕业或中医药学徒出师、初中文化程度独立从事本科工作三年以上，并经考核合格者
医师、药师、技师、护师	1. 熟悉本专业理论和基础医学知识，具有一定的实际技术操作能力； 2. 能独立处理本科常见病或解决常用业务技术问题，并能对中、初级人员进行业务指导，能初步阅读一门外文专业书籍（中医、中药人员暂不作为必备条件）； 3. 高等院校毕业或从事本科医士工作（或相当职务）五年以上或有高中文化程度，从师学习五年（初中文化程度须七年）以上，并经考核合格者
主治（主管）医师、主管药师、主管技师	1. 熟悉本科理论和具有较系统的专业知识，能熟练地掌握本科实际技术操作； 2. 有较丰富的工作经验，能处理本科复杂问题。能阅读一门外文专业书籍（中医、中药人员暂不作为必备条件）； 3. 具有一定的科学研究、教学和指导下级卫生人员的能力； 44. 从事医师（或相当职务）工作五年以上
副主任医师、副主任药师、副主任技师、副主任护师	1. 通晓本科理论，了解国内外本科技术发展情况，并能吸取最新科研成就用于实际工作（中医药专业须通晓中医药理论，熟悉经典医著）； 2. 有丰富的临床或技术工作经验，能熟练地掌握本科技术操作，解决本科复杂疑难问题。能掌握一门外国语（中医、中药人员暂不作为必备条件），并有一定水平的科学论文或著作； 3. 能够指导本科全面业务，能为医疗、科研和教学培养高级人才； 4. 从事本科主治医师（或相当职务）工作五年以上

续表

技术职称	思想政治条件是前提，在此基础上，考虑学识水平和业务工作能力，同时要考虑学历和工作经历
主任医师、主任药师、主任技师、主任护师	1. 精通本科（本专业，下同）理论，掌握国内外本科技术发展情况，并能吸取最新科研成就应用于实际工作（中医药专业须精通中医药理论，对经典医著有所研究）； 2. 有丰富的临床或技术工作经验，能熟练地掌握本科技术操作，解决本科复杂疑难问题。能熟练地掌握一门以上外国语（中医、中药人员暂不作为必备条件），并有较高水平的科学论文或著作； 3. 善于指导本科全面业务，能为医疗、教学和科研培养出高级人才
破格条件	在卫生、医疗工作中成绩卓著，有重要发明创造，或科学技术上有独特专长，或西医学习中医并坚持走中西医结合道路，为创造我国统一的新医药学做出贡献者，可提前或越级晋升

资料来源：卫生部颁发《卫生技术人员职称及晋升条例（试行）》，1979年2月23日。

二 评价方式

（一）评价方法和评审组织

不同系列各级专业技术干部的技术职称评价，主要根据他们的工作成果、工作报告或学术论著进行评议考核。对不具备规定学历的或具有同等学力的专业技术人员，除评议其业务成绩外，还会对本专业必需的基础理论知识、专业技术知识和外语程度进行测验（对部分特殊专业或某些特殊原因可不测试外语），经过测验证明达到同等学力的专业技术人员，才能授予相应的技术职称。

各级评审组织称作"评定委员会"或"评定小组"，负责专业技术职称的评定工作。评定委员会根据工作需要，设立若干专业考核评议小组。各级评审组织应主要由专业干部组成。其成员必须具有比较高的学识和业务水平，作风正派，办事公道。评定每一级技术职称，都须有一定数量高一级职称的专业干部参加，还应聘请外单位同行专家参加，或者将评定材料送给他们，请他们提出评定意见。各级评审组织的组成，由同级主管机关批准，代表同级主管机关行使评定技术职称的权力。评审组织内部实行民主集中制，充分发扬民主，少数服从多数。对专业技术干部评定后，应写出评定结论，由主任委员签字。评审组织内部讨论的情况，应注意保密，不得外传。已经建立了各级学术组织的单位，如人员符合上述规定条件，经主管机关批准，可以负责评定工作，不必另行建立评审组织。

（二）评价程序

专业技术干部职称评价程序虽然在各专业系列条例中的表述有所不同，但一般的程序都是：

1. 确定或晋升专业干部业务技术职称，须由本人申请或组织推荐，填写业务简历表，提交业务工作报告或学术论著，并在一定范围内进行报告。

2. 由本人所在基层单位的专业技术干部，对评定对象的政治表现、业务水平进行评议，提出推荐意见。

3. 评审组织根据本人提交的材料和所在基层单位的意见（需要测验的人员还应有测验成绩）进行评议，并写出评定意见。同意授予技术职称的，由主管机关授予。按照评定技术职称权限的规定，属于上一级评审组织评定的，应提出推荐意见，连同有关材料，转送上一级评审组织评定。

4. 有关评定和授予技术职称的材料，存入人事档案。

三　管理机制

不同级别的专业技术人员的管理权限有所不同，以卫生技术人员评审的管理机制为例：

（1）初级卫生技术人员晋升为中级，报县（市）卫生局（科）或相当于这一级的卫生行政主管机关审批；中级晋升为医师（或相当职务），由本单位组织作出鉴定，推荐参加统一考试合格后，由地区、省辖市卫生局审批，报省、直辖市、自治区卫生局备案。医师晋升为主治医师（或相当职务），报地区、省辖市卫生局审批，并报省、直辖市、自治区卫生局备案；晋升正、副主任医师（或相当职务），报省、直辖市、自治区卫生局审批，并报省、直辖市、自治区有关领导机关及卫生部备案。

（2）中央各部委所属的地方企事业单位卫生技术人员的晋升，由各有关部委负责办理，没有或卫生行政部门不健全的部委，由有关部委委托地方按程序审批。

（3）由卫生部和省、直辖市、自治区双重领导以部为主的单位，确定或晋升为正、副主任医师及其相当职务的，由省、直辖市、自治区卫生局审核，报卫生部审批。

第四节　技术职称评定制的评价

1978—1983年的职称制度实质上是资格称号评定，被称为"专业技术职称评定制"，即评定职称是反映专业技术人员的学术技术水平和业务能力的资格水平。这个时期职称制度的特点是：职称是"表明专业技术人员水平能力和工作成就的称号；由行业专家依照标准和程序评审确定；职务分类、评定标准和程序由国务院职称主管部门统一管理；没有岗位要求和数量限制，没有任期，一旦评上终身享有；不与职务、待遇直接挂钩。

一　主要成效

这一时期的职称评定工作取得了很大成绩。通过业务技术职称评定、晋升，对各级各类专业技术人员的学术、技术、专业水平及工作成就的考核和评价，了解到我国科学文化的实际水平和力量。

为组织和培养专业技术队伍提供了有益的参考，也激励了专业技术人员的进取精神，促进了人才的成长和各项事业的发展。同时也发现了大批中青年优秀人才，为提拔一大批合乎"四化"条件的干部，加速各级领导班子"四化"建设创造了条件。至1983底，通过评定、晋升和套改，全国共有595万人获得了职称。其中，获得高级职称的人员为9.4万多人，占已获职称人员的1.6%；获得中级职称的人员153万人，占已获得职称人员约25.7%；获得初级职称的人员为432.5万人，占已获得职称人的约72.7%（其中相当助理工程师一级职称的为190万人，余下为相当技术员一级职称）。职称评定工作确实取得了很大成绩，对"四化"建设和各项事业的发展确实起到了巨大的推动作用，其历史作用应当充分肯定。

二　存在问题

由于职称工作长达十余年的停止评审，广大专业技术人员对获评相应专业技术职称极度渴望。但恢复职称评审工作后，由于经验不足，加之准备工作不充分，边评审边制定条例，产生了很多问题，如论资排辈、降低标准、扩大评定范围和片面强调学历、论文等。主要原因是：

一是理论上"职称"概念含糊。这一时期的专业技术职称评定制度是在特定历史条件下形成的。职称既具备称号的性质，又有职务的因素。作为称号，评定职称不能受数量限制，凡学术，技术水平和工作能力、贡献达到标准的人都可获得，一旦授予，终身享有，它与岗位责任分离，不与工资待遇挂钩；但是作为职务，又要求与责任相联系，有一定数量限制，有一定的任期，与工资待遇挂钩。

二是缺乏总体规划，系列开设过多。在职称评定过程中各行各业纷纷要求设置新的职称系列，评定职称的范围越来越大，一些不从事专业技术工作的人员也评定了技术职称,在某些部门或单位也不同程度地出现了降低标准和论资排辈的现象。

三是在实际工作中,不适当地将职称与工资待遇联系在一起。职称作为晋升工资一种依据的思想被普遍接受,在落实知识分子政策的过程中,职称又成为确定各种待遇的尺度。于是调整工资,解决两地分居,家属农村户口转为城市户口,分配住房、用车、看病,以致买副食品,都以职称画线,使有些部门和单位的职称评定出现了失控现象。

由于这些问题,使一些评上职称的人"名不符实",而一些该评上的人却未评上。1983 年,时任中国社科院副秘书长的郁文同志,给胡耀邦同志写了一封信,其中谈道"我下去搞调查,遇到一位县委书记,小学毕业,农民出身,农学仅仅懂得一点点常识,却得了一个高级农艺师。相反,该评上的没有评上"。这个制度已与经济、科技、教育体制改革的形势不相适应,不利于贯彻按劳分配的原则和充分调动广大专业技术人员的积极性。中央书记处于 1983 年 9 月决定暂停职称评定,国家主管部门按照中央和国务院的指示,从 1984 年下半年开始研究和探讨职称改革的路子。

三 改革思路

为了克服评定职称工作中出现的混乱现象,中共中央书记处和国务院决定:"从 1983 年 9 月 1 日起,把全国评定职称的工作暂时停下来,以进行认真的检查总结和全面整顿,为制定出符合中国国情的学术、技术职称制度,将评定工作引上正确轨道创造条件。"1983 年 10 月 5 日中共中央评定职称工作领导小组发出《关于整顿职称评定工作有关问题的通知》,提出整个整顿计划大体分两个阶段:第一阶段以检查总结为主,第二阶段以复查验收为主。各地、各部门在第一阶段的任务是:(1)在学习领会中央的决定的基础上，对前段的评定工作进行认真的检查和总结。检查总结着重自1978年恢复职称评定工作以来，根据各《暂行规定》及有关文件开展评定工作的情况、经验和问题。(2) 对职称的内涵定义和范围进行探讨。(3) 提出调整职称系列的意见。各系列职称业务主管部门要组织力量，进行调查研究，提出各自系列职称的整改方案。检查总结阶段争取在1984年2月底完成。同时还决定成立中央职称评定工作领导小组，下设办公室，负责办理日常事务，办公室的具体工作由劳动人事部科技干部局负责。

在进行全国职称评定工作检查、总结的过程中，中央职称评定工作领导小组也进一步明确了职称改革的指导思想和原则：

一是职称改革工作必须服从当前的政治与经济形势，并受这个形势所制约。职称改革工作的安排、部署、政策、规定都必须适应政治和经济改革，并有利于这些大改革的发展。

二是既要充分肯定职称评定工作的成绩和历史作用，又要正视职称评定制度本身的弊端，职称评定工作的缺点和问题，从而通过具体分析，明确职称改革的方向和内容。

三是既要有利于达到理想目标，又要照顾现实；既要坚定不移地改革职称评定制度中与经济、科技、教育等体制改革不相适应的内容，又要考虑历史形成的现实情况，从实际出发，制定改革的各项方针政策。

四是既要坚持职称改革工作的集中统一领导，又要注意发挥各系列主管部门和地方各级政府的作用，调动多方面积极性。在贯彻简政放权思想的同时，又搞好宏观控制，做到放而不乱。

五是既要充分考虑广大专业技术人员盼望职称"开闸"和"解冻"的急迫心情，又要认识到改革职称评定，实行专业技术职务聘任制度是一项十分艰巨而复杂的工作，必须贯彻"精心指导，审慎行事，坚持试点，逐步展开"的方针，不能一拥而上，齐头并进。

中央职称评定工作领导小组自 1983 年 9 月着手调整研究，制定改革方案，经过三年的研究分析，于 1985 年 12 月提交了《关于改革职称评定、实行专业技术职务聘任制度的报告》。

此外，通过业务技术职称评定、晋升，对各级各类专业技术人员的学术、技术、专业水平及工作成就的考核和评价，可以了解到我国科学文化的实际水平和力量，便于组织和培养专业技术队伍，也激励了专业技术人员的进取精神，促进了人才的成长和各项事业的发展。通过职称评定可以发现大批中青年优秀人才，为提拔一大批合乎"四化"条件的干部，加速各级领导班子"四化"建设创造了条件。

第四章

专业技术职务聘任制

1986年2月，国务院发布《关于实行专业技术职务聘任制度的规定》，决定在全国全面实行专业技术职务聘任制度。专业技术职务聘任制从根本上明确了职称的"职务"属性，规定专业技术职务是根据实际需要设置的工作岗位，是学术、技术、专业职务的统称，是需要具备一定程度的、系统的专门知识才能担负的职务，不同于一次获得后而终身拥有的学位、学衔、学术和各种技术称号。作为职务，要有明确的职责，数量由编制确定，各级职务有一定的结构比例，有一定任期，在任职期间领取专业技术职务工资。专业技术职务聘任制是历史上实施时间最长，影响最深远的职称制度，对各行业各部门的各类专业技术人员的职业发展产生了重要作用，长期在我国专业技术人员管理中发挥着"风向标"和"指挥棒"作用。

第一节 制度背景

1985年年底，中央职称评定工作领导小组提交的《关于改革职称评定、实行专业技术职务聘任制度的报告》明确提出改革的总体思路，即"根据《中共中央关于科技体制改革的决定》的精神，为了适应经济、科技、教育体制改革的形势，对职称评定制度需要进行改革。改革的中心是实行专业技术职务聘任制度，并相应地实行以职务工资为主要内容的结构工资制度"。

一 专业技术职务聘任制实行的目的和意义

实行专业技术职务聘任制度是我国专业技术人员管理制度的一项重大改革，是关系社会主义现代化事业的一项基础建设。1986年我国正处于新旧体制在转轨过程中并存于冲突的"七五"期间，力行十年的改革开放到了一个关键点，经济、科技、教育体制改革正在不断深入发展，国民经济和社会发展的主要任务是基本奠定有中国特色的新型社会主义经济基础，并大力加强技术改造和智力开发。在这个机遇下，建立专业技术职务聘任制是为了克服在专业技术人员管理制度上长期存在的积压、浪费人才的弊病，克服平均主义，贯彻按劳分配的原则，打破那种禁锢人才、一潭死水的局面，促进人才合理流动，改变人才结构不合理的状况，逐步建立起一套适应新形势和新任务需要、充满活力的专业技术人员管理制度，创造一种生动活泼的环境，使每一个专业技术人员都能在与本人的知识、能力和客观需要相适应的工作岗位上，更好地为振兴经济，发展科技、教育，繁荣文化贡献力量。

二 专业技术职务聘任制的功能定位

《关于改革职称评定、实行专业技术职务聘任制度的报告》中明确："专业技术职务聘任制度的基本内容是：根据实际需要设置专业技术工作岗位，规定明确的职责；在定编定员的基础上，确定高中初级专业技术职务的合理结构比例；由行政领导在经过评审委员会认定的、符合相应条件的专业技术人员中聘任或任命；有一定的任期，在任职期间领取专业技术职务工资。专业技术职务不同于一次获得后而终身拥有的学位、学衔等各种学术、技术称号。""实行专业技术职务聘任制度后,对由于限额已满而不能在本单位、本部门就任专业技术职务的人员,应鼓励和支持他们到别的单位或部门去任职,以促进人才合理流动和科学技术交流,充分发挥他们的专长和作用。"由此可以看出,专业技术职务聘任制是集评价、使用、待遇三位一体的人事管理制度。

(一) 评价功能

职称的核心功能是评价。专业技术职务聘任制规定,通过专业技术职务评审委员会评议、审定专业技术人员是否符合相应专业技术职务任职条件。任职基本条件包括:德,即"爱祖国,遵守宪法和法律,积极为我国四化建设贡献自己的力量";才,即"具备履行相应职责的实际工作能力和业务知识";资历,即"一般应相应具备大学本科、大专、中专毕业的学历。各专业技术职务系列可以根据各自的特点,提出各级职务的不同学历要求。对虽然不具备上述规定学历,但确有真才实学、成绩显著、贡献突出、符合任职条件的专业技术人员,也可根据需要聘任相应的专业技术职务";身体健康状况,即"身体健康,能坚持正常工作"。在基本条件的基础上,各系列还要结合自身试行条例中的有关规定对专业技术人员进行评价。

(二) 使用功能

职称是聘任和任命的依据。专业技术职务聘任制规定[1],"事业单位的各级专业技术职务,由行政领导在经过评审委员会评定的符合相应任职条件的专业技术人员中聘任";"实行任命制的部门和单位的各级专业技术人员也须经过评审委员会评审,符合相应任职条件";"聘任或任命单位对受聘或被任命的专业技术人员的业务水平、工作态度和成绩,应进行定期或不定期的考核。考核成绩记入

---

[1] 国务院:《关于实行专业技术职务聘任制度的规定》,1986年2月。

考绩档案,作为提职、调薪、奖惩和能否续聘或任命的依据。开展经常性的专业技术职务评聘工作,必须在科学合理地设置专业技术岗位的基础上进行"。

(三) 待遇功能

职称与工资待遇挂钩。聘任到相应的专业技术岗位,享受相应级别的职务工资待遇。专业技术职务聘任制规定:"专业技术职务各档次(或等级)对应的职务工资标准,报劳动人事部核准。国家机关和事业单位实行专业技术职务聘任制所需的增资额,均应在劳动人事部规定的增资指标内核定,未经批准不得突破。"[1]

三 实行专业技术职务聘任制的要求

《关于改革职称评定、实行专业技术职务聘任制度的报告》也提出实行专业技术职务聘任制度的几项规定和要求。

(一) 关于评审规定要求

各专业技术职务系列主管部委必须对主管系列专业技术职务的名称、档次、适用范围、不同单位类别的高中初级专业技术职务的合理结构比例、岗位职责、任职条件、聘任办法和审批权限等作出原则规定,报国家科委核定。所设各档次专业技术职务对应的工资标准,应报劳动人事部核准。

国务院各部委,各省、自治区、直辖市应参照经核定的有关专业技术职务条例和实施意见,结合自己的实际情况制订实施细则,贯彻执行。

(二) 关于结构比例要求

国务院各部委,各省、自治区、直辖市,要在国家批准的编制

---

[1] 国务院:《关于实行专业技术职务聘任制度的规定》,1986年2月。

和在各专业技术职务系列主管部委规定的限额比例内,确定本部门或本地区所属事业单位各类专业技术职务中各级人员的合理结构比例。

国务院各部委,各省、自治区、直辖市要在劳动人事部会同国家科委提出并经国务院批准的国家机关专业技术职务的总结构比例内,拟定所属部门和地区内各级专业技术职务的合理结构比例,报国家科委备案。属于中央国家机关的,备案前须报劳动人事部核准。属于省、自治区、直辖市人民政府工作部门的,由同级劳动人事部门核准;高级职务的比例限额应低于中央国家机关的限额,根据具体情况核定。

中央部门在省、自治区、直辖市的直属事业单位,应由中央部门会同各省、自治区、直辖市科技干部管理部门统一领导部署;属地方的事业单位由地方科技干部管理部门会同各业务主管部门领导进行。

机关和事业单位实行专业技术职务聘任制所需的增资额,均在国务院工资制度改革小组、劳动人事部规定的增资指标内核准。增资指标未经批准不能突破。

(三) 关于任职条件要求

受聘担任某一专业技术职务必须具备履行相应职责的实际能力。由于全国各地实际情况差别很大,同一专业技术职务在不同部门的具体职责也不可能完全相同。因此,各专业技术职务系列主管部委在制定主管系列专业技术职务的任职条件时,应给下属部门和单位以结合实际灵活执行的余地。

考虑到实现干部队伍"四化"的需要,专业技术职务的任职条件应有一定的学历要求。出任初级、中级和高级专业技术职务的,一般应相应具备国务院有关文件规定的中专、大专和大学本科学历。各专业技术职务系列可以根据各自的特点,提出各级职务的不同学历要求。为了广开才路,对确有真才实学、成绩显著、贡献突出、符合任职条件的专业技术人员,虽不具备相应学历也可聘任专业技术职务。

(四)关于专业技术职务聘任的要求

在检查过去职称评定工作的基础上,对已获得职称的合格人员,应承认其具有受聘或被任命担任相应专业技术职务的条件,并根据需要聘任或任命适当的专业技术职务;水平偏低的,应帮助其尽快提高水平,完全不合格的,不能承认其具备担任相应专业技术职务的条件;对个别弄虚作假骗取职称的应严肃处理。

企业单位也应参照上述规定和各专业技术职务系列主管部委的有关规定,结合企业特点逐步实行专业技术职务聘任制度。

四 试行经验基础上制度逐步完善

1986年1月20日,中央职称改革领导小组发布《关于职称改革工作部署的通知》,提出:首先在国务院各部委和省、自治区、直辖市的高教、科研、卫生系统直属事业单位分批展开专业技术职务聘任工作。不在这些范围内的,只限于试点工作。各职务系列的主管部委应通过试点、试行实践,总结经验,对有关条例和实施意见修改完善,经中央职称改革工作领导小组审核后,再报国务院正式颁发执行。

经过一年的试行工作后,中央职称改革领导小组于1987年颁发《关于实行专业技术职务聘任制工作中若干问题的原则意见》,对行政领导兼任专业技术职务问题,离退休专业技术人员的任职资格评审问题,支援城镇或农村的专业技术人员职务聘任问题,乡镇及集体所有制企业中的专业技术人员职务聘任问题,在老、少、边、穷地区工作的专业技术人员任职及指标问题,经济自立的事业单位聘任专业技术职务的限额指标问题,不具备规定学历专业技术人员的任职问题，关于专业技术职务聘任工作制度化问题八个方面给出原则意见。

1988年1月7日，为了缓解职称改革工作中存在矛盾，解决历史遗留问题，中央职称改革工作领导小组发布《关于认定专业技术职务任职资格的原则意见》，就决定流动到知识和人才缺乏的单位或到那里从事兼职活动的专业技术人员认定任职资格的有关问题提出原则意见，这部分人群主要指"文化大革命"（1966年）前毕业并达到高级专业技术职务任职条件，但因专业技术职务限额没有被聘任高级专业技术职务的专业技术人员。认定专业技术职务任职资格是一项过渡性措施。同年3月12日，为了逐步完善专业技术职务聘任制度，结合两年来职称改革工作中出现的一些问题，中央职称改革工作领导小组又发布《关于完善专业技术职务聘任制度的原则意见》，出台并完善了专业技术职务聘任制度的具体实施办法，包括：专业技术职务的聘任工作要做到经常化、制度化；加强专业技术职务聘任工作的宏观控制；逐步下放专业技术职务评审、聘任权限；要建立健全科学的专业技术人员考核制度；选聘优秀拔尖中青年专业技术人员任高级专业技术职务；加强职务条例的修订及立法工作等。同年3月26日，中央职称改革工作领导小组颁发《中央国家机关实行专业技术职务任命制度的规定》。对专业技术职务任命的原则、对象、专业技术职务名称、档次的选定、结构比例及数额、岗位职责、任职条件、考核办法以及实施程序、工资计发时间等，作了明确具体的规定。

1988年7月8日，党中央、国务院决定：撤销中央职称改革工作领导小组。今后，全国改革职称制度、实行专业技术职务聘任制的工作，在国务院领导下，由人事部负责指导、组织和协调。8月8日，人事部发出《关于加强职称改革工作统一指导的通知》，明确"今后全国的职称改革工作由人事部负责指导、组织和协调，凡属有关职称改革和技术职务聘任工作的重大政策问题，必须由人事部报请党中央和国务院批准，才能部署和执行"。

第二节　职称的体系结构

专业技术职务聘任制突出了职称的"职务"属性。一般而言，职务的框架体系包括职系、职组、职等、职级等要素。所谓职系亦称职种，是工作性质相同的职务的集合。所谓职组是若干工作性质接近的职系的集合，每个职组由若干职系构成。所谓职级是工作性质相同，工作难易、责任轻重、任职资格条件也相同的职务的集合。职等则是工作性质不同，而工作难易、责任轻重、任职资格条件相当的职级的集合。专业技术职务聘任制的框架体系包括29个专业技术职务系列，大体可对应到对"职组"的划分；对应到"职级"上，就是高、中、初级三个档次；职等相当于专业技术岗位等级的对应。

一　专业技术职务系列

1985年下半年开始职称改革，到1988年陆续设置了包括高等学校教师、社会科学研究人员、自然科学研究人员、卫生技术人员、工程技术人员、农业技术人员、新闻专业人员、出版专业人员、图书资料专业人员、文博专业人员、档案专业人员、工艺美术专业人员、技工学校教师、体育教练员、翻译专业人员、广播电视播音专业人员、海关专业人员、会计专业人员、统计专业人员、经济专业人员、实验技术人员、中等专业学校教师、中学教师、小学幼儿园教师、艺术专业人员、公证员、律师、船舶技术人员和民用航空飞行技术人员29个系列的专业技术职务聘任试行条例。基本上覆盖了各行业、各部门的各类专业技术人员,形成了我国的职称制度框架体系。29个专业技术职务系列的框架体系(见表1—1)。其中所有专业技术职务系列均采用高、中、初三级的设置,但粗细不一,部分系列高级职务只到副高级,部分系列的初级职称没有员级。

二 专业技术职务岗位设置

专业技术职务聘任制规定在定编定员基础上,不同类别的单位和专业技术职务在不同档次之间应各有不同的结构比例,各单位应根据专业技术工作的实际需要和国家批准的限额合理设置专业技术职务的岗位,以此作为评聘工作的基础。为此,专业技术职务聘任制实行的基本条件就是专业技术职务岗位的设置,没有岗位设置就谈不上聘任问题;通过设岗,使受聘后的专业技术人员根据要求履行岗位职责,如果没有相应的水平和能力,就很难胜任工作;评出了有资格的人,聘多聘少,聘谁不聘谁,都要在设岗的前提下决定。

岗位设置的基本原理是职位分类。所谓"职位"是指符合一定资格条件的人用全部或一部分工作时间来处理的经常性的"职务"和"责任"。同样,一定的"岗位"有三个要素组成,一是"任职时间",二是"职务",三是"责任"。所谓"职务"是指应当完成的任务或为实现某一明确目的而从事的明确的工作行为;所谓"责任",是指聘任一定岗位的人对其工作的同意或承诺,它约束人的行为,意味着一个人必须做什么或不能做什么。简言之,一定的"责任",就是在一定"工作时间"条件下的一定的"职务"和"责任"的集合。从事一定专业技术岗位工作的人,除要求胜任这一岗位的职务,并承担相应的责任外,还必须具备任职资格条件,如学历、专业工作年限、业务能力、工作成果,等等。但在实际工作中，并不是人人都称职，或因其他种种原因，使岗位发生了变化。一是担任某一"岗位"工作的人不按照"岗位"对"职务"和"责任"的要求去做，长此以往，因实际"职务"和实际"责任"的改变，"岗位"实际上就发生了变化；二是担任某一"岗位"工作的人不具备担任这一"岗位"所要求的任职条件，纯属照顾性的评聘；三是担任某一"岗位"工作的人不能很好地履行这一"岗位"的"职务"和"责任"。由于上述三类情况的经常发生，使人们难以把一定的"岗位"看作一定的"职务"和"责任"的集合，而习惯于把岗位看作一定的"称号"和一个人实际做的事，因而习惯于把"岗位"和具体的人联系起来，"因人设岗"就是这种岗位观的产物。

技术职称评定制下评的职称是"学术技术称号"，是以"人"为中心确定的，可以不受数量限制，它只反映专业技术人员的学术技术水平，既不反映有这一职称的人在工作中担负的"职务"和"责任"，也不反映工作量，因此可以随人走。但专业技术职务聘任制下评的职称是跟专业技术职务岗位绑定的，岗位是以"事"为中心确定的，数量是有限的，岗位不随人走，同一岗位在不同时间可以由不同的人来担任。由于岗位所强调的是工作职位，因此按照职位分类的原理应该是因事择人，而不是因人择事，应按照工作岗位的客观标准进行分类和设岗。

三 专业技术职务试行条例

继1986年2月国务院发布《关于实行专业技术职务聘任制度的规定》之后，中央职称改革工作领导小组陆续转发，29个专业技术职务系列的主管部门根据本系列专业技术职务特征分别制定的"专业技术职务试行条例"，对各级各类专业技术职务对应的任职资格、相应职责、评聘方式做出具体规定，作为各专业技术职务的评聘依据（见表4—1）。

表4—1　　　　　　　　专业技术职务试行条例

序号	条例名称	时间	制定部门
1	高等学校教师职务试行条例	1986年3月3日	国家教育委员会
2	自然科学研究人员职务试行条例	1986年3月10日	中国科学院
3	中国社会科学院研究人员职务试行条例	1986年4月10日	中国社会科学院
4	卫生技术人员职务试行条例	1986年3月15日	卫生部
5	工程技术人员职务试行条例	1986年4月21日	国家经济委员会
6	农业技术人员技术职务试行条例	1986年3月14日	农牧渔业部
7	文物博物专业职务试行条例	1986年3月30日	文化部
8	图书资料、专业职务试行条例	1986年4月2日	文化部
9	新闻专业人员职务试行条例	1986年2月25日	全国新闻职称改革领导小组
10	出版专业人员职务试行条例	1986年3月30日	文化部
11	档案专业人员职务试行条例	1986年3月28日	国家档案局
12	翻译专业职务试行条例	1986年3月31日	外交部
13	经济专业人员职务试行条例	1986年4月11日	国家经济委员会
14	会计专业职务试行条例	1986年4月10日	财政部

续表

序号	条例名称	时间	制定部门
15	统计专业职务试行条例	1986年4月1日	国家统计局
16	教练员专业技术职务试行条例	1986年4月2日	国家体育委员会
17	广播电视播音专业职务试行条例	1986年3月12日	广播电影电视部制定
18	实验技术人员职务试行条例	1986年5月29日	中国科学院、国家教育委员会
19	中等专业学校教师职务试行条例	1986年5月17日	国家教育委员会制定
20	技工学校教师职务试行条例	1986年4月2日	劳动人事部
21	中学教师职务试行条例	1986年5月19日	国家教育委员会制定
22	小学教师职务试行条例	1986年5月19日	国家教育委员会制定
23	工艺美术专业职务试行条例	1986年4月2日	轻工业部
24	艺术专业职务（艺术等级）试行条例	1986年4月1日	文化部
25	律师职务试行条例	1987年10月22日	司法部
26	公证员职务试行条例	1988年3月1日	司法部
27	海关专业职务试行条例	1986年3月26日	海关总署
28	民用航空飞行技术人员职务试行条例	1988年3月29日	中国民用航空局
29	船舶技术人员职务试行条例	1988年3月29日	交通部

第三节　职称的评审机制

一　评价标准

（一）总体要求

专业技术职务聘任制中的职称评审标准，表现为任职资格条件，包括政治素养、业务条件、学历资历、身体状况等维度。《关于实行专业技术职务聘任制度的规定》中既规定政治条件又规定业务条件，体现了二者并重的原则：①热爱祖国，遵守宪法和法律，积极为我国"四化"建设贡献自己的力量。②具备履行相应职责的实际工作能力和业务知识。③担任高级、中级、初级专业技术职务一般应具备相应大学本科、大专、中专学历。各专业技术职务系列可以根据各自的特点，提出各级职务的不同学历要求。对虽然不具备上述规定学历，但确有真才实学、成绩显著、贡献突出、符合任职条件的专业技术人员，也可根据需要聘任相应的专业技术职务。④身体健康，能坚持正常工作。[①]

（二）具体标准

依据《关于实行专业技术职务聘任制度的规定》中对任职资格条件的原则性规定，29个专业技术职务系列根据本专业特点制定的试行条例中对各级专业技术职务任职资格进行了细化。如，1986年4月6日，中央职称改革工作领导小组发布了《工程技术人员职务试行条例》，指出"聘任或任命技术职务的主要依据是：担任技术职务的工程技术人员，必须具备履行相应职责的实际工作能力和相应的业务知识与技术水平。并应具备相应的理工学科的学历和从事技术工作的资历"。具体任职条件（见表4—2）。

[①] 国务院：《关于实行专业技术职务聘任制度的规定》，1986年2月。

表 4—2　　　　　　　　　　工程技术人员任职条件

职称	任职条件		
技术员	1. 具有完成一般技术辅导性工作的实际能力。 2. 初步掌握本专业的基础理论知识和专业技术知识。 3. 大学专科、中等专业学校毕业，在工程技术岗位上见习一年期满，经考察合格		担任技术职务的工程技术人员，必须拥护中国共产党的领导，热爱祖国，积极地为社会主义现代化建设服务
助理工程师	1. 具有完成一般性技术工作的实际能力。 2. 能够运用本专业的基础理论知识和专业技术知识。 3. 获得硕士学位或取得第二学士学位，经考察合格；获得学士学位或大学本科毕业，在工程技术岗位上见习一年期满，经考察合格；大学专科毕业，从事技术员工作二年以上；中等专业学校毕业，从事技术员工作四年以上		
工程师	1. 具备下列部门之一的条件 （1）生产、技术管理部门 ①基本掌握现代生产管理和技术管理的方法，有独立解决比较复杂的技术问题的能力。 ②能够灵活运用本专业的基础理论知识和专业技术知识，熟悉本专业国内外现状和发展趋势。 ③有一定从事生产、技术管理工作的实践经验，取得有实用价值的技术成果和技术经济效益。 ④能够指导助理工程师的工作和学习。 （2）研究、设计部门 ①有独立承担较复杂项目的研究、设计工作能力，能解决本专业范围内比较复杂的技术问题。 ②较系统地掌握本专业的基础理论知识的专业技术知识，熟悉本专业国内外现状和发展趋势。 ③有一定从事工程技术研究、设计工作的实践经验，能吸收、采用国内外先进技术，在提高研究、设计水平和经济效益方面取得一定成绩。 ④能够指导助理工程师的工作和学习。 2. 获得博士学位，经考察合格；获得硕士学位或取得第二学士学位，从事助理工程师工作二年左右；获得学士学位或大学本科学业，从事助理工程师工作四年以上；大学专科毕业，从事助理工程师工作五年以上	担任工程师、高级工程师职务的工程技术人员，应具有阅读本专业外文资料的能力。从事工程技术研究、设计、技术开发、技术情报等工作的工程师、高级工程师，应能比较熟练和熟练地掌握一门外语	

续表

职称	任职条件	
高级工程师	1. 具备下列部门之一的条件 （1）生产、技术管理部门 ①具有解决在生产过程或综合技术管理中本专业领域重要技术问题的能力。 ②有系统广博的专业基础理论知识和专业技术知识，掌握本专业国内外现状和现代管理的发展趋势。 ③有丰富的生产、技术管理工作实践经验，在生产、技术管理工作中有显著成绩和社会、经济效益。 ④能够指导工程师的工作和学习。 （2）研究、设计部门 ①具有独立承担重要研究课题或有主持和组织重大工程项目设计的能力，能解决本专业领域的关键性技术问题。 ②有系统坚实的专业基础理论知识和专业技术知识，掌握本专业领域国内外现状和发展趋势。 ③有丰富的工程技术研究、设计实践经验，取得过具有实用价值或显著社会经济效益的研究、设计成果，或发表过有较高水平的技术著作、论文。 ④能够指导工程师、研究生的工作和学习。 2. 获得博士学位后，从事工程师工作二年以上；大学本科毕业以上学历，从事工程师工作五年以上	

资料来源：中央职称改革工作领导小组：《工程技术人员职务试行条例》，1986年4月6日。

（三）特殊标准

1987年中央职称改革领导小组针对各地区各部门在职称改革工作中遇到的一些共同性问题，发布《关于实行专业技术职务聘任制工作中若干问题的原则意见》，针对一些特殊群体的评价标准提出原则意见。"长期在老、少、边、山、穷地区工作的专业技术人员，在评审和聘任专业技术职务时，应着重考核本人的实际水平、工作能力和做出的具体成绩，不要一律强调'论文'；外语考核条件可根据实际工作的需要确定，各地区可拟定具体规定和办法。""在一些行业和部门，由于历史原因，有相当数量不具备相应职务试行条例所规定学历的人员，在专业技术岗位上工作，有的已成为专业技术骨干，并为实践证明能胜任相应专业技术职务。在首次专业技术职务聘任工作中应考虑他们的实际情况，在保证聘任质量的前提下，由各职务系列主管部门根据不同行业、不同层次、不同档次实事求是地提出相应的原则要求和考核办法，经中央职称改革工作领导小组办公室协调后，由各职务系列主管部门下发参照执行。""乡镇及集体所有制企业根据工作需要可以设置专业技术职务。在评审专业技术职务任职资格时，应注意保证质量，可根据企业的特点，主要考核专业技术人员的工作成绩、技术水平和业务能力，特别要充分考虑到他们创造的经济效益。"

二 评审委员会

评审委员会是负责评议、审定专业技术人员是否符合相应专业技术职务任职条件的组织。评审委员会的主要职责是：科学地评价被推荐的专业技术人员，审定任职条件，准确地写出考核评语。

部门和地方根据实际需要分别建立高级、中级、初级职务评审委员会。评审委员会通常由具有较高的专业技术水平或担任较高专业技术职务、作风正派、办事公道的专业技术人员组成，其中中青年应占一定比例。评审委员会可以是常设的，也可以在需要时临时组成。

评审委员会的人选由本单位专业技术人员酝酿推荐，单位专业技术负责人提名，经单位领导批准。中级职务评审委员会人选，还须报上一级主管部门批准。高级技术职务评审委员会，一般应由各省、自治区、直辖市，国务院有关部委、直属机构组建，也可以授权确实具备评审条件的所属单位直接组建，报省、自治区、直辖市或国务院有关部门批准。其委员必须有 2/3 以上是知名技术专家或担任高级技术职务的人员，并注意吸收一定数量的技术水平较高的中青年专业技术人员参加。本单位专业技术力量薄弱，不能成立评审委员会的，可以由上一级组织的评审委员会或聘请外单位专家与本单位专家共同组成的评审委员会承担评审任务。

三 评审方法

聘任或任命专业技术职务，一般由单位行政领导或同行专家在单位的专业技术人员中提名推荐；专业技术职务评审委员会（简称评审委员会）根据任职条件和岗位职责要求对推荐的人员进行评议审定，提出具备任职条件的人员名单；单位行政领导必须在经过相应的评审委员会评审认定的符合相应任职条件的专业技术人员中，按照限额进行聘任或任命。评审委员会以民主程序进行工作。

第四节 评价结果的使用

《关于实行专业技术职务聘任制度的规定》提出，按照单位性质的不同，可以采用聘任或任命两种方式的评价结果。对一些由于历史遗留问题，也提出了资格认定制的方式。

一 聘任制

企事业单位的专业技术职务一般实行聘任制。各级专业技术职务由行政领导在经过评审委员会评定的符合相应任职条件的专业技术人员中聘任。行政领导应向被聘任的专业技术人员颁发聘书，双方签订聘约。

针对聘任制，1988 年 3 月 12 日，中央职称改革工作领导小组在《关于完善专业技术职务聘任制度的原则意见》中进一步明确专业技术职务在结构比例控制的前提下实行评聘结合。事业单位实行定编定员和控制工资基金总额的办法，即在国家下达的工资总额和编制定员范围内，各单位根据其主管部门确定的各类、各级专业技术职务合理的结构比例，按照各专业技术职务试行条例所规定的任职条件和评审程序，进行专业技术职务评审聘任工作。实行专业技术职务聘任制度的企业单位，在其上级主管部门核定的专业技术职务比例限额内，由厂长（经理）确定聘任专业技术人员的数额，所需的增资额列入企业成本。其中实行工资总额同经济效益挂钩企业的增资指标，经主管部门核准后，可计入下年度工资总额基数。首次聘任工作结束后，国家不再下达增资指标。企业进行专业技术职务聘任工作的评审程序、考核标准及聘任办法，也要参照中央、国务院及中央职称改革工作领导小组有关职称改革的文件实施。

二 任命制

任命制是针对一些"三线、边远地区和不具备聘任条件的事业单位"以及"各级国家机关公务员"提出的措施。实行任命制的部门和单位的各级专业技术人员也须经过评审委员会评审，符合相应任职条件；同时按照干部管理权限，由行政领导向被任命的专业技术人员颁发任命书。对于事业单位，此举作为临时措施，要求"创造条件逐步实行聘任制"。对于国家机关公务员，1988年3月26日，中央职称改革工作领导小组颁发《中央国家机关实行专业技术职务任命制度的规定》，明确任命制的具体要求：中央国家机关专业技术职务是根据专业技术工作和专业技术管理工作需要设置的、有明确的职责、任职条件和任期，并需要具备专门的业务知识和技术水平才能担负的工作岗位，实行专业技术职务任命制度的对象是：直接从事专业技术工作或从事专业技术管理工作的人员。专业技术管理工作系指在各专业技术职务试行条例所包含的专业技术范围内，从事专业技术规划、计划、组织、协调、评估工作及专业技术人员的规划、培训和管理工作。各部门提出拟设高、中级专业技术职务数额，报中央职称改革工作领导小组核定，在核定的高、中级专业技术职务数额内，根据各司局专业技术岗位设置的需要，将专业技术职务指标下达给各司局。各部门的专业技术职务由行政领导在经过评审委员会评定、符合任职条件的专业技术人员中任命。专业技术职务的任期，一般3—5年，如工作需要可连续任命。

三　资格认定制

为了进一步促进人才流动和智力流动，发挥各方面落实知识分子政策的潜力，调动专业技术人员的积极性，在继续坚持职称改革方向、目标的前提下，中央职称改革工作领导小组于1988年1月出台了《关于认定专业技术职务任职资格的原则意见》，提出："实行专业技术职务聘任制度的同时，在高等院校、科学研究、医疗卫生、工矿企业等知识和人才密集的单位对没有聘用的'文革'（1966年）前毕业并达到高级职务任职条件的专业技术人员（包括长期从事专业技术工作，近期调作行政领导或管理工作的专业技术人员），可认定任职资格。""获得高级专业技术职务任职资格的人员，可以在学术交流和国际交往活动中使用高级专业技术职务名称。专业技术职务任职资格不与工资待遇挂钩。应积极鼓励获得任职资格的人员通过到其他受聘单位任职，解决相应的工资待遇问题。""各单位的高级专业技术职务任职资格评审委员会，可向决定流动到知识和人才缺乏的单位或到那里兼职的获得高级专业技术职务任职资格的人员，颁发任职资格证书。"

四　考核

考核是专业技术人员管理的重要环节，无论是招聘录用，还是奖惩晋升都应以考核结果作为主要依据。考核的目的在于了解专业技术人员的实际水平、工作能力以及完成目标任务的业绩等情况，考核的方法应以定量与定性相结合，平时考核与阶段考核相结合。1988年3月中央职称改革工作领导小组出台《关于完善专业技术职务聘任制度的原则意见》提出要建立健全科学的专业技术人员考核制度。考核制度包括制定任期目标、建立健全科技人员的考绩档案、考核结果使用，以及聘任管理等几个方面。要使考核制度发挥效力，首先要明确各级职务的专业技术人员的任期目标；确定考绩档案内容，如"随时记入专业技术人员的工作成绩、论文、成果以及培训、进修等情况，以此作为量化考核的依据"。考核结果是为了"择优选聘"，"对符合晋升条件的人员根据岗位需要，在限额内聘任职务。对少数不能履行职责，并为实践证明达不到相应职务所要求的水平和能力者，可以评聘低一级职务或调做其他工作。有些人虽然水平、能力达到了任职条件的要求，但由于工作态度、职业道德较差，可不再聘任其职务"。专业技术职务的聘任通常是"由单位的行政领导聘任"。如果是行政领导兼任专业技术职务，则需要"由上级主管部门聘任"。

第五节　首次评聘工作的总结

从1985年7月开始按照专业技术职务聘任制进行改革，直到1989年年底企事业单位的首次评聘工作基本完成，中央决定在这项工作转入经常化以前，对前期专业技术职务评聘工作进行总结和复查。[1] 复查的重点是："在评审、聘任工作中弄虚作假，不按政策规定办事，任意扩大评聘范围，降低评聘质量，引起社会和群众不满

---

[1]　人事部：《关于对专业技术职务评审聘任工作进行复查的通知》，1989年10月17日。

的单位和个人。"着重抓好以下三个方面：一是在专业技术职务评聘中，伪造学历、资历，开具假证明、假学历，剽窃他人成果、抄袭或让人代写论文和技术报告，虚报成绩和贡献，谎报工作量的；二是不在专业技术岗位，按规定不属于评聘范围而评聘了专业技术职务的；三是不具备任职条件，不符合规定的评聘程序而评聘了专业技术职务的。

一 主要成效

到1989年年底，企事业单位的首次评聘工作完成，据统计，当时全国企事业单位专业技术人员总数为2314.6万人，其中已评聘专业技术职务的人员为1948.2万人，占专业技术人员总数的84.2%，比1983年9月前评定的人数增加了2倍多。其中评聘为高级专业技术职务的人员为93.4万人，比1983年获得高级职称的人数增加了9倍，比下达的职务指标数多13.4万人。评聘为中级专业技术职务的人员为536万人，比1983年获得中级职称的人数增加了2.5倍，比下达的职务指标数多36万人。[①]

整体来看，这次职称改革工作是有成效的，评审聘任的质量也比较好。基本上解决了我国广大知识分子迫切希望解决而长期没有解决的职称或专业技术职务问题，大多数应该评聘的都得到了评聘，基本上还清了历史欠账。在一定程度上改善了知识分子待遇。通过首次聘任兑现职务工资，全国有近千万专业技术人员不同程度地增加了工资。创造了利于优秀人才脱颖而出的环境，专业技术队伍结构有所改善。仅据国家教委和中国科学院的初步统计，30多岁的教授、研究员有近百人，20多岁、30多岁的副教授、副研究员已有600多人。调动了知识分子的积极性，促进了教学、科研、

---

① 徐颂陶：《中国人事管理工作实用手册（上）》，中国财政经济出版社1991年版，第161页。

生产的发展。许多认真按专业技术职务聘任制进行职称改革工作的地方和单位专业技术人员积极承担教学、科研、医疗任务和课题，激励了他们奋发向上的精神。鞍山钢铁公司在职称改革中紧紧围绕深化企业改革和搞活企业，为鞍钢扩建200吨钢的综合生产能力，储备和开发了所需的技术力量，实现了增产不增人。实践证明，实行专业技术职务聘任制的方向是正确的。

二　存在问题

由于对专业技术干部队伍内部存在的实际问题和与之相关的社会环境研究不深，缺乏若干配套政策，加之历史遗留问题太多等原因，也不同程度地暴露出各种问题。

（一）职务系列设置不规范

有些部门未经中央、国务院和原中央职称改革工作领导小组批准，自行变相设置系列，形成行行要职称，人人要评师。另外，系列内职务的档次划分不规范，大多是三级四等或三级五等的模式，由于有些系列没有正高级设置，如工程技术人员系列，有些单位就出现条例规定之外自造的"教授""研究员级高级工程师"或"高高级工程师"之类的职务名称。

（二）评聘合一引发矛盾

由于评聘合一评了必须聘，搞不好容易造成单一的业务技术标准代替党的德才兼备的干部政策。评审任职资格时往往只看其业务技术能力，而聘任职务必须根据德才兼备原则，全面考察各方面的能力水平。评聘合一无法做到这一点，屡屡出现评上的表现不佳、不再好好干或不称职的现象。

由于评聘合一采取下达指标进行控制的办法，很难做到下达的职务指标数、实际专业技术合格人员数和需要设置的岗位数三者一致，因此，不可避免地在一些人才密集单位，使一些专业技术人员虽够水平但因指标不够而评不上；而在一些人才短缺单位，因指标宽松又降格以求，滥竽充数，造成该评的没评上，不该评的评上了。

（三）工资问题难以有效协调

新中国成立后有相当长的一段时间里工资基本处于冻结状态，尤其是广大知识分子的工资普遍偏低，近年来随着商品经济的发展，"体脑倒挂"的现象更趋严重，由于专业技术职务与工资挂钩，专业技术人员对通过聘任制来改善工资待遇抱有极高的期望，于是形成千军万马过独木桥的局面，给职改工作带来了巨大的经济压力。可以说职改工作中遇到的问题大部分都属于工资方面的问题，其中有些是明显不合理的，如职改试点中已发现要出现工资平台和"三级跳"等现象，然而职改与工改相分离，很长一段时间里又分属两个部门主管，使这类问题得不到有效协调，而只能视其发展，造成新的欠账。

（四）因人设事职责不清

尽管职改文件明确规定，搞好专业技术职务聘任制首先要在国家批准的编制范围内按照实际工作的需要因事设岗，但由于各类欠账太多，在实际执行中不少单位领导不得不较多地考虑人际平衡，不免论资排辈，还有一些地方和部门的评委会成员以同情心代替任职标准的掌握，不是评职称而是评工资，甚至个别单位还出现赶在调整工资前突击评职称的现象，扭曲了职改的目的和偏离了当初预定的方向。

当然，产生上述问题的原因是多种多样的，而且这些问题的解决，也有待于通过深化职称改革来解决。

三 当时提出的改革方向

在对前期专业技术职务评审聘任工作复查的基础上，1990 年 5

月 2 日召开国务院总理办公会议，根据会议精神，今后一段时间深化职称改革总的思路是：第一，稳定第一，不搞大动作，但是又不停下来。第二，对职称工作要分类指导，不能一个模式，一个标准，一个办法。第三，要注意政策导向。在职称改革政策的制定上，应引导专业技术人员努力做好本职工作。第四，职称改革要与工资改革结合起来，配套进行。对有些属于职业系列的，可研究通过工资办法解决。应把职改与工改结合进行的问题纳入"八五"计划，统筹考虑。第五，要进行微调，解决急需解决而又可能解决的突出矛盾。第六，机关职称维持现状，已进行的，暂不进行整顿和复查，未进行的，不再继续进行。第七，加强对职称改革的领导，成立领导小组，以统一组织、指导和协调全国职改工作，加强立法工作。[①] 具体工作如下。

（一）系列分类调整

对 30 个专业技术职务系列进行逐个研究，针对各系列的自身特点和历史情况，实行分类指导和调整。充分听取各地各方面的意见，根据每一类的具体情况，确定不同的标准条件，采取不同的评价方法和管理方法。

第一类，历史比较久，评审条件比较好掌握，考核标准也较具体，国际上也有可比性，可以作为专业技术职务系列加以保留，对现有的条例作必要的修改后，维持原有的考核实绩加评审的办法并使之更严格化、正常化。

第二类，属于公共性、通用性的系列，实行资格考试制度，这样可以克服缺乏硬性评审标准、人为因素太多、评审方法不科学的弊端，较好地做到客观公正。

第三类，属于职业性的系列，不宜用考试或评审办法确定职务

[①] 徐颂陶：《中国人事管理工作实用手册》（上），中国财政经济出版社 1991 年版，第 164 页。

的任职资格，拟在现有职务和工资制度的基础上，用考核业绩的办法确定工资等级，不再作为专业技术职务系列进行评审。对于少数有特殊贡献、知名度较高的专家授予荣誉称号；对其中有些系列确有学术专长的少数高级专家，可按社会科学研究系列评定高级职称。

第四类，情况近似于第三类，也采用考核业绩的办法确定工资等级，但可保留职务名称。

还有一些系列，如海关关务等，将纳入国家公务员职位分类中的有关职系。今后，各职务系列的职务或任职资格（职称），不再存在对应关系，不能互相套改和串用。非经党中央、国务院批准不再增设新系列。

（二）实行评聘分开

评聘合一和评聘分开，也就是"单轨"和"双轨"的问题。经过几年的试行工作，已经有可能也有必要提出实行双轨制的问题，因为已经较清楚地认识到了职务与职称性质和特点的不同，明确了评聘分开的真实含义和实行评聘分开的必要性。

所谓评聘分开，就是根据专业技术人员本人的条件，由专家组成的评审委员会评定或通过考试考核确定其专业技术职务的任职资格（通常所理解的职称）；根据专业技术岗位的需要，由行政领导从具备任职资格的人员中择优聘任职务。实行评聘分开，就是专业技术职称的考评制与专业技术职务的聘任制互为补充地分开实施，这也是完善和深化职称改革的双轨制模式。

这样做的好处：一是用人上有利于坚持四项基本原则，强调任职的政治标准，体现职务不是单一的学术、技术水平的评价，而是德才兼备综合因素的评价。二是有利于按职务、职称的不同特点从使用和评价两个不同方面对专业技术人员实行科学管理。三是有利于解决当前职务指标同人才实际构成不一致的矛盾，使已具备专业技术水平而受职务指标限制的人，能取得相应的职称。四是有利于根据专业技术岗位设置的需要确定单位合理的职务结构比例，减少盲目地争职务指标。五是有利于形成真正的竞争机制，有职称无职务的专业技术人员将使择优上岗的专业技术人员面临多次竞争的格局，从而真正实现聘任制。同时也有利于人才的流动，有利于任职资格考试制度的建立。

（三）单位分类管理

首先是根据单位的性质，将单位按机关、企业、事业进行分类，其次是根据单位所承担任务的轻重和难易进行分类，最后是依据各自不同的特点采取不同的管理和控制办法。

机关的性质和职能都完全不同于企事业单位，机关干部人事制度改革的方向是实行国家公务员制度，机关中的专业技术职务评聘工作应纳入整个国家公务员制度设计中一起考虑，有关机关中的专业技术职务系列也将由职位分类的职门、职组、职系的区分所代替。

企业是国民经济的支柱，是国家财政收入的主要来源，根据《企业法》的规定，应在人与财两方面享有更多的自主权。首次专业技术职务聘任中，企业不适当地照搬了事业单位职改工作的不少规定和做法，是不利于企业内部全面深化改革的。因此，要强调企业一定要从自身特点出发，完善和深化职称改革。根据企业的规模、资产和经营，现在已将企业分类成：特大型、大一型、大二型、中一型、中二型和小型。根据企业中工人的劳动方式，又可分为技术密集型和劳动密集型。对不同类别的企业，要确定各种各级专业技术职务的不同比例，允许设立的各种专业技术职务的最高级别也不同。

事业单位中专业技术人员集中，职称改革自然成为事业单位干部人事制度改革的重要组成部分。不少专业技术职务系列的主管部门已考虑对其下属的事业单位进行分类，如国家教委计划将全国高等学校分为四类，中国科学院提出要将全国自然科学研究院、所也分为四类，卫生部准备把全国的医院分为三等十级。不同类别的单位除了享有不同的专业技术职务比例和允许设立的最高职务级别外，还可以享有不同的起点工资，如一类大学的教授起点工资可比二、三、四类高一些，因为他们的评审条件严、标准高，也是体现国家对专业技术人员学术技术水平、能力和贡献实施有区别管理的政策性措施。

（四）职务划分级别

根据专业技术职务的责任轻重、难易程度和所需资格条件，科学地划分等级，改变目前各系列都是三级四档或三级五档的模式，把大平台分成为若干小台阶，使能力、贡献、水平和资历的差异合理地区分开，以形成持久的激励机制。专业技术人员不但可有较远的奋斗目标——晋升职务，而且可有近期的努力方向——晋升级别。比如设想将工程系列的职务划分为若干个级别。当然职务分级主要通过各专业技术职务暂行条例的修订来进行职务分级还要与工资分级结合起来。这样，一方面可以避免出现"三代同堂"的工资大平台，另一方面又可以不再出现"三级跳"的现象。职务与工资既有对应关系又有上下交叉的分配格局，将会使职称改革中遇到的大量有关工资待遇的问题逐步得到理顺。

（五）实行考评结合

邓小平同志早在1980年关于《党和国家领导制度的改革》的讲话中就指出："将来很多职务、职称，只要考试合格，就应当录用或者授予。"调研发现，专业技术人员普遍认为虽然考试并非完美无缺，但比起评审来讲人为因素少得多，可以减少和避免不正之风，更能体现平等、公开、竞争、择优的原则，也是治理当前专业技术职务评聘工作较乱较滥的重要措施之一。职称工作中一直令人们棘手的不具备规定学历人员评聘专业技术职务的问题,可通过考试获得妥善解决。同时要结合考核,即对平时品德、工作表现和工作业绩的考察与审核,即使考试成绩再好,品德和工作不好,也不能被聘用。经过考试、考核后再来评审或进行答辩以判定解决实际问题的能力和学术技术水平,就可避免许多由于采取单一评审的办法而造成的弊病。计算机应用软件人员、律师、公证、统计人员等系列已经和正在进行全国统一的任职资格考试,效果和反应都比较好。

由于采取考试、考核和评审相结合,不同系列不同级别各有侧重的办法,因而所获得的任职资格(职称)就可能出现三种不同的情况:第一种是通过全国统一考试获得的任职资格(职称)在全国有效;第二种是一时难以做到全国统考的先由地区组织考试和评审,在哪个范围内考试和评审获得的任职资格(职称)就在哪个范围内有效;第三种是不宜实行考试而需由本单位采用考核和评审的办法取得任职资格(职称)则只在本单位有效。

(六)改善控制机制

实行真正的宏观控制、间接控制,办法就是编制控制、岗位设置、工资包干和结构比例,要用岗位设置的概念代替职务限额指标的概念。首先,要根据单位的类型确定合理的专业技术职务结构比例。然后,在定编定员的基础上依据职位分类原理严格设岗,规定岗位职责,以事择人,改变目前因人设事的状况。事业单位可以逐步实行专业技术职务工资包干。专业技术职务工资包干的具体做法是,以上年度专业技术人员的职务工资为基础,对在计划年度内由于自然减员、解聘和人员调动等原因出现的工资空额,留给各单位自主使用;此外,按照国家批准的增人指标;在职务结构比例范围内确定增长幅度,其相应所需的增资额列入各单位的工资总额计划,经主管部门审定后,由各单位包干使用。

改善宏观控制后,各单位的专业技术职务聘任工作由各单位自主管理、自主决定,有助于建立各单位的自我控制、自我协调的机制,防止乱和滥。另外,十分重要的是为专业技术人员开通了一条不晋升职务也能增加工资的合理渠道。在这种宏观控制下,单位可以把批准的增资额用来为一部分专业技术人员晋升职务,也可以用来为另一部分专业技术人员增加工资,允许一些虽然能力、水平有限但兢兢业业工作二三十年的老教师、老工程师,其工资水平可以高于年轻的副教授、高级工程师。这样,真正实现了职称改革与工资改革的结合和配套,从而实现专业技术职务评聘工作经常化、正常化、规范化。

第 五 章

企事业单位评聘专业技术职务

为适应治理整顿、深化改革的需要，完善专业技术职务聘任制度，使评聘专业技术职务转入经常性工作，遵照1990年5月22日第100次国务院总理办公会议精神，原国家人事部在专业技术职务聘任制和各专业技术职务试行条例的基础上，于1990年11月10日印发《企事业单位评聘专业技术职务若干问题暂行规定》，这一文件的颁发标志着职称评聘工作转入经常化。《暂行规定》出台后，一些地区和部门就如何贯彻执行提出了一些具体问题，原国家人事部连续印发三个文件[①]，对在评审工作中出现的一些问题给予进一步解释说明，不断完善专业技术职务聘任制度。自此，职称评聘成为专业技术人员管理的经常化工作之一。

第一节 岗位设置

回顾首次评聘工作，在没有严格按照专业技术岗位的需要进行评聘工作，带来很多问题，如论资排辈、按人画线，造成控制指标与客观现实严重脱节，形成单位间苦乐不均，评聘人员同现实岗位

---

① 《关于贯彻人职发〔1990〕4号文件有关问题的解答》，1991年5月8日；《〈企事业单位评聘专业技术职务若干问题暂行规定〉有关具体问题的说明》，1991年5月20日；《〈企事业单位评聘专业技术职务若干问题暂行规定〉有关具体问题的补充说明》，1991年10月15日。

严重脱节，出现很多有岗无职、一岗多人、一人多岗的混乱现象，挫伤了部分专业技术人员的积极性，人才也不能合理流动，给评聘工作造成十分困难的局面。由此可见，专业技术岗位设置非常重要。

《企事业单位评聘专业技术职务若干问题暂行规定》明确指出："开展经常性的专业技术职务评聘工作，必须在科学合理地设置专业技术岗位的基础上进行。各地区、各部门要认真总结首次评聘工作中设置专业技术岗位的经验，检查、督促、指导所属企事业单位在国家批准的人员编制、首次评聘下达的高、中级职务数额和工资总额内，按照职位分类原理，根据工作需要设置和调整专业技术岗位，明确岗位职责。各地区、各部门根据企业、事业以及不同类别单位的实际情况，审定各级专业技术岗位设置，如认为有必要，可提出专业技术职务结构比例和专业技术职务设置最高档次的指导性意见。"

岗位设置应以调动专业技术人员的工作积极性，发挥专业技术人员队伍的整体效能，合理利用人才资源，做到岗有其责，占岗尽责为目的。为此，在专业技术岗位设置中，应注意以下几点。

一　按需设岗

岗位设置的依据首先是要满足事业发展需要，即"根据各个基层单位现已聘任的专业技术职务状况，按照承担的工作任务，设置若干不同层次的岗位，明确规定每个岗位的具体职责"。[①] 技术职务评定制时期的专业技术职称确认和之前的专业技术职务评聘，注重的是专业技术人员的个体素质，即以专业技术人员的学历、学识、工作业绩、业务能力、外语水平为条件，评出的专业技术职称和专

---

① 《〈企事业单位评聘专业技术职务若干问题暂行规定〉有关具体问题的说明》1991年5月20日。

业技术职务代表了参评者较高的个人素质。而专业技术岗位设置却是以某一具体单位和部门的专业学科承担的专业技术工作为前提，确定专业技术岗位职数，评定的专业技术职务要代表较高的整体素质和工作效能。比如，某高校中某一专业或某学科的教学人员，由于常年承担着博士、硕士和本科生的教学工作，以及国家和地方重点科研项目，而另一专业或学科的教学人员，由于长期没有承担科研项目，教学层次也比较低，尽管两个专业或学科的教学人员的学历、资历、个人水平相差无几，但是前者可以设正高级职务或较多的副高级职务，而后者就可不设正高级或少设副高级职务。"如果某个事业单位岗位已满，就不能再评聘专业技术职务（经批准进行评聘分开试点的单位可以评定资格）。但如果由于人员调动、退休离休等自然减员出现岗位空缺，或者由于事业发展、任务增加，国家批准增设了岗位，可及时评聘相应的专业技术职务。"

二　岗职匹配

专业技术职务岗位设置，需要明确制定和规范各级专业职务的工作职责，以做到岗职匹配。担任正高级专业职务的就要履行正高级职务的职责，担任副高级职务的就要履行副高级职务的职责，担任中级职务的就要承担中级职务的职责。各级专业技术职务的岗位职责，需要根据当时的科学技术水平，专业技术人员在某一具体部门开展专业技术工作中的作用和地位等因素确定。岗位职责对各职务档次的要求，既有质的区别，也有量的区别。担任较高职务档次的人员应该从事较高层次的专业技术工作。因此，需要理顺各级职务职责关系，以避免职责不分，各级职务人员争干一项工作，体现一样水平的现象。

专业技术职务岗位职责是进行专业技术人员考核的依据，履行岗位职责的程度是聘任专业技术人员职务和晋升高一级职务的重要条件。如，在某一学科设置有一名教授职务，聘为教授职务的人必须是本学科的学术带头人，他本身应承担本学科最高层次的教学科研工作，同时，他还应是本学科承担和完成国家、地方的科研、工程设计等任务的组织领导者，是本学科组织开展学术活动，开拓本学科领域，开展本学科业务工作的组织者和协调者。不能统率本学科的专业技术工作，不能全面履行岗位职责，尽管个人业务水平高，专业资历老，都不宜担任本学科最高的专业技术职务。

三 结构比例和职数适当

确定适当的职务结构的比例和各级职务的职数也是专业技术职务岗位设置的要素，通常是根据某一具体专业技术工作部门承担工作任务的轻重、繁简、难易、技术的先进性和复杂性进行设置。担任最高专业职务的专业技术人员是本部门开展学术和专业技术活动的组织领导者。一名正高级专业职务的专业技术人员配备多少副高级职务，多少中级职务，多少初级职务，要根据接受和承担的专业技术工作而定。由于历史原因，人员构成、知识结构、学历结构搭配存在一定的不合理，形成了某些专业技术部门正高级职务相当集中，某些部门副高级职务相当集中，还有的部门没有合适人员担任正高级或副高级职务。要通过岗位设置，按照岗位设置的职数，聘任专业技术职务，鼓励结构不合理的组织的专业技术人员积极向有适当岗位的部门或组织流动，或积极承担或寻找新的专业技术工作。

四 动态高效

专业技术岗位设置，要坚持动态、高效的原则。根据单位任务的增减，按照国家的财力状况，再对岗位进行适当的调整。这就是说，既要根据需要，还要根据可能。设岗不能不受编制和工资总额的制约。各专业学科和部门要设立什么级别的专业技术职务，设立多少专业技术职务，要力求精简，质量上要就高不就低，数量上要就低不就高，能够由副高级专业职务担任的专业技术岗位不设正高级专业技术职务岗位，能由中级职务人员担任的专业技术工作，不设副高级专业职务。不属专业技术部门的不能设置专业技术职务岗位。要运用自然减员或促进人才流动以逐步达到结构合理，实现因岗聘人的目的。对不在国家规定的专业技术职务系列岗位上工作的人，不能任意扩大专业技术职务评聘范围，为了照顾而评聘专业技术职务。

第二节 评价标准

评价标准是职称评聘的依据，《企事业单位评聘专业技术职务若干问题暂行规定》在专业技术职务聘任制和各专业技术职务试行条例基础上进一步明确："评聘专业技术职务必须严格坚持专业技术职务试行条例所规定的能力、业绩、资历、本专业（或相近专业）学历和相应的外语水平等基本任职条件。各地区、各部门要清理检查首次评聘工作中制定下发的文件，对于不符合专业技术职务试行条例的规定和扩大范围、放宽条件、降低标准的有关文件（含实施意见或细则），一律停止执行。今后申报评聘专业技术职务应具备国家教委承认的本专业（或相近专业）的学历，各种培训班颁发的结业证书或专业证书不再作为评聘专业技术职务的学历依据。"评价标准是专业技术人员职称评聘的直接影响因素，对此问题一直是各方关注的焦点。为避免由于标准掌握不一而造成职称评聘有失公允的问题，人事部又多次对部分标准如何掌握的相关问题进行进一步细化解答。

一　关于学历

学历是一个人受教育经历，一般表明其具有的文化程度。专业技术职务是需要具备专门的业务知识和技术水平才能担负的工作岗位，因此，在各个专业技术职务系列都有对学历的基本要求。对担任专业技术职务的学历要求问题，应该始终坚持既重视学历又不唯学历的原则。重视学历，是保证评聘质量的主要措施之一，因为一定的学历代表着专业技术人员所掌握专业基础知识的广度和深度，同时，不同的学历反映着不同的培养目标，而人才的培养目标和使用目标应该是一致的。重视学历，也涉及国家教育政策导向问题，关系到国家未来的兴衰。不唯学历，就是对虽然不具备规定学历，但确有真才实学的专业技术人员，也可以按照一定的条件进行评审，根据德才兼备原则和工作需要聘任相应的专业技术职务。

评聘专业技术职务之所以要求学历，是考察其专业基础知识的情况。如果所学专业所从事专业完全不同，其学历也就不能反映其所掌握的专业基础知识的状况。例如，学文科的人从事理、工、农、医工作，显然其基础知识是不能适应的。如何掌握是否属于本专业或相近专业，从我国目前的实际状况出发，可参照国家标准局信息分类编码研究所出版的《人事信息代码汇编》中有关学科和专业代码部分的规定，可认为同一学科内的专业为相近专业。现在分为12大学科：工科、农科、林科、医科、师范、文科、理科、财经、政法、体育、艺术和党政管理。从职称改革的角度来看，还可以划得再粗一些，比如将农科与林科、师范与文科、工科与理科、政法与行政管理划在一起。对此，各部委和各省、自治区、直辖市可根据具体情况做出适当规定。凡申报人所具有学历的专业与申报任职的专业不一致或不相近时，一般应视为不具备规定学历。这种情况可通过接受继续教育取得本专业或相近专业的教育证明。

对不具备规定学历人员评聘专业技术职务要具体情况具体分析，区别对待。原则上，对不具备规定学历的中青年申报初、中级专业技术职务，应该要求他们通过正规的成人教育取得相应的学历。作为目前的过渡措施，可以通过相应的基础知识统一考试。这种基础知识统一考试应由省、自治区、直辖市组织进行。对于不具备规定学历、申报高、中级专业技术职务的中老年同志则要制定具体条件，通过考核其实际工作业绩，看是否达到了拟聘职务所需的专业技术水平和能力。比如是否获得省部级以上的科研成果奖，在科研、设计、管理等方面是否取得过国内外领先水平的成就或获得显著的经济和社会效益；是否出版过有学术价值的著作，是否在国内外著名刊物上发表过有较高学术价值的论文；是否在国内外学术、技术界有较高的知名度，等等。总之，要由省、自治区、直辖市制定出具体条件，用这些条件来严格考核，并经过包括群众推荐、公开答辩、专家评审等必要的程序，确实证明其有真才实学，就可以进行评聘。应当说明的是，为了保证评聘质量，即使具备了规定学历，也需认真考核其是否具有任职所需的专业技术水平和代表其水平的业绩成果，只是对不具备规定学历者要更严格一些罢了。对不具备规定学历人员进行的基础知识考试及评审高、中级专业技术职务任职资格需要进行的外语考试、考核，凡是已由省、自治区、直辖市按有关规定统一组织部署的，中央、国务院各部门所属单位的专业技术人员就地参加；省、自治区、直辖市尚未统一组织的，可由国务院各部门组织。

取得双学士学位和研究生班毕业的人员，在取得最后一个学位或毕业后即可定为助理级职务，再从事专业技术工作三年，可根据岗位的需要参加中级职务的考试与评审。

二 关于资历

资历在职称评定中主要指的是任职年限。对任职年限问题，总的原则是既要重视体现专业技术人员实践经验的任职年限，但也不能死抠任职年限，不应该搞论资排辈。对具体问题需要进行具体分析。实践知识较强的系列与理论知识较强的系列对资历的要求应该有所不同。另外，不同的人相同的任职年限，但事实的实践情况也不同。比如同样是外科医师，都任职五年，有的只做了几例手术，有的可能做过几十例、几百例；又如，同样是演员，在同一时期内，有的演了几百场，有的只演了几场。同时，由于首次评聘工作开展时间有差别，在任职时间的计算上也会有差别。因此，评聘专业技术职务时，在任职年限的掌握上，要求各地区、各部门根据上述精神制定一些具体条件。对虽然任职年限不到，但实践经验丰富，成绩显著，确有真才实学的，不要死抠年头。

已经达到任职年限，并不等于就必须评聘高一级职务，这是一个十分明显的问题。试行条例中规定的任职年限，是指必要的年限，不可能到了这个年限都能晋升。正如宪法规定当国家主席必须45岁，显然谁也不会认为到了45岁就都当国家主席。具备了任职年限这一个条件并不说明具备了其他条件，因此晋升高一级职务必须对申报人所具有的任职条件进行全面考核和评审。当然，能否提交评审和聘任还要看是否有空缺岗位。

凡达到离退休年龄而未办离退手续的全国政协委员中的高级专家、中国科学院的学部委员及正在带博士生的导师，突出贡献的优秀青年专业技术人员（35岁以下晋升副教授、副研究员、副主任医师、高级工程师、高级农艺师和40岁以下晋升教授、研究员、主任医师的），博士后流动站合格的出站人员，经省、部级人事（职改）部门审定、核准，可不占单位的岗位限额。

三 关于外语

为贯彻落实《企事业评聘专业技术职务若干问题暂行规定》，

1991年3月28日人社部下发《关于在专业技术职务评聘工作中严格掌握外语条件的通知》，就外语条件进行专项说明：

"评聘专业技术职务，必须按照专业技术职务试行条例有关规定，严格掌握外语条件。这是提高专业技术人员业务素质，确保专业技术职务评聘质量，提高专业技术工作水平的必要措施。对于贯彻执行改革开放政策，扩大对外交流与合作，学习、吸收国外先进科学技术和管理经验，推动我国各项事业的发展有着重要的意义。各地区、各部门在评聘专业技术职务转入经常化工作中，要统一思想，提高认识，加强组织领导，认真做好这项工作。"

"评聘专业技术职务工作中，对外语条件既要严格要求，又要实事求是，区别对待。各地区、各部门要针对各专业技术系列和职务层次对外语的不同需要，适当考虑长期坚持基层工作和老年专业技术人员外语水平的现状，制定必须要求达到的标准和切实可行的考试、考核方法。总的原则是，有些应该有较高要求的，有些应该有一般要求，也有一些可以不做要求。"

四　关于破格

企事业评聘专业技术职务时，"要结合实际情况，坚持正确的政策导向，引导专业技术人员努力做好本职工作，注重工作实绩，积极为优秀中青年人才脱颖而出创造条件，不搞论资排辈，不拘一格选拔人才。对不具备专业技术职务试行条例规定的学历、资历条件，但确有真才实学、成绩显著、贡献突出的，可根据具体情况和工作需要破格评聘专业技术职务。具体破格条件由各地区、各部门提出，报人事部审核"。

这些评价标准是指导性和通用性的，更多的评价标准细节，体现在29个职务系列的试行条例中，不同系列对高、中、初级职称评审的德、学历、资历、能力方面都做出了更加具体、更加操作化的标准。

第三节 评审委员会

评审委员会作为职称评审的专门机构，是负责评议、审定专业技术人员是否符合相应专业技术职务任职条件的组织。其组建直接影响着评价的公正性、科学性，是职称评价的重要影响因素。专业技术职务聘任制对各级评审委员会的组建程序提出一定的要求，《企事业单位评聘专业技术职务若干问题暂行规定》进一步明确要求"各地区、各部门应重新组建评审委员会"，并提出一些原则性要求。根据上述文件精神，1991年4月25日，原国家人事部出台《关于重新组建专业技术职务评审委员会有关事项的通知》，对评委会的组建要求、专家构成、组建程序、评审权下放条件、评委任期、评审方法、评审工作程序等均做出较为详尽的规定。结合职称评聘实际工作中遇到的问题，在《〈企事业单位评聘专业技术职务若干问题暂行规定〉有关具体问题的补充说明》和《关于高级职务任职资格评审委员会有关问题的通知》又不断进行补充完善。

一 组建要求

首次专业技术职务评聘工作完成以后，要求各地区、各部门都要根据人事部《关于印发〈企事业单位评聘专业技术职务若干问题暂行规定〉的通知》的要求，按系列重新组建评审委员会。并且规定，各地区、各部门不设置综合性的评审委员会，各系列评委会不评审本系列以外的专业技术职务。高级评审委员会由各省、自治区、直辖市及各部委人事（职改）部门批准组建，并报人事部备案。中、初级评审委员会由上一级人事（职改）部门批准组建。各级评审委员会必须按系列重新组建，不能建立综合性评审委员会。中央部委的直属企事业单位的非主体系列一般不由部委组织评审,也不建立部委系统的评委会,应委托所在地方统一组织评审。国家机关行政领导一般不参加评委会。组建后的评审委员会要及时向人事部和有关部门备案,收到后一个月内不作答复即可视为同意。不备案的评审委员会,其评审结果无效。

明确提出,翻译、新闻、出版、播音、档案、图书资料、文物博物、工艺美术、船舶系列,各地、各部门按相关文件的有关规定,具备组建高级职务任职资格评审委员会条件的,可重新组建;不具备组建条件的,由国家人事部委托有关部门组建评委会进行全国统一评审。

各部委(总公司)首次评聘中有高级职务任职资格评审权的系列,具备组建条件的,可重新组建高级职务任职资格评审委员会,报人事部备案后,再进行评审工作。首次评聘中委托地方进行高级职务任职资格评审或不具备组建高级职务任职资格评审委员会条件的,仍进行委托评审。

二 评审专家

职称评审专家的选聘、管理及评审行为,直接关系公平透明的评审环境,是科学公正评审结果的重要保障。根据《企事业单位评聘专业技术职务若干问题暂行规定》的精神,评委会应由包括中、青年专家在内的具有本专业较高专业技术水平的专家组成。成员应遵守职业道德,办事公道。

为此,对于评委会委员的构成明确提出,"应由具有较高学术技术水平、作风正派、办事公道、群众公认的专家组成。其中,中青年专家一般应占1/3。高级评委会一般由25人以上组成,委员应具有本专业的高级职务。中级评委会一般由20人以上组成,委员应具有本专业中级以上职务,具有本专业高级职务的委员不少于1/2。初级评委会应由本专业中级以上职务者组成"。"行政领导一般不参加评委会"①。后来又进行了补充说明："由本单位人选组成的评委会，满足不了规定的人数要求时，允许适当聘请一些外单位的同行专家。已离退的人员，原则上不宜再请他们担任评委。正高级专业技术职务评审委员会应全部由担任正高级职务的专家组成，可评审正副高级专业技术职务的任职资格；由副高级职务人员组成的评审委员会不能评审正高级专业技术职务的任职资格。"②

三 评价方法和程序

企事业单位评聘专业技术职务时，"要改进评审方法，实行考试（含答辩）、考核、评审相结合，对不同系列、不同层次各有侧重的办法，客观公正地测定申报人的任职条件和履行职责的能力、水平，具体内容和方式由各地区、各部门确定。评审结果应报相应的人事（职改）部门审批备案"。

企事业单位评聘专业技术职务的一般程序是：第一步，是由单位人事、职改部门根据考核结果进行推荐，不搞个人申报；第二步，对被评聘人员的业绩、成果、学历、资历、外语等基本条件进行审查核实后向评审组织提供有关的考绩档案和考核结论、材料以及群众的评价和反映；第三步，评委会开展评审工作，这一工作的开展强调要坚持民主程序、走群众路线，提高评审工作的透明度和公开性。先将评审办法、评审条件、岗位数额等向广大专业技术人员公布；接着对被评审人的学术、技术水平和业绩成果（含论文、著作）等基本情况广泛听取意见；然后组织一定范围、规模的答辩

---

① 《关于重新组建专业技术职务评审委员会有关事项的通知》，1991年4月25日。
② 《〈企事业单位评聘专业技术职务若干问题暂行规定〉有关具体问题的补充说明》，1991年10月15日。

会，以测定被评审人的实际水平，作为评审的重要依据。第四步，召开评审会议，要求出席会议的委员人数，高级评委会不得少于17人，中级评委会不得少于13人。评委会在听取人事职改部门意见和学科组的评审意见的基础上进行评议，采用无记名投票表决，经出席会议委员2/3以上通过方能有效。未出席评审会的委员不得投票或补充投票。

本单位不具备评审条件的，委托评审的程序是：由本单位提出，上级人事、职改部门批准并出具委托评审的证明函。高级职务委托评审须各省、自治区、直辖市和各部委人事、职改部门出具委托函，中级职务委托评审由县（处）级以上的人事、职改部门出具委托函，单位之间或个人委托评审无效。[①]

高级职务任职资格送交全国统一评审的条件和程序是：本地、本部门经过批准已进入经常性的评聘工作；报评的专业技术职务必须有设定的空缺岗位，并经过省、部级职改部门批准；被推荐评审的专业技术人员必须经过本单位考核，成绩优秀，对其业绩成果进行了审核认定，并经省、部级职改部门审查同意后才能上报。

评委会的评审工作每年举行一次。在评审评委本人或其亲属专业技术职务时，实行回避制度。评审结果必须由人事（职改）部门批准。个别评审不准确，群众反映意见较大的，应由单位领导提出，经职改部门同意后，由评委会进行复议。

四 评审权的下放

企事业单位开展经常性的职称评聘工作后，就考虑有计划、有步骤地把评审权下放给具备条件的基层单位。当时提出的具体

[①] 《关于重新组建专业技术职务评审委员会有关事项的通知》，1991年4月25日。

条件是：本单位专业岗位设置和专业技术职务结构比例已经上级主管部门批准，有比较健全的评审制度，领导班子及专业技术队伍素质较好，有足够的评审委员会委员人选。最终确定只有高校教师、科研、工程、农业、卫生系列的高级职务评审权可以下放。其中高校教师的正高级职务（教授）评审权的授予，"由各省、自治区、直辖市和各部委教育主管部门提出，各省、自治区、直辖市和各部委职改领导小组审核，国家教委批准"；副高级职务（副教授）评审权的授予，"由省、自治区、直辖市和各部委教育主管部门提出，经国家教委同意后，由各省、自治区、直辖市和各部委职改领导小组批准"。科研、工程、农业、卫生系列高级职务评审权的授予，"地方所属单位，由单位提出申请，各省、自治区、直辖市系列主管部门审查，各省、自治区、直辖市职改领导小组批准；各部委所属单位，由单位提出申请，各部委主管部门审查，职改领导小组（或部委领导集体）批准"。其他系列高级评委会应由各省、自治区、直辖市和各部委负责组建，一般不再下放评审权。

第四节　聘后管理

"聘任和任命"是专业技术职务聘任制的重要内容，"聘任有任期"，要有聘后考核制度，考核结果"作为提职、调薪、奖惩和能否续聘或任命的依据"。为了使职称评聘尽快转入经常化，对企事业单位评聘专业技术职务的聘后管理也有详细规定和解释。

一　评聘选择

"评聘结合"和"评聘分开"是当时争论比较多的两种模式。前者又称"单轨制"，是专业技术职务聘任制的基本形式，指通过职称评审获得专业技术职务[①]，领取相应的职务工资。后者又称"双轨制"，是专业技术职称评定制与专业技术职务聘任制并行的制度，指通过职称评审等方式，获取相应的专业技术职务任职资格[②]，而用人单位根据专业技术岗位的需要，自主聘任具备相应任职条件的专业技术人员。

专业技术职务聘任制明确实行评聘结合，评聘的专业技术职务，经批准在哪个范围内评聘的，则在哪个范围内有效。专业技术人员调动工作或变更工作专业，应按拟新聘职务的管理办法和任职条件要求，重新考核、评审或确认任职资格，经过试用考察，按工作岗位需要聘任适当的职务，并按新聘职务享受相应的工资待遇。

1991年4月25日，人事部下发《关于职称改革评聘分开试点工作有关事项的通知》，"研究探索少数专业系列实行职务聘任制，建立学术技术称号制度"。"选择试点单位，只限于以下范围的人才密集单位：国务院各有关部委和各省、自治区、直辖市所属的高等院校、科研、设计单位；卫生部和各省、自治区、直辖市所属的卫生医疗机构；少数特大型、大型企业。"试点单位只在本单位主体系列在职人员的副高级职务层次实行评聘分开。

评聘分开是当时很多同志都赞成的评聘方式，为什么不能在当时立即或尽快全面推开，人事部对此问题进行解释时，指出主要是有两个条件还不具备：第一，评审条件没有"硬化"；第二，岗位设置也没有"硬化"。没有评审条件的"硬化"，就无法有效控制评"乱"评"滥"的问题；没有岗位设置的"硬化"，就无法解决聘多聘少的问题。搞不好就会出现只要"年头"够了，通通都得评，只要评上了通通都得聘的混乱状况，在专业技术人员中造成更

[①] 职务是根据工作需要设置的，有明确的职责、限额比例和任职期限的岗位，由行政领导择优聘任，在任期内领取职务工资。

[②] 任职资格只反映专业技术人员的学术技术水平，表明具备担任某一职务的学术技术水平和能力，不能与工资和待遇挂钩。

多的矛盾，强化首次评聘中的某些弊端，这是不可取的。所以，现在只能进行评聘分开的试点，范围仅限于那些自我控制、自我约束能力较强的少数特大型，大型企业和重点事业单位，而且只限于这些单位专业技术职务的主体系列的某些层次。是要经过省部级人事、职改部门的批准。目的是从严控制，摸索经验，防止一哄而起。[①]

二 职务聘任

企事业单位聘任专业技术职务，要求严格掌握思想政治标准，坚持德才兼备的原则，实行择优聘任和竞争聘任，不搞论资排辈。要求设定明确的聘任期限，一般为一年至三年，也可与一个重大项目（一项课题）的周期相同。在聘期内或聘任期满，经严格考核不能履行岗位职责、不能完成岗位任期目标的人员，应解除聘约，按本人条件和工作需要另行聘任适当职务，享受新任职务的工资待遇。对解聘、低聘的人员，可按其晋升专业技术职务所增加的工资至少降低一级的办法处理。

对国家教委承认的正规大、中专院校毕业生（含研究生），要求重视其见习期的考核工作，即根据拟聘专业技术岗位的职责要求，对其政治表现和从事该岗位专业技术工作的能力、水平、工作成绩等，进行全面的考核。见习期满并考核合格，即可按试行条例的规定聘任相应的专业技术职务。具体规定是：中专毕业，见习一年期满，可聘任为"员"级职务；大专毕业，见习期满，再从事本专业技术工作二年，可聘任为"助师"级职务；大学本科毕业，见习一年期满，可聘任为"助师"级职务；硕士学位获得者，从事本专业技术工作三年可聘任为中级职务；博士学位获得者，可聘为中

[①] 人事部职位职称司下发《关于贯彻人职发〔1990〕4号文件有关问题的解答》，1991年5月8日。

级职务。上述规定只适用于当时国家教委承认的全日制正规大中专院校列入国家统一分配计划的毕业生，而不适用于"五大"毕业生[①]，这是由于当时的"五大"毕业生情况比较复杂，彼此差别大，因此要对他们聘任专业技术职务必须经过任职条件的评审。

企事业单位评聘专业技术职务规定只限于在编在职人员。已达退离休年龄的人员（按有关文件经正式批准延缓办理离退休的除外）和返聘人员均不能再评聘专业技术职务。单位行政领导必须在专业技术岗位履行职责，通过评审符合任职条件，并经批准才能聘任专业技术职务。[②]

三 聘后考核

考核工作搞不搞和搞得好不好，是坚持不坚持聘任制和聘任制搞得如何的重要标志。专业技术职务聘任制明确规定：聘任或任命单位对受聘或被任命的专业技术人员的业务水平、工作态度和成绩，应进行定期或不定期的考核。考核成绩记入考绩档案作为提职、调薪、奖惩及能否续聘或任命的依据。

考核工作要注重政治标准，以履行岗位职责的工作实绩为主要内容。当然，还应包括职业道德、工作态度和勤惰表现。考核的方式，应采取定性和定量相结合，任期届满和平时相结合，专家、领导和群众相结合。考核的结果，要区分出等次：优秀、合格、基本合格、不合格。只有成绩为优秀者才可考虑晋升；合格者可以续聘；基本合格者要提出具体要求，限期提高和改进；不合格者应予解聘或低聘。

---

① "五大"毕业生指1979年9月8日以后按国家规定的审批程序，经省政府或国务院有关部委批准，由原国家教委（教育部）备案或审定的广播电视大学、职工大学、职工业余大学、高等学校举办的函授大学和夜大学（分别简称电大、职大、业大、函大和夜大）的毕业生。

② 《〈企事业单位评聘专业技术职务若干问题暂行规定〉有关具体问题的说明》，1991年5月20日。

只有严格考核，才能把那些不具备条件但被评聘上的人淘汰下来，把优秀人才选拔上去，真正做到优上劣下，解决干和不干一个样，干好干坏一个样的问题。实现了择优聘任、竞争聘任，才能激发和调动广大专业技术人员的积极性，聘任制才能充满生机和活力。

综上所述，使专业技术职务聘任制顺利地转入经常化的轨道，最主要的两个内容是：一是做好聘任前的岗位设置；二是严格聘任后的任职考核。设岗要逐步做到科学和合理。必须掌握、运用职位分类的科学原理，依据岗位的工作性质、责任轻重、难易繁简程度和所需资格条件，对岗位进行调查、分析、评价等一系列过程，并经过反复实践逐步完善。企事业单位需要结合各自的特点，建立健全专业技术人员考核制度和考绩档案。考核应按干部管理权限进行，注重政治标准，以履行岗位职责的工作实绩为主要内容，实行定性考核与定量考核相结合，平时考核与任期期满考核相结合。考核要广泛听取领导、专家和群众的意见。考核结果要记入考绩档案，作为续聘、低聘、解聘，或晋升、奖惩的依据。

第 六 章

专业技术资格评价

1992年党的十四大正式确立"我国经济体制改革的目标是建立社会主义市场经济体制"。为了适应"社会主义市场经济体制"的不断完善和发展，在国有企事业单位继续实施专业技术职务聘任制的同时，也出现了专业技术资格、职业资格等多种专业技术人员社会化评价和管理制度，同时面向非公经济组织专业技术人员、农民技术人员等特殊群体的资格评价也提出一些措施方法，评价机制和评聘方式也在不断地完善和改进中。

第一节　专业技术任职资格

早在1990年4月28日，人事部就提出建立"专业技术资格考试"制度[①]，规定"凡参加全国统一组织的'资格考试'成绩合格者，由国家统一颁发《专业技术资格证书》，在全国范围内有效"。这是在新形势下深化职称改革，进一步完善专业技术职务的一项重要措施。自此，"专业技术资格"开始作为职称的一个专门概念进入大家视野。

---

① 人事部：《关于认真做好"专业技术资格"考试工作的通知》，1990年4月28日。

一　概述

1992 年国务院下发《全民所有制工业企业转换经营机制条例》，其中明确"企业享有人事管理权"，"企业有权根据实际需要，设置在本企业内有效的专业技术职务。按照国家统一规定评定的具有专业技术职称的人员，其职务和待遇由企业自主决定"。面对经济体制改革这一新形势，1992 年年底国务院下发《国务院职称改革工作领导小组关于当前职称改革工作中有关问题的通知》提出："按照国家统一规定评定和全国统一组织的专业技术资格考试取得的专业技术资格，是专业技术人员水平能力的标志，不与工资等待遇挂钩，可作为企事业单位聘任专业技术职务的依据之一。"最早开展专业技术资格考试的是计算机软件、统计、经济、会计、审计等的初、中级职称。

1993 年 10 月 1 日《中华人民共和国科技进步法》发布，其中规定"国家实行专业技术职称制度。科学技术工作者可以根据其学术水平、业务能力和工作实绩，取得相应的职称"。这里的"职称"实际上就是指专业技术资格。随后，人社部陆续会同有关部委根据两个文件的精神制订的中、高级专业技术资格评审条件陆续颁布。1994 年人事部专门出台文件——《专业技术资格评定试行办法》，对科技人员的中、高级专业技术资格评定做出规定。其中明确专业技术资格的概念，即"专业技术资格是学术技术水平的标志，一般没有岗位、数量的限制，不与工资等待遇挂钩，可作为聘任专业技术职务的依据"。并且提出对专业技术资格，"国家通过制定标准条件，实行宏观控制"。这一文件的出台，标志着职称由职务向资格的转型，为正式实行评聘分开奠定了基础。

二　专业技术任职资格考试

专业技术资格考试制度主要针对部分专业的初、中级以下专业技术任职资格的认定,最早从1990年计算机软件人员和统计人员的初、中级资格考试试行,1991年之后陆续又出台经济、会计和审计等专业技术人员的考试制度。实行考试制度的专业都出台了《××专业技术资格考试暂行规定》,在其中对资格设置、报考条件、考试方式、考试科目、证书获取和管理监督均有相应的规定。下面以经济专业技术资格考试①为例进行说明,其他专业的暂行规定主要内容基本保持一致。

(一)资格设置

资格考试设置两个级别:经济专业初级资格、经济专业中级资格。参加考试并成绩合格者,获得相应级别的专业技术资格。以后不再进行经济专业中、初级职务任职资格的评审工作,各地区、各部门为评定相应经济专业职务任职资格进行的考试也不再进行。

(二)报考条件

报考条件基本从政治品德素质、学历、资历三个方面做出要求。如,第六条 报名参加经济专业中、初级资格考试的人员应拥护中国共产党在社会主义初级阶段的基本路线,遵纪守法,遵守社会公德;第七条 报名参加经济专业初级资格考试的人员,除具备第六条所列条件外,还必须具备高中毕业以上学历;第八条 报名参加经济专业中级资格甲种考试的人员,除具备第六条所列条件外,还必须具备下列条件之一,(1)中等专业学校毕业后从事专业工作满十年,取得经济专业初级资格(含1992年年底以前通过国家考试获得的经济员资格或本规定发布前按照国家统一规定评聘的初级经济专业职务),经济专业中级资格乙种考试合格。(2)大学专科毕业后从事专业工作满六年;大学本科毕

---

① 人事部:《经济专业技术资格考试暂行规定及其实施办法》,1993年1月6日。

业后从事专业工作满四年。（3）获第二学士学位后或研究生班结业后从事专业工作满二年。（4）获硕士学位后从事专业工作满一年；获博士学位。

（三）考试方式

实行全国统一考试制度，由全国统一组织、统一大纲、统一试题、统一评分标准。经济专业中级资格考试分甲、乙两种。甲种考试为该资格应具备的专业水平和业务能力的考试。乙种考试为经济基础理论和专业知识的考试，凡不具备规定学历的人员，必须取得乙种考试合格证书，方能参加甲种考试。经济专业初级资格考试只设一种，为该资格应具备的专业水平和业务能力的考试。

（四）考试科目

经济专业初级资格考试科目为：（1）经济基础知识；（2）专业知识和实务（分为工业、农业、商业、物资、外经贸，财政、金融、保险、运输、劳动、邮电、房地产、旅游、价格管理十四个专业）。

经济专业中级资格甲种考试科目为：（1）经济基础理论及相关知识综合考试；（2）专业知识和实务（专业划分同上）。经济专业中级资格乙种考试科目为：（1）经济学；（2）企业管理原理；（3）统计与会计知识；（4）市场营销；（5）经济法；（6）经济数学。

（五）证书获取

经济专业初级资格和中级资格的甲种考试每年举行一次；全部考试科目合格者，授予人事部统一印制的《专业技术资格证书》，全国范围内有效。经济专业中级资格乙种考试各科的开考计划，以两年为一周期循环安排。考试成绩采用单科累积的方式，每门科目考试合格，由人事部颁发单科合格证明。规定的科目全部合格后，由人事部颁发经济专业中级资格乙种考试合格证书。

（六）管理监督

经济专业中、初级资格实行注册登记制度。资格有效期一般为五年。有效期满，持证者要按规定主动到发证机构办理注册登记。对伪造学历、资历或考试作弊，骗取资格证书和乙种考试合格证书的人员，发证机关应取消其资格，收回证书。

三　专业技术任职资格评审

为适应社会主义市场经济的发展，贯彻实施科学技术进步法，确保科技人员的专业技术资格评价有序开展，建立了中、高级专业技术资格评审机制，从组织、申请、审核、评定、监督都做出相应的规定。具体到专业，人社部联合各有关部委根据本专业特点，分别制定中、高级技术资格评审条件，这些条件是专业技术资格评审的主要依据。具体来看，主要集中以下几个方面。

（一）评审标准

《专业技术资格评定试行办法》明确规定："人事部会同有关主管部门制定、颁发的中、高级专业技术资格评审条件，是评定科技人员是否具备相应专业技术资格的标准。"由于科技人员的主体是工程技术人员，因此这些评审条件主要涉及的中、高级技术资格的名称为工程师、高级工程师。评审标准中均按照各自专业特点明确评审专业适用范围、申报标准和中高级评审标准。其中申报标准基本上具有普适性，各个专业的要求基本一致；但是评审标准则分专业、分级别有不同的具体要求。

1. 评审专业适用范围

通常以专业技术人员涉及的工作任务的方式来规定专业技术资格的适用范围，如：《计量、标准化和质量专业中、高级技术资格评审条件（试行）》中分别对计量、标准化和质量专业适用范围作出规定,以计量专业为例,"本专业评审条件适用于从事下列工作的工程技术人员:1.计量单位、计量基准、计量标准的研究,计量测试技术研究,国内外计量技术动态和发展研究;2.计量检定和测试,新产品定型鉴定;3.计量器具、标准物质的研制与开发,检测仪器设备的维修;4.计量标准考核,计量认证,计量技术法规的制、修订"。标准化专业和质量专业也有相应的说明。

2. 申报标准

主要从品德、学历和资历等方面做出规定。第一条规定基本都是"凡申报中、高级技术资格的人员,必须具备良好的职业道德和敬业精神,遵守中华人民共和国宪法和法律"。学历和资历要求方面基本如下:"1. 申报工程师资格应符合下列条件:大学本科或大学专科毕业,取得助理工程师资格并从事助理工程师工作四年以上。2. 申报高级工程师资格应符合下列条件之一:(1) 获得博士学位,取得工程师资格并从事工程师工作二年以上;(2) 获得硕士学位,取得工程师资格并从事工程师工作四年以上;(3) 大学本科毕业,取得工程师资格并从事工程师工作五年以上;(4) 获国家自然科学奖、国家发明奖、国家科技进步奖的主要贡献者,或获国家星火奖或省、部级科技成果二等奖以上的主要贡献者;(5) 获中国科学技术协会青年科技奖的主要贡献者。3. 获得以下学历,经考核合格,可认定相应的技术资格:(1) 博士后流动站期满出站人员,经考核合格,可认定为高级工程师资格;(2) 获得博士学位,经考核合格,可认定为工程师资格;(3) 获得硕士学位,从事工程技术工作三年,经考核合格,可认定为工程师资格。"

3. 评审标准

评审标准主要包括专业理论知识要求、工作经历与能力、业绩和成果三方面的内容，分别就中级和高级专业技术资格评审做出规定。其中专业理论知识要求包括必备的基础理论知识和专业理论知识、本专业相关的法律法规、工作内容和方法，以及专业发展趋势等方面；工作经历与能力，则包括必备条件和选备条件两个部分，必备条件部分的所有条款都必须达到要求，选备条件部分通常是从若干个项目中选择一定数量满足即可；业绩和成果，通常包括担任低一级职务时的工作业绩和论文论著等方面的要求，工作业绩要求通常也是从若干选备条件中选择一定数量满足条件。

（二）评审委员会

1. 评委会组建

"专业技术资格评审委员会（下称评委会），是负责评审科技人员是否符合相应资格条件的组织。评委会按评审条件划分的专业组建。一般性专业正高级评委会由有关部委或具备组建条件的省、自治区、直辖市人事（职改）部门提出申请，人事部批准组建；副高级评委会由人事部授权具备组建条件的有关部委或省、自治区、直辖市批准组建，报人事部备案；中级评委会的组建由省、自治区、直辖市人事（职改）部门参照上述原则决定。特殊性专业中、高级评委会由人事部授权国务院行业主管部门组建。"

"评委会由十一名以上同行专家组成，并应有一定比例的中青年专家。评委会设主任委员一人，副主任委员一人至二人。根据需要，可按分支专业组成若干评议组。评议组有推荐、建议权，但不是一级评审组织。"

申请授权组建有关专业高级评委会的地区必须同时具备下列条件："1. 该专业在国内有较高的知名度，能代表国家水平；2. 本地区有条件聘请足够数量的评审委员；3. 人事（职改）部门有能力承担专业技术资格评定管理工作。"

2. 评审委员的聘请

"高级评审委员的聘请,根据评审工作的实际需要,考虑不同专业的研究层次、分支学科的覆盖面、地区和部门的分布以及评委的年龄结构加以确定。具体条件由人事部会同有关部委提出。正高级评审委员由人事部会同行业主管部门遴选、聘请并颁发聘书;副高级评审委员由省、自治区、直辖市人事(职改)部门会同有关专业主管厅(局)遴选、聘请并颁发聘书。每届聘期一般为一年至三年。"

"中级评审委员应具有本专业中级以上专业技术资格或职务,其中具备本专业高级专业技术资格或担任高级专业技术职务的委员不少于二分之一。具体组建条件和评委条件,由各省、自治区、直辖市人事(职改)部门会同专业主管厅(局)参照上述要求制定。"

(三)评定程序

"评议组根据各专业技术资格的标准条件对申请人申评材料进行初审,包括必要的考核、答辩等,测定其实际水平,并写出初审意见。不设评议组的,由评委会委员分工负责上述工作,对每个申请人的考核、答辩每次必须有三名以上委员出席进行。""每次参加评审会议的委员不少于九人,会议由主任委员或副主任委员主持。先由评议组或初审委员介绍初审意见,然后在民主评议的基础上进行无记名投票表决。赞成票数达到出席会议评委总数的三分之二通过有效。""在评审评委亲属的专业技术资格时,该评委应主动回避或被告知回避。"

专业技术资格作为深化职称改革的一项重大措施,自1990年提出以来,到2000年之前,科技领域陆续出台了近30个专业的工程技术人员中高级专业技术资格评审条件,卫生领域也出台了临床医学专业卫生技术人员中高级专业技术资格评审条件；以初、中级资格考试为主的专业技术资格考试制度也逐渐完善，从考试考务、综合管理，到证书发放不断进行规范。专业技术资格是专业技术人员能力水平的证明，是职称评审社会化的基础。

第二节　专业技术人员职业资格

职业资格制度作为目前国际上通行的一种专业技术人员管理制度，起源于欧美发达国家，与"执业资格"是两个不同的概念。从英文翻译来看，"Profession"一般翻译成"职业"，强调在具备一定的专业技术知识的基础上，同时拥有相当的职业操守和自律精神，是涉及道德层面的一个词，特指类似注册会计师这样具有自律精神的行业。而"Practice"则翻译成"执业"，是指职业人士的从业行为，如"Practicing CPA"指执业注册会计师。18—19世纪，为适应工业高速发展的要求，促使专业技术人员素质与能力的提高，发达国家相继以立法的形式建立了职业资格制度。

改革开放后，我国积极实施"对外开放、对内搞活"的经济建设方针，经济和社会等领域都发生着迅速的变化。在经济体制由有计划的商品经济向社会主义市场经济转变的过程中，人才评价制度开始探索与市场经济相适应的机制，专业技术人员评价在继续实行专业技术职务聘任制度的同时，逐步推行专业技术人员职业资格制度。1993年11月，中共十四届三中全会做出《关于建立社会主义市场经济体制若干问题的决定》指出"要制定各种职业的资格标准和录用标准，实行学历文凭和职业资格两种证书制度"。由此，职业资格制度作为我国劳动人事制度的一项改革，列入建立社会主义市场经济体制的重要措施中。

一　概述

（一）起源

专业技术人员职业资格是对从事某一职业所必备的学识、技术和能力的基本要求，包括从业资格和执业资格。[①] 1986 年，我国颁布了《注册会计师条例》，建立了第一项专业技术职业资格制度。1993 年，国家明确提出要制定各类职业的资格标准和录用标准，实行学历文凭和职业资格两种证书制度。根据这一要求，政府有关部门开始积极研究在相应领域推行职业资格制度。1994 年劳动部、人事部颁发了《职业资格证书规定》，同年 7 月，职业资格证书制度写入《中华人民共和国劳动法》，1995 年人事部颁发了《职业资格证书制度暂行办法》，对专业技术人员职业资格进行了相应的规定，提出"国家按照有利于经济发展、社会公认、国际可比、事关公共利益的原则，在涉及国家、人民生命财产安全的专业技术工作领域，实行专业技术人员职业资格制度"。而后，各类职业资格证书应运而生。

（二）适用范围和管理体制

《职业资格证书制度暂行办法》规定："国家按照有利于经济发展、社会公认、国际可比、事关公共利益的原则，在涉及国家、人民生命财产安全的专业技术工作领域，实行专业技术人员职业资格制度。"《职业资格证书规定》中第六条规定：职业资格证书实行政府指导下的管理体制，人事部负责专业技术人员的职业资格评价和证书的核发与管理。各省、自治区、直辖市人事行政部门负责本地区专业技术人员职业资格证书制度的组织实施。

（三）从业资格和执业资格

从业资格是政府规定专业技术人员从事某种专业技术性工作的

[①] 人事部：《职业资格证书制度暂行办法》，1995 年 1 月 17 日。

学识、技术和能力的起点标准。执业资格是政府对某些责任较大、社会通用性强、关系公共利益的专业技术工作实行的准入控制，是专业技术人员依法独立开业或独立从事某种专业技术工作学识、技术和能力的必备标准。

通过实行国家职业资格制度对从事特定职业进行适度规制是世界各国通行的做法。从国际比较看，从业资格和执业资格分别对应各国普遍采用的职业认证（Certification）和许可（License）两种规制模式。从概念界定上，"许可"（License），是指通过授权而准许，或者经由准许而取消法律限制。"认证"（Certification），含证明、鉴定、证书之意。许可与认证相同之处：（1）都是基于某种标准、条件开展的评价、评定活动。（2）一般都以证书或证明文件正式确认。（3）这种确认对被申请者来说，都有一定的公信力。许可与认证不同之处：（1）法律基础不同。许可属公法范畴，是行政行为；认证属私法范畴，具有中介性质。（2）实施的主体不同：许可只能是国家行政机关或法律法规授权的具有管理公共事务职能的组织；认证则是第三方。（3）设立的程序不同：许可，非法律法规不得设立。（4）法律效力不同：许可具有强制性、排他性。认证具有志愿性、可选择。

根据《职业资格证书制度暂行办法》（人职发〔1995〕6号），我国的从业资格和执业资格在以下几个方面存在不同：

一是资格的获得方式。"从业资格通过学历认定或考试取得。具备下列条件之一者，可确认从业资格：（一）具有本专业中专毕业以上学历，见习一年期满，经单位考核合格者；（二）按国家有关规定已担任本专业初级专业技术职务或通过专业技术资格考试取得初级资格，经单位考核合格者；（三）在本专业岗位工作，经过国家或国家授权部门组织的从业资格考试合格者。""执业资格通过考试方法取得。"

二是资格认定的组织方式。"从业资格确认工作由各省、自治区、直辖市人事（职改）部门会同当地业务主管部门组织实施。""执业资格考试工作由人事部会同国务院有关业务主管部门按照客观、公正、严格的原则组织进行。"

三是资格证书的效力。从业资格证书"是证书持有人专业水平能力的证明。"执业资格证书"可作为求职、就业的凭证和从事特定专业的法定注册凭证。"

（四）等级设置

职业资格等级是职业技术复杂程度的客观反映，通常是通过对职业的分析与评价，根据职业范围的宽窄、职业技术复杂程度高低及从业者掌握职业技术和技能所需培训时间的长短，合理设定的等级结构。就执业资格来看，采用的是标准设定方法，即通过职业资格考试即取得资格，除极少数几个专业技术准入类资格外（如注册建筑师，分为一级注册建筑师和二级注册建筑师），没有进一步的等级划分。职业资格等级划分主要是针对从业资格而言，就专业技术类职业资格来说，通常初级和中级两个等级通过考试的方式取得，高级专业技术类职业资格通常采取职称评审的方式获得。

（五）认证内容和方法

专业技术人员职业资格认证内容遵循专业导向内容体系，即依据专业体系自身逻辑来设定职业资格认证内容和标准，更多强调相关专业的能力素质。职业资格认证方法通常采取考试的方式进行，考试形式为标准参照测验，即以某种既定的标准为参照系进行解释的考试。这种考试是将每个人的成绩与所选定的标准作比较，达到标准即为合格，与考生总人数无关。它提供的是有关考生的知识技能、能力素质是否达到某种标准水平或要求的信息。

（六）质量保障

证书质量是职业资格认证的生命和公信力。职业资格证书质量管理居于各项工作的首位，完善证书质量保证体系是确立证书制度声誉和权威的关键。专业和职业标准是职业资格质量控制的主要依据。在严格遵照标准要求的基础上，按照统一命题管理、统一考务管理、统一职业资格认定机构条件、统一考评人员资格和统一证书管理的原则，做好日常质量管理工作、定期开展的质量检查工作和证书核发工作。

二　考试考务管理

（一）管理机构

人事部（业务主管部门）：主要负责资格设置、制定资格标准、发布公告文件、组织命题、监督检查、检查验收、确定考试合格标准、证书监督与管理等。

人事部人事考试中心：主要负责下发考务通知、汇总报名数据、命题监制、校对印制试卷、组织监察巡考、主观试卷阅卷、合成考试成绩、公布合格标准、印制证书等。

省级人事考试机构：主要负责发布报名信息（通过网站）、审核报名条件、汇总报名、准考证号生成、收取保管试卷、设立总监考、监考人员、发布合格名单、提供成绩查询、发放证书等。

考区级人事考试管理机构：主要负责安排报名点、审核报名条件、汇总报名情况并上报、编排考场、打印准考证、接收保管试卷、确定考务人员、进行考务培训、上报试卷、通知成绩、发放证书等。

报名点（考点）：主要负责接受现场报名、收取考试费、上报报名情况、发放准考证、布置考场、领取试卷、实施考试、密封试卷等。职业资格考试考务工作具体如图6—1所示。

（二）考试考务工作流程

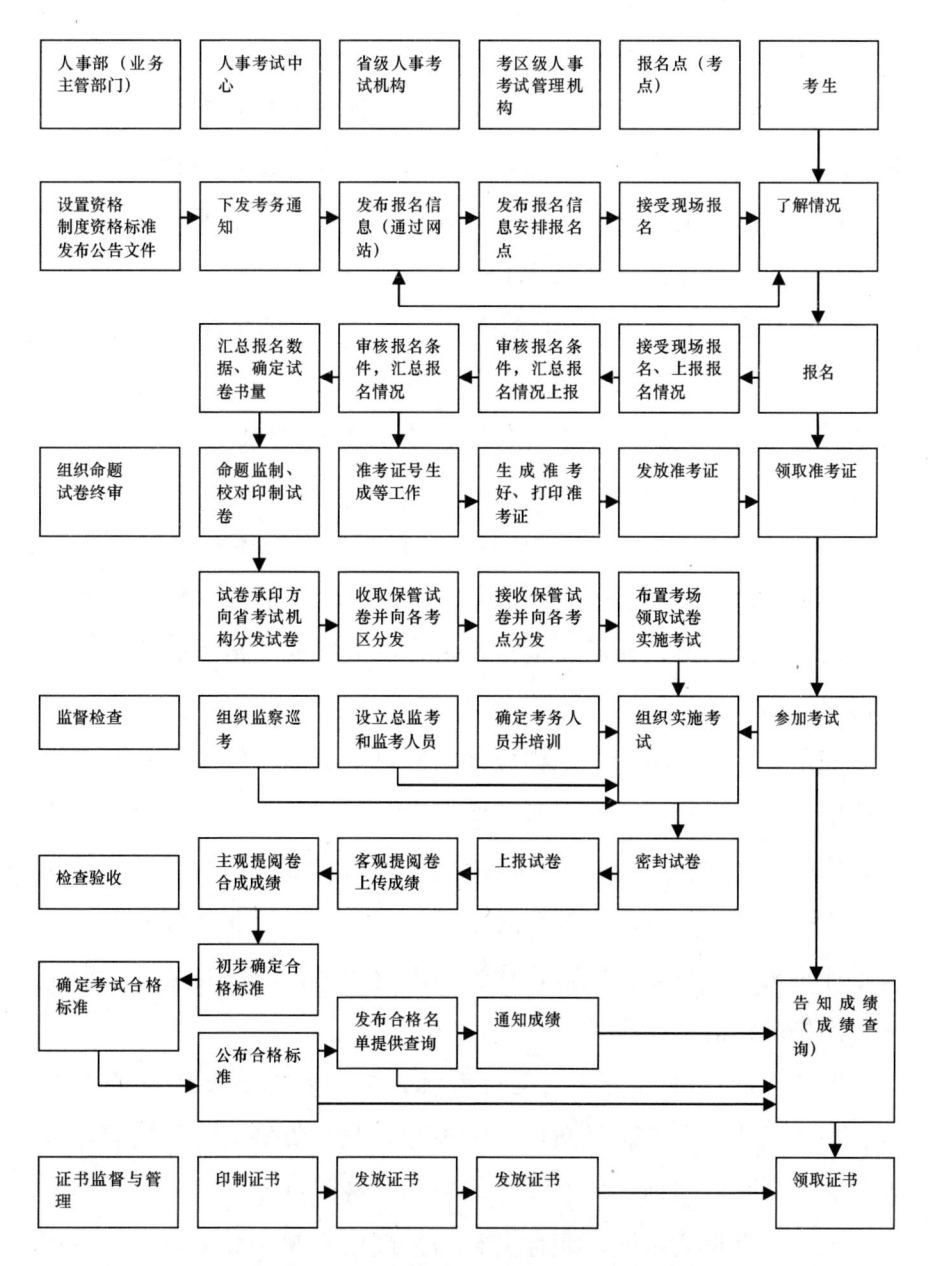

图6—1　职业资格考试考务基本工作流程

资料来源：吕民忠：《职业资格制度概论》，中国人事出版社2011年版，第76页。

三 职业资格与职称的区别

职业资格制度和职称制度是专业技术人员的两种评价制度，长期以来，专业技术人员职业资格制度一直被认为是职称制度的补充和延伸。但从制度设计的角度来看，两种制度从设计基础、功能定位、框架体系、适用范围、评价方式、运行机制、治理模式等方面均存在差异。具体如下（见表6—1）：

一是制度设计基础和功能定位不同。职称制度是以职务（工作）和单位特定人力资本为基础的公共部门用人评价制度；而职业资格制度是以职业和通用的人力资本为基础的社会化人才评价制度。

二是框架体系和适用范围不同。职称的框架体系由职位（职务）、职组、职系、职级和职等构成，面向事业单位、国有企业和专业技术类公务员；而职业资格则由许可类职业资格和职业水平资格构成，面向全社会。

三是评价方式不同。职称应该是由评审委员会依据职务要求设定任职标准，通过同行专家对专业技术人员进行评议，评价结果用于岗位聘任和使用，在单位内部岗位任期内有效。职业资格一般采取全国统一考试的方法，按照通用评价标准，由行业认可的第三方人才评价机构进行专业评审，评价结果全国通用，终身适用，但不作为岗位聘任的必要条件。

四是运行机制不同。从运行系统来看，职称主要包括职务分类、职务评价、职务聘任和任职管理等；职业资格主要包括职业分类、职业教育和培训、职业能力认定、资格证明等。

五是治理模式不同。职称实行的是政府宏观指导，单位自主用人的模式；而职业资格则采用政府、行业共同治理的模式。

表 6—1　　　　　　　　　　职称和职业资格的区别

	职称	职业资格
制度设计基础	职务（工作）和特定人力资本①	职业和通用人力资本②
功能定位	公共部门用人评价制度	社会化人才评价制度
框架体系	由职位（职务）、职组、职系、职级和职等构成	由许可类职业资格和认证类职业资格构成
适用范围	面向事业单位、国有企业	面向全社会
评价主体	评审委员会	第三方人才评价机构
评价方法	同行专家评议	一般采取全国统一考试的办法
评价标准	任职标准	通用标准
评价与使用	评聘结合	评聘分开
有效性时限	任期制	终身有效
有效性范围	单位内部有效	全国通用
运行机制	职务分类、职务评价、职务聘任和任职管理	职业分类、职业教育和培训、职业能力认定、资格证明
治理模式	政府宏观指导和单位自主用人	政府、行业共同治理

第三节　资格评价实践

随着经济体制转型，市场在人力资源配置中越来越多地发挥基础性作用，政府职能也在相应转变，职称评价的适用范围上已经由国有企事业单位扩大到非公（民营）企业专技人员和农村技术人员，职称评价正在成为面向全社会各类专业技术人员的评价制度。

---

①　2007年国际标准职业分类修订大会：工作（job）。工作是"某人为雇主（或自雇）而被动（或主动）承担的任务和职责的总和"。特定性人力资本是企业内部的劳动分工和员工知识、技能或个人关系（贝克尔）。

②　2007年国际标准职业分类修订大会：职业（occupation）。职业是"主要任务和职责高度相似的工作的总和"。通用性人力资本是指能够在很多行业或企业应用的知识和技能（贝克尔）。

一　非公经济组织专业技术人员的职称评定

（一）非公经济组织专业技术人员职称评定的特点

经济体制改革促使非公经济迅速发展，非公经济组织中的专业技术人员也迅速增加，相较于国有企事业单位专业技术人员，他们具有如下特点：一是与政府组织人事部门管理上无隶属。非公有制企业专业技术人员游离于"公有制"和"计划经济体制"之外，多数没有在组织人事部门建立人事档案，处于自然发展的状态。二是使用和培养强调自主性。非公有制专业技术人员对于自己的职业和去向具有完全灵活的自主权，其培养大多采取自我增值的形式。三是流动性强。非公有制企业专业技术人员相对国有企事业单位，流动的频率更高。因此，非公有制企业专业技术人员的职称评定属于社会化的资格评价，即只是专业技术人员水平能力的标志，与工资待遇不挂钩。对取得专业技术资格（职称）证书的非公有制企业中的专业技术人员，由所在企业单位自主聘用。

（二）非公经济组织专业技术人员的职称评定要求

非公经济组织和国有企事业单位专业技术人员的职称评定在评价标准和评审方式等方面完全一致，只是从归口管理和评审程序上有所差别，对此人事部联合有关部门出台文件做出说明。

1. 非公有制企业人员职称评定

1993年人事部发文[①]明确非公有制企业人员的专业技术资格（职称）评定工作，可由工商联牵头管理，并纳入当地人事（职改）部门统一组织。具体做法是："由非公有制企业单位提出申请，经当地工商联审查批准后，出具委托函，委托当地的人事（职改）部门，按程序交相应的评审委员会，进行统一标准条件的社会化评

---

① 《关于非公有制企业人员评定专业技术资格（职称）由工商联牵头管理并纳入当地人事职改部门统一组织的通知》，1993年12月24日。

审。或者由非公有制企业单位出具证明,经当地工商联审查后集体报名,就地参加全国专业技术资格的统一考试。"这样明确了非公企业人员职称的主管部门是工商联,但评审和考试还是遵循人事部门统一领导组织的方式,也是首次在文件中出现"社会化评审"这一概念。

2. 民营科技企业人员职称评定

随着改革开放的不断深入,一大批以科技人员为主体创办或经营的民营科技企业迅猛发展,并已成为推进科技经济一体化的重要力量。1995年1月,针对经各级科委审批或认定的各类民营科技企业(含高新技术企业)的科技人员的职称评定,人事部和国家科委联合发文[①]做出相关规定:

一是关于职称评定的组织。"民营科技企业人员专业技术职称(资格)评定工作,在省、自治区、直辖市职称改革领导小组或人事(职改)部门统一领导下,由当地科委负责办理有关评审的具体工作。"

二是关于评审和考试程序。"由个人提出申请,经所在单位同意,报当地科委审查核准,按程序提交经人事(职改)部门批准组建的相应的评审委员会,根据国家统一制定颁发的有关专业技术资格评审条件,进行社会化评审。通过评审的人员由当地人事(职改)部门按规定颁发专业技术职称(资格)证书。""全国统一考试的专业,由其单位出具证明,经当地科委审查后到考试管理机构报名,就地参加全国专业技术资格的统一考试。"

三是关于聘任机制。"经考试或按上述程序和条件评审取得专业技术职称(资格)证书的专业技术人员,由本企业自主聘用,其职务与待遇由单位决定。"

[①] 人事部、国家科学技术委员会:《关于民营科技企业人员评定专业技术职称(资格)有关问题的通知》,1995年1月5日。

二 农民技术人员的职称评定

我国农林一线科技人员为发展农林科学技术做出了重要贡献。但是，长期以来农林科技队伍不稳定，农林科技人员少，在农林第一线的技术推广力量尤其薄弱。这种状况同已经开创的农业新局面很不适应。因此采取有效措施，稳定和加强农林第一线的科技队伍成为一个亟待解决的问题。

（一）农民技术人员职称的提出

针对基层的农林科技人员极为缺乏，农林科技队伍不稳定，农林技术推广力量薄弱等问题，1983年劳动人事部、农牧渔业部、林业部、财政部联合提交《关于加强农林第一线科技队伍的报告》，其中提出一条措施"大力培养农民技术员，充分发挥他们的作用。对自学成才的农民技术员，各地可制定考试、考核的办法，根据他们的技术水平和技术推广的工作成就，经过考核，达到标准的，可授予农民技术员的称号，发给证书。根据工作需要，可采取合同制的办法择优录用"。1991年人事部根据《国务院关于依靠科技进步振兴农业加强农业科技成果推广工作的决定》中关于在技术培训中成绩和水平突出的农民可评定相应的技术职称的精神，将农民技术人员职称评定问题提上日程，出台《关于农民技术人员职称评定问题的通知》，明确"农民技术人员职称评定和晋升工作与国营企业事业单位的职称改革、实行专业技术职务聘任制是两个不同范围的事，必须明确划分，不能混淆"。并且对农民技术人员职称的适用范围做了清晰界定："农民技术人员职称评定和晋升的范围必须严格限于农民（含在乡镇农技服务组织工作的农民）。在农业第一线工作属于国营企事业单位的正式职工（包括停薪留职的职工）不得参加农民技术人员职称的评定，两者所评职称不能相互套改或转换。""被评定的农民技术人员，按有关规定不与工资挂钩，不列入国家编制。各级政府有关业务部门可根据工作需要择优聘用。"

（二）农民技术人员职称评定制度

1991年11月12日农业部发布《农民技术人员职称评定与晋升暂行规定》成为农民技术人员职称评定的依据，该规定进一步明确了农民技术人员职称的概念和适用范围，并且对等级设计、评价标准、评委会构成、评价方法和程序等均做出具体翔实的规定，同时规定了获得技术职称的农民技术人员的权利和义务。

1. 概念和适用范围

农民技术人员职称是表示专业技术水平和业务技能的称号。凡在农村生产第一线从事种植业、畜牧业、渔业、其他养殖业、农副产品加工业、农业机械化、农业财会与经营管理、农村能源、农业环境保护等行业的农民技术人员，符合暂行规定的，均可报名参加考评。国家正式职工不得参加农民技术人员职称的考评。

2. 等级设计和评价标准

农民技术人员技术职称的等级定为：农民技术员、农民助理技师、农民技师、农民高级技师。农民技术人员技术职称评定和晋升的标准，以工作实绩、技术水平、解决实际问题的能力为主要依据，同时考虑文化程度和专业工作资历，如表6—2所示。

表6—2　　　　　农民技术人员技术职称评价标准

职称	评价标准
农民技术员	1. 具有中等专业技术学校以上毕业学历者；获得农民技术资格证书（又称"绿色证书"）者；初、高中毕业生，参加300学时以上系统地初等农业技术教育并取得结业证书，初中生须再经两年以上、高中毕业生须再经一年以上农业生产实践，在基层农业技术推广岗位上工作，初步掌握本专业的基础知识和基本技能；2. 在科技人员指导下能进行群众性的试验、示范、推广和进行生产第一线的技术操作工作，能解决试验、示范、推广和生产中的一般技术问题，正确记载和整理技术资料，并能进行分析和小结；3. 在本专业岗位的技术工作实践中成绩明显

续表

职称	评价标准
农民助理技师	1. 能一般掌握运用本专业的基础理论知识、技术知识及基本技能，结合当地的农业生产情况，承担本专业的技术工作；2. 能参与制订试验、示范和技术工作的小型计划，解决试验、示范、推广和农业生产中的一些技术问题，能撰写工作小结；3. 能向群众传授农业科学技术知识，进行技术示范、指导或一般的技术咨询；4. 取得农民技术员职称四年以上，在本专业岗位的技术工作实践中成绩良好
农民技师	1. 具有中等专业技术学校以上毕业的学历，能运用本专业的基础理论知识和专业技能，结合当地农业生产情况，承担并胜任本专业工作，有一定的生产技术和经营管理工作经验；2. 能解决试验、示范、推广和农业生产中某些技术难题，并能撰写技术工作总结，可以指导农民助理技师开展技术工作；3. 能配合农业科技人员因地制宜地推广先进技术和科研成果，制定实施方案，并能对实施工作进行总结分析；4. 取得农民助理技师五年以上，在本专业岗位的技术工作实践中成绩显著
农民高级技师	1. 具有中等专业技术学校以上毕业的学历，能较熟练掌握和运用本专业基础理论知识和技术知识，独立承担本专业的技术工作；2. 在生产实践中具有开拓性，获得过地区（市）级以上科技或推广成果奖励、表彰；3. 了解本专业的科技动态，能倡导开展科学实验，及时引进推广先进技术，在提高农业生产水平、增加经济效益等方面成绩优异；4. 能结合生产的实际情况制订推广、示范的计划，分析和解决技术工作中的某些重要问题，撰写试验、示范报告和技术工作总结。能指导农民技师开展技术工作；5. 取得农民技师职称五年以上

3. 评价机制

农民技师及其以下技术职称，由各专业考评小组根据申报人员的考试、考核成绩，提出考核评议意见后报县评定委员会评定。农民高级技师由县评定委员会推荐，地（市）评定委员会评审，并报省农民技术人员职称评定工作领导小组审核批准。

地（市）、县农民技术人员职称评定委员会一般由11—15人组成，其中具有中、高级职称人员应占60%以上，并应有二名至三名懂业务的行政领导参加，有条件的地方吸收二名至三名技术水平较高的农民技术人员参加。评委会下设专业考评小组，各专业考评小组由三人至七人组成。各专业考评小组成员一般应具有中级以上（含中级）技术职称。

综上所述，随着社会主义市场经济体制的确立，企业转换经营机制，用人主体变得更加多元，职称作为专业技术人员评价制度也在应时而动，推出与聘任机制脱钩的社会化评价"资格"，这类资格评价只是反映了专业技术人员的能力技术水平，可以作为单位聘用的依据，但不直接与工资待遇挂钩。在非公经济组织和农林一线，这种社会化评价的需求非常突出。社会化职称评价具有以下主要特征：（1）评价主体的中立性。评价者和使用者（雇员和雇主）没有直接的行政管理关系或劳动关系。评价主体具有高度的中立性，包括机构设置、评审人员认定、评审标准和程序都来自"体制外"，是"诚实的中间人"。（2）相对第二方（用人单位）评价，社会化职称评价是公共产品的一种生产过程，具有公益性。其产生、存在、发展或消亡是市场选择的结果。（3）评价主体一般是正式、权威或专业的组织或机构。[①]

[①] 吴江、蔡学军：《中国职称制度改革》，中国人事出版社2011年版，第19页。

第七章

新世纪以来职称制度改革探索实践

2003年年底,党中央国务院召开了新中国成立以来第一次全国人才工作会议,制定和下发了《关于进一步加强人才工作的决定》,其中指出"专业技术人才的评价重在社会和业内认可。以打破专业技术职务终身制为重点,研究制定深化职称制度改革的指导意见"。"在政府宏观指导下,开展以岗位要求为基础、社会化的专业技术人才评价工作。"伴随着职业分类体系的逐步健全、多元主体人才评价体系的逐步完善、事业单位人事制度改革的逐步推进,基层职称制度改革的实践探索,专业技术人员的调查结果,职称制度改革的思路逐步清晰。

第一节 职称制度改革深化的基础

进入21世纪,国际形势正在发生深刻变化。随着经济全球化的发展,人才全球化趋势进一步增强,人才竞争日益激烈。全球范围内的经济结构调整对人才素质提出了更高要求,综合国力的竞争更加倚重于科技进步和人才开发。为此,国家提出人才强国战略和科学人才观,人才工作达到新高度,人才规划成为国民经济和社会发展规划的重要组成部分,专业技术人才队伍建设是人才规划的重点之一。职称评价制度作为专业技术人才最为关注的评价管理制度,自然是改革的重中之重。在干部人事制度和人才管理体制改革逐步深化、职业分类日益健全的形势下，职称制度改革思路逐步清晰。

一　职业分类体系日渐成熟

随着社会发展与时代进步，人类在长期的生产活动中产生了劳动分工。职业是劳动分工的产物，也成为劳动者在社会活动中获取生活来源、实现自身价值的依托。对职业进行分类管理，是现代市场经济条件下实现社会化管理的必然选择。职业分类对于适应和反映经济结构特别是产业结构变化、适应和反映社会结构特别是人口、就业结构变化，适应和反映人力资源开发与管理特别是人力资源配置需求等方面都具有重要意义。[1]

所谓职业分类，就是指工作性质的同一性或相似性为基本原则，对社会职业进行的系统划分与归类。职业分类作为制定职业标准的依据，是促进人力资源科学化、规范化管理的重要基础性工作。1999年5月我国颁布了第一部《中华人民共和国职业分类大典》，该体系是参照国际劳工组织颁布的《国际标准职业分类》的基本原则和描述结构，借鉴发达国家的职业分类经验，并根据我国国情建立的。它依据工作性质的同一性原则将各类不同职业归为八个大类，其中第一大类是国家机关、党群组织、企业、事业单位负责人，第二大类是专业技术人员，第三大类是办事人员和有关人员，第四大类是商业、服务业人员，第五大类是农、林、牧、渔、水利业生产人员，第六大类是生产、运输设备操作人员及有关人员，第七大类是军人，第八大类是其他。将我国职业归为8个大类，66个中类，413个小类，1838个细类（职业）。

2010年启动大典修订，历时5年，于2015年颁布《中华人民

---

[1] 国家职业分类大典修订工作委员会：《中华人民共和国职业分类大典（2015年版）》，中国人力资源和社会保障出版集团有限公司2015年版。

共和国职业分类大典（2015年版）》，本次修订按照"深入贯彻科教兴国和人才强国战略，以适应国家经济社会发展需要为导向，根据我国实际，借鉴国际职业分类先进经验，构建与国民经济发展相适应、符合我国国情的现代职业分类体系，促进我国人力资源管理工作的科学发展"的指导思想，沿用1999年版大典确定的大类、中类、小类和细类（职业）的层级结构，并维持八大大类不变，将职业分类原则由"工作性质同一性"调整为"工作性质相似性为主，技能水平相似性为辅"。修订后的2015年新版《大典》的职业分类结构为8个大类、75个中类、434个小类、1481个职业。与1999年版相比，维持8个大类、增加9个中类和21个小类，减少547个职业，如表7—1所示。

表7—1　　　　1999年版和2015年版大典的职业分类结构比较　　（单位：个）

大类	中类		小类		（细类）职业	
1999年和2015年相同	1999	2015	1999	2015	1999	2015
第一大类：国家机关、党群组织、企业、事业单位负责人	5	6	16	15	25	23
第二大类：专业技术人员	14	11	115	120	379	451
第三大类：办事人员和有关人员	4	3	12	9	45	25
第四大类：商业、服务业人员	8	15	43	93	147	278
第五大类：农、林、牧、渔、水利业生产人员	6	6	30	24	121	52
第六大类：生产、运输设备操作人员及有关人员	27	32	195	171	1119	650
第七大类：军人	1	1	1	1	1	1
第八大类：不便分类的其他从业人员	1	1	1	1	1	1
合计	66	75	413	434	1838	1481

第二大类专业技术人员的修订除遵循职业分类一般原则和技术规范外，还着重考量了职业的专业化、社会化和国际化水平。其

中，专业化是指该职业的专业知识和专业技能独特性，社会化是指职业活动的社会通用型和国家对该职业的呼应程度，国际化是指职业定义和活动描述的国际可比性和等效性。最终，此次专业技术人员大类修订后减少了3个中类，增加了5个小类，增加了72个细类（职业）。

职业分类是实现"干什么评什么"的前提，职业分类大典的出台为推动我国职称制度改革发挥了重要作用，为建立专业技术人才能力素质标准，优化职称评审条件，提升专业技术人才开发与管理水平，推进专业技术人才评价国际化打下了重要基础。

二 事业单位人事制度改革不断推进

事业单位是我国专业技术人才的主要集中地，是增强我国综合国力的重要领域，是实施科教兴国战略的重要阵地。搞好事业单位人事制度改革，对建设高素质、社会化的专业技术人员队伍，推动经济发展和社会全面进步，实现我国改革开放和现代化建设的宏伟目标都具有十分重要的意义。2000年中央下发《深化干部人事制度改革纲要》，提出："围绕实施科教兴国战略，适应事业单位管理体制改革的要求，以推行聘用制和岗位管理制度为重点，逐步建立适应不同类型事业单位特点的人事管理制度，形成有利于优秀人才成长和发挥作用的用人机制和重实绩、重贡献的分配机制，建设高素质的科学技术干部队伍。"事业单位人事制度改革拉开了序幕，职称制度改革必须与事业单位改革紧密配合，才能真正发挥其应有的作用。

根据《深化干部人事制度改革纲要》精神，中共中央组织部、人事部于2000年7月联合下发《关于加快推进事业单位人事制度改革的意见》，其中提出要"建立符合事业单位性质和工作特点的岗位管理制度"。"对专业技术岗位，坚持按照岗位要求择优聘用，逐步实现专业技术职务的聘任与岗位聘用的统一。适应我国加入世界贸易组织的需要，按照国际惯例，对责任重大、社会通用性强、事关公共利益、具备一定专业技术才能胜任的岗位，逐步建立执业资格注册管理制度，实行执业准入控制。通过深化职称改革，强化并完善专业技术职务聘任制，建立政府宏观指导下的个人申请、社会化评价的机制，把专业技术职务聘任权交给用人单位。"

2006年6月人事部下发《事业单位岗位设置管理试行办法》，8月又进一步研究制定了《〈事业单位岗位设置管理试行办法〉实施意见》做出细化说明。其中与职称有关的规定包括：

一是明确了专业技术岗位职责，即"专业技术岗位指从事专业技术工作，具有相应专业技术水平和能力要求的工作岗位。专业技术岗位的设置要符合专业技术工作的规律和特点，适应发展社会公益事业与提高专业水平的需要"。

二是确定了专业技术岗位职等和职级，"根据岗位性质、职责任务和任职条件，专业技术岗位分为13个等级，包括高级岗位、中级岗位和初级岗位。高级岗位分7个等级，即一至七级；中级岗位分3个等级，即八至十级；初级岗位分3个等级，即十一至十三级"。

三是确定了专业技术岗位结构比例。确认原则是"专业技术岗位的最高等级和结构比例（包括高级、中级、初级之间的结构比例以及高级、中级、初级内部各等级之间的比例）按照单位的功能、规格、隶属关系和专业技术水平等因素综合确定"。具体结构比例是："专业技术高级、中级、初级岗位之间的结构比例全国总体控制目标为1∶3∶6。高级、中级、初级岗位内部不同等级岗位之间的结构比例全国总体控制目标：二级、三级、四级岗位之间的比例为1∶3∶6，五级、六级、七级岗位之间的比例为2∶4∶4，八级、九级、十级岗位之间的比例为3∶4∶3，十一级、十二级岗位之间的比例为 5∶5。"

四是确定了专业技术岗位的聘用条件，即"专业技术高级、中级和初级岗位的聘用条件应不低于国家规定的基本条件。实行职业资格准入控制的，应符合准入控制的要求"。

事业单位岗位管理制度将专业技术职务任职资格条件作为岗位聘用的"基本条件"，岗位设置与专业技术职务的有效衔接，为进一步落实事业单位用人自主权，实现"社会公正评价、单位自主用人""能上能下、能进能出"职称评聘机制奠定了坚实的制度基础。

三　职称制度的改革思路逐步明确

21 世纪以来，从国家、部门到地方陆续出台人才规划，其中均将职称制度改革作为创新专业技术人才评价机制的重要内容。2002 年，中央制定下发了第一个综合性的人才队伍建设规划《2002—2005 年全国人才队伍建设规划纲要》，提出专业技术人才管理制度的改革，要"建立社会化的专业技术人才评价机制。完善专业技术职务聘任制度，落实用人单位聘任权。全面推进职业资格证书制度，加强职业资格的统一管理。构建专业技术人才执业资格制度体系"。2010 年 6 月中央下发《国家中长期人才发展规划纲要（2010—2020）》（以下简称"规划纲要"），这是我国第一个中长期人才发展规划，其中明确提出要"建立以岗位职责要求为基础，以品德、能力和业绩为导向，科学化、社会化的人才评价发现机制"。"健全科学的职业分类体系，建立各类人才的能力素质标准。""统筹推进专业技术职称和职业资格制度改革"，"完善重在业内和社会认可的专业技术人才评价机制。加快推进职称制度改革，规范专业技术人才职业准入，依法严格管理；完善专业技术人才职业水平评价办法，提高社会化程度；完善专业技术职务任职评价办法，落实用人单位在专业技术职务（岗位）聘任中的自主权"。

《专业技术人才队伍建设中长期规划（2010—2020年）》针对规划纲要的总体要求进一步提出职称制度改革的细化方案：

一是提出职称制度改革的总体目标，即"以深化职称制度改革为动力，实现对专业技术人才的科学评价。"

二是提出职称制度改革的总体思路，即"坚持以职业分类为基础，以能力和业绩为导向，完善重在业内和社会认可的专业技术人才评价机制，形成科学、分类、动态、面向全社会各类专业技术人才的职称制度"。推进职称制度改革的重点是："调整功能定位"；"健全分类体系"；"完善评价机制"；"实现科学管理"。

三是提出职称制度改革的重点方向，即"统筹专业技术职务聘任制度和职业资格制度"，"规范专业技术人员职业资格准入制度，依法严格管理；发展专业技术人员职业水平评价制度，提高社会化程度；完善专业技术职务任职评价制度，落实用人单位在专业技术职务（岗位）聘任中的自主权"。

四是提出职称制度改革的重要举措。从制度设计上，要"研究制定《关于深化职称制度改革的意见》，研究提出新的职称分类框架"。从分类改革探索上，要"做好深化中小学教师职称制度改革工作和工程技术人员等职称系列的改革工作。开展技工院校等中等职业院校增设正高级教师职称制度改革试点，建设一批工程创新训练基地，建立和完善与国际接轨的工程师认证认可制度，提高工程技术人才职业化、国际化水平"。从体制机制创新上，要"进一步完善评审机制，健全规章制度，加强评委会建设，提高评审质量。研究改革专业技术人员资格考试管理的措施和办法，确保各项资格考试安全平稳"。

"深化职称制度改革总的思路是调整功能定位，健全分类体系，完善评价机制，实现科学管理。通过改革，建立科学、分类、动态、面向全社会专业技术人才的新型职称制度"。[①]

第二节　基层职称制度改革的探索

随着干部人事制度改革稳步推进、事业单位自主权逐步落实，职业分类体系的逐步完善，一些单位、地区，甚至行业开始结合各自实际，探索职称改革的新路径、新方法。

一　高校和科研院所的职称制度改革探索

2001年中科院宣布，停止专业技术职务任职资格评审，取而代之的将是全面推行岗位聘任制。各单位根据科技目标和工作需要，全面合理地设置各类专业技术岗位和其他岗位，在单位内公开招聘，竞争上岗。概括起来即"按需设岗、公开招聘、平等竞争、择优聘用、严格考核、合同管理"[②]。同时，撤销院一级各系列专业技术职务任职资格评审委员会，下属单位同级的评审委员会也予以撤销，并根据不同岗位要求，组建相应的聘任委员会，建立完善的聘任程序和考核标准与办法。科技岗位的名称和级别参照国家有关专业技术职务系列的规定设置。其中科学研究类岗位包括：研究员、副研究员、助理研究员、研究实习员；工程技术类岗位包括：高级工程师、工程师、助理工程师、技术员；实验技术类岗位包括：高级实验师、实验师、助理实验师、实验员。科研人员的收入由档案工资、岗位津贴、绩效津贴（包含成果、课题费等）三部分组成，三者比例为1:1:1，其中档案工资是由国家按职称标准来制定的，研究员有研究员的标准，教授也有教授的标准，在这一点上"聘任

[①]　《全面贯彻落实科学发展观建设宏大的创新型专业技术人才队伍》，人力资源和社会保障部部长尹蔚民同志在全国专业技术人才工作会议上的讲话，2009年9月10日。

[②]　中国科学院：《中国科学院知识创新工程试点全面推进阶段全员岗位聘任制试行办法》，2001年4月10日。

教授"与"评聘教授"没有什么差别，也会按国家的标准逐年累计提高工资。这样加上津贴，从整体的工资水平来讲，"聘任教授"的收入已经远远高于以前的"评聘教授"。中科院全面停止"职称"评审成为当年全国职称工作的重大新闻。

与此同时，部分高校也开始尝试实施真正意义上的教师职务聘任制，北京大学、浙江大学、上海大学也先后采取了这种做法。有专家认为，这是对评聘结合模式的创新发展，也是系统、完整的专业技术职务管理体系，对解决"重评审、轻聘任""干好干坏不一样""能上不能下"等问题以及落实单位用人自主权都产生了积极作用。以浙大为例，1999年，浙大自四校合并后开始探索职称评聘模式的创新。到2012年，从岗位设置上，已经把教师岗位分为"教学科研并重岗""研究为主岗""教学为主岗""社会服务与技术推广岗"和"团队科研/教学岗"。专业技术职务评聘工作强调岗位意识和职业特点，根据各类岗位性质和工作内涵，科学制定各类岗位的专业技术职务评聘条件。对不同岗位的教师提出不同的岗位职责要求，实行不同的考核评价方式。各学院内大约30%的教师将被"分流"到社会服务类岗位，告别学生和学术。从评价内容上，强调"质量导向"，注重"工作实绩"，对申报者的职业道德、教学质量、学术技能、研究成果、社会服务、文化传承创新进行全面把握和综合评价。除了国家工资以外，所有教师的岗酬都分成A、B、C三个部分：A是职称酬金，约占岗酬的20%；B是岗位酬金，约占岗酬的50%；C是业绩酬金，约占岗酬的30%。所有的"类型"都有到最高岗级的轨道，但是数量不同，如教学科研岗的高岗相对多一点。非学术型岗位同样可以很出色，比如实验系列就设有"特聘实验研究员"，这个相当于二级岗位。具体如表7—2所示。

表 7—2　　　　　　　浙江大学岗位与专业技术职务对照表

岗位	专业技术职务
教学科研并重岗教师	高校教师教授和副教授职务
教学为主岗教师	高校教师教授和副教授职务 教学为主教授职务
研究为主岗教师	高校教师教授和副教授职务
先进技术研究院教师	国防技术研究员、副研究员或高级工程师职务
团队教学岗教师	高级讲师职务
公共外语、公共体育、公共艺术等从事量大面广的教育教学工作的教师	高级讲师职务
从事研究开发、成果转化、技术支撑与管理、咨询与培训服务的专业技术人员，包括社会服务与技术推广岗、团队科研岗教师，专职科研人员以及在建筑设计院、产业、后勤、科技园、附属医院等单位从事上述工作的人员	技术研发及知识转化研究员、副研究员或高级工程师职务
农业技术推广中心的教师	农业推广研究员和副研究员职务
从事国防技术研究工作的社会服务与技术推广岗、团队科研岗教师	聘国防技术研究员、副研究员或高级工程师职务

注：《浙江大学专业技术职务评聘工作实施办法》2012年。

二　中小学教师的职称制度改革探索

为促进教育事业的科学发展，加强中小学教师队伍建设，推进职称制度分类改革，按照党中央、国务院加强人才工作的决定和深化职称制度改革的要求，针对中小学教师职称制度还存在等级设置不够合理、评价标准不够科学、评价机制不够完善、与事业单位聘用制度不够衔接等问题，2009年初人社部连发两文[1]，决定在东、

---

[1] 《深化中小学教师职称制度改革试点指导意见》，2009年1月15日；《深化中小学教师职称制度改革试点工作方案》，2009年2月17日。

中、西部的吉林省松原市、山东省潍坊市、陕西省宝鸡市三个地级市开展中小学教师职称制度改革试点工作。2011年8月，国务院常务会议决定扩大中小学教师职称制度改革试点。按照国务院常务会议决定，在前期试点的基础上，在各省、自治区、直辖市选择2个到3个有代表性的地级市，扩大试点工作。试点的指导思想和主要任务是，遵循教育发展规律和教师成长规律，建立与事业单位岗位聘用制度相衔接、符合中小学教师职业特点的职称制度，形成以能力和业绩为导向、以社会和业内认可为核心、覆盖各类中小学教师的职称评价机制。

两轮改革试点共涉及30个省、自治区、直辖市和新疆生产建设兵团的109个地级市，11万余所中小学校（含幼儿园），387万名中小学教职工。扩大试点过程中，329.3万名中小学教师进行了职称（职务）过渡，按照新的评价标准和办法新晋升正高级教师806名，高级教师3.98万名。试点取得了积极成效：一是把握了中小学教师职业特点和成长规律，形成了统一的中小学教师职称制度。二是提高了中小学教师的职业地位，激励更多优秀人才长期从教。新的职称制度使中小学教师拥有和教授、研究员同样的职业发展空间，让广大中小学教师感到从事基础教育事业工作更有动力、更有奔头，一定程度上解决了"船到码头车到站"的职业倦怠现象，有利于吸引和鼓励优秀人才长期从教、终身从教。如，仅山东和吉林两省在改革扩大试点中，就吸引3562名硕士以上学历人才投身基础教育。三是完善了中小学教师评价标准，树立了正确的用人导向。改革引导教师更加注重师德素养，更加注重教育教学业绩，让广大教师潜心教育教学工作，克服了"论资排辈""熬年头"的现象，形成了一股讲师德、比业务的良好风气。四是提高了评价结果的公信力，进一步营造公平公正的选人用人环境。新的职称制度强调同行评价和业内认可，严格标准程序，严格公示、回避等监督检查制度，评审结果得到了广大教师的认可。五是推动了中小学教师合理流动，促进了教师资源优化均衡配置。改革试点鼓励教师在出现岗位空缺时跨校竞聘，在制度上解决了教师不愿从中学到小学、从城镇学校到农村学校任教的问题，有利于中小学教师资源优化配置，促进了教育公平。改革扩大试点中，通过跨校评聘实现教师流动 2293 人。

2015 年 8 月 26 日国务院总理李克强主持召开国务院常务会议，决定将中小学教师职称制度改革在全国全面推开，8 月 28 日，人社部、教育部印发《关于深化中小学教师职称制度改革的指导意见》，从健全制度体系、评价标准、评价机制、评聘结合四个方面对改革提出了明确要求，一是将分设的中学、小学教师职称（职务）系列统一为初、中、高级；二是修订评价标准，注重师德、实绩和实践经历，改变过分强调论文、学历倾向，并对农村和边远地区教师倾斜；三是建立以同行专家评审为基础的评价机制，并公示结果、接受监督；四是坚持职称评审与岗位聘用相结合，实现人尽其才、才尽其用。中小学教师职称制度改革的全面推开，是分系列推进职称制度改革的重大突破，也是我国职称制度分类改革的一个重大突破，如表 7—3 所示。

表 7—3　　　　　改革后统一的中小学教师职务体系

职称（职务）等级	名称	对应的事业单位专业技术岗位等级	与原中小学教师专业技术职务的对应
员级	三级教师	十三级	原中学三级教师和小学二级、三级教师
助理级	二级教师	十一级至十二级	中学二级教师和小学一级教师
中级	一级教师	八级至十级	中学一级教师和小学高级教师
副高级	高级教师	五级至七级	中学高级教师
正高级	正高级教师	一级至四级	

三 基层专业技术人员职称制度改革探索

基层专业技术人才是我国人才队伍重要组成部分，是推动经济建设、社会建设、文化建设和生态文明建设的直接实践者和基本力量。这个群体具有区别于其他层级专业技术人才、基层其他类型人才的群体性特征：（1）他们是基本公共服务的提供者。从职业地位来看，基层专业技术人才作为某一领域专业知识和技术的承载者、传播者和实践者，他们直接面向人民群众，是基本公共服务的直接提供者和具体实践者，在政治经济、文教卫生、技术应用、民政治安、人口管理、基层建设、农村发展、科技成果转化等方面发挥着重要作用。（2）他们是繁杂工作任务的承担者。从工作任务来看，基层专业技术人才的工作具有很大不确定性。基层专业技术工作头绪繁多、矛盾众多，临时突发性事务较多，且基层专业技术人才数量有限，分工并不严格，职责任务方面有很大的弹性，因此他们常常要围绕科技、教育、文化、卫生、体育等社会管理任务集中统一去完成，借调、跨专业领域工作的现象并不罕见。（3）他们是综合通用性知识的承载者。从专业知识来看，由于基层专业技术人才承担着大量繁杂的专业技术工作，应急性事务很多，这就要求他们具有广博的专业技术知识，对于一些通用性、综合性知识的了解和把握尤为重要，人人都是"多面手"。但是，这也在一定程度上限制了基层科技工作者的专业技术、专业知识的更新与专业能力提升。（4）他们是崇高职业道德的践行者。从个性品质来看，基层专业技术人才直接面向人民群众，为群众提供公共服务。这就要求他们具有很好的政治素质、全局意识、公仆意识、模范先锋、民主作风、敬业精神、服务意识、积极主动、吃苦耐劳、细致严谨、诚信正直、求真务实、坚忍不拔等个性品质。只有这样，他们才能扎根基层，全心全意为群众服务。"最美乡村女教师""最美赤脚医生"

就是基层专业技术人才崇高职业道德的典范。《国家中长期人才发展规划纲要（2010—2020年）》指出，要"改善基层专业技术人才工作、生活条件，拓展职业发展空间"。《专业技术人才队伍建设中长期规划（2010—2020年）》也指出："围绕加快推进以改善民生为重点的各项社会建设，制定加强教科文卫和社区、农村等各类基层专业技术人才队伍建设的政策措施，引导专业技术人才深入基层，充实一线，为基层扩大公共服务、完善社会管理提供人才保障。"

从实践来看，职称制度对于激发基层专业技术人员的工作活力和创新激情至关重要，但是以往大一统的职称评价标准和评价机制完全不能满足基层专业技术人员的发展需求，甚至成为阻碍基层专业技术人员成长的重要因素。2016年人社部出台《关于加强基层专业技术人才队伍建设的意见》，要求完善符合基层实际的评价标准。坚持德才兼备，突出以品德、能力、业绩和贡献为主的评价导向，建立体现基层专业技术人才工作实际和特点的评价标准。克服唯学历、唯论文等倾向，提高履行岗位职责的实践能力、工作业绩、工作年限等评价权重。建立以同行评价为基础的评价机制，灵活采用考试、评审、考评结合、考核认定等不同评价方式，严格规范评价程序，加强评价全过程监督，提高评价质量和公信力。对长期扎根农村基层、艰苦边远地区工作，做出重要贡献业绩的专业技术人才，可破格参加职称评审。研究制定对基层专业技术人才倾斜支持政策。鼓励各地、各部门结合实际情况，探索建立"定向评价、定向使用"的基层高级专业技术职称评审管理制度，完善岗位聘用、工资待遇、离开基层后资格转评确认等具体管理办法。

基层卫生技术人员职称制度改革指导意见在2015年11月下发[①]，

[①] 人社部、卫计委：《关于进一步改革完善基层卫生专业技术人员职称评审工作的指导意见》，2015年11月15日。

本着切实加强基层卫生专业技术人员队伍建设，提升基层卫生专业技术人员服务水平，鼓励卫生专业技术人员服务基层，为强基层、保基本、建机制和建立分级诊疗制度提供人才支持的出发点，明确提出要遵循卫生专业技术人员成长规律和基层卫生工作实际，建立以医疗服务水平、质量和业绩为导向，以社会和业内认可为核心的人才评价机制，坚持德才兼备、服务发展，分层分类、科学评价，注重实际、业绩导向的原则，明确从健全评审体系、优化评审条件、完善评审标准和建立长效机制等方面完善基层卫生专业技术人员职称评聘工作。同时明确，不再将论文、职称外语等作为申报的"硬杠杠"，职称外语成绩可不作为申报条件，对论文、科研不做硬性规定，可作为评审的参考条件，引导医生回归临床。强调评审指标要"接地气"，结合基层工作实际，依据医疗卫生机构功能定位和分级诊疗的要求，对县级医疗卫生机构和乡镇卫生院、社区卫生服务中心的卫生专业技术人员的评审标准有所区别（见表7—4），重点加强对常见病、多发病诊疗、护理和康复等任务，以及公共卫生服务等任务的考核评价，实现"干什么评什么"，避免职称评审和实际工作出现"两张皮"的现象。该意见原则上适用于县级医院、县级专业公共卫生机构、乡镇（街道）卫生院、社区卫生服务中心（站）、村卫生室等医疗卫生机构的卫生专业技术人员，考虑到地区差异，给各地留有一定空间，具体范围由各省根据实际情况确定，各省（区、市）可根据国家有关文件规定和各地实际情况，制定基层卫生专业技术人员职称评审工作实施细则，明确适用范围、聘任标准等。截至2017年年底，河南、湖北、青海等29省份均出台基层卫生技术人员高级职称评定办法，如湖北将高级职称岗位比例提高到8%，不断拓展基层卫生技术人员的职业发展空间。

表 7—4　　　　　　基层卫生专业技术人员职称评审标准

　　根据医疗卫生机构功能定位和分级诊疗的要求，对县级医疗卫生机构卫生专业技术人员，应重点考核常见病、多发病诊疗、护理、康复、影像、检验等服务，急危重症抢救与疑难病处置，培训和指导下级医疗卫生机构人员，相应公共卫生服务职能以及突发事件紧急医疗救援等工作完成情况。

　　对乡镇卫生院和社区卫生服务中心卫生专业技术人员，应重点考核提供基本公共卫生服务，以及常见病、多发病的诊疗、护理、康复等综合服务，承担公共卫生管理工作，以及对村卫生室、社区卫生服务站的综合管理、技术指导和乡村医生的培训等工作情况。

　　可将常见病、多发病诊治专题报告、病案分析资料、工作总结、医疗卫生新技术推广使用报告、开展健康教育与健康促进次数、健康档案管理数等作为评审标准的重要内容。加强医德医风考核，引导卫生专业技术人员在强化服务意识、提高服务质量、突出工作业绩上下功夫

资料来源：人社部、卫计委：《关于进一步改革完善基层卫生专业技术人员职称评审工作的指导意见》，2015 年 11 月 15 日。

　　这些关于高校教师、科研院所专业技术人员、中小学教师和基层专业技术人员的职称改革探索对于积累改革经验，凝聚改革共识，推动职称改革向纵深推进，具有重要的示范和带动意义。

第三节　专业技术人员职称状况调查

　　职称制度作为专业技术人员管理的一项基本制度，在尊重知识、尊重人才，提高专业技术人才社会地位，激励专业技术人员职业发展，调动广大专业技术人员积极性创造性等方面发挥了重要作用。但是，随着我国社会主义市场经济体制的不断完善，企事业单位人事制度改革的不断深化，以及人才管理科学化水平的提高，职称制度的深层次矛盾和问题越来越凸显出来。要想有针对性地提出深化改革的对策建议，有必要对专业技术人员进行调查研究。2014 年中国人事科学研究院在前期调研基础上，形成调查问卷，对科学

研究人员、工程技术人员、农业技术人员、卫生专业技术人员、高校教学人员五类专业技术人员对职称制度现状和改革的看法进行了调查。

一 调查内容

本次调查内容主要包括职称的功能作用、职称评审的影响因素和职称制度改革的需求和建议三个方面。

（一）对职称的功能作用的调查主要包括收入待遇、科研环境、职务和职业流动四个方面受到职称的影响情况。

（二）职称评审的影响因素，主要是调查受访者对职称评审过程中相关因素的重要性和满意度评价。这些因素主要包括评审专家、现行评价标准、现行评价方式、评价程序和管理程序五个方面。其中对评审专家的评价主要包括其学术地位和水平、对职称评定政策和标准的熟悉程度、对所评专业技术领域的契合程度和公平公正四个方面；对现行评价标准的评价主要包括职业道德规范、科研课题和科技成果、专业实践能力、工作年限、年度考核结果、学历、论文论著、计算机水平和外语水平九个方面；对评价方式的评价主要包括材料审核、专业答辩、集中评议、考评结合、人机对话、素质测评等新技术新方法六个方面；对评价程序的评价主要包括个人申请、民主测评、组织申报和同行评议四种方式；对管理服务的评价主要包括职称评定政策和标准的执行力度、评审组织议事规则和评审纪律、评审专家遴选机制、评审专家回避机制、职称评审过程与结果的监督、申诉和复议机制六个方面。

（三）对职称制度改革的需求和建议的调查主要包括发展方向、解决思路和改革内容三个方面。

发展方向包括对评价结果使用和未来改革方向的选择，即选择实行"双轨制"，即评聘分开，还是"单轨制"，即评聘合一；同时调查受试者认为应该改革、延续还是取消现行制度。

解决思路主要是针对基层和非公专业技术人才职称评审难问题的解决思路，调查受试者的看法。解决基层专业技术人员职称评审难问题七种呼声较高的解决思路，"一是建立健全分层分类职称评价标准体系，单独制定符合基层工作特点的职称评价标准；二是建立健全基层高级职称评审组，对基层专业技术人员单独进行评审；三是淡化外语、计算机、学历、论文论著、科研课题和科技成果要求；四是注重专业实践积累，增加解决实际问题能力的权重；五是职称评价与日常工作考核相结合，体现工作业绩；六是简化评审程序，综合运用多种评价方式和手段；七是对艰苦边远地区和少数民族地区专业技术人员实施政策倾斜"。解决非公企业和社会组织专业技术人员职称评审难也有七种呼声较高的解决思路，"一是单独制定非公单位的职称评定政策和办法，二是坚持以市场需求为导向设置和调整职称序列，三是根据行业、地方和企业实际制定相应职称评价标准，四是发挥行业协会/学会联系会员、服务会员的优势，进一步落实职称评审权，五是加强人才公共服务机构建设，建立面向全社会专业技术人员的职称评价平台，六是深化高级职称评审委员会社会化改革，探索建立社会自主申请、政府实施认可、市场自由选择的第三方职称评价机制，七是推进国际互认，增强职称评价国际可比性和等效性"。

改革内容。调查受访者认为下一步职称改革需要重点考虑的内容和职称管理体制改革方面需要重点考虑的内容。下一步职称改革需要重点考虑的内容包括五个方面，"一是随社会发展不断增加评价领域，调整相应政策使评价更符合实际；二是扩大评价对象的范围，为社会各类专业技术人才提供服务；三是丰富笔试、面试、答辩等评价手段，保证评价结果真实准确；四是修改完善各系列、专业的评价标准，突出能力和业绩的评价；五是进一步提高评价质量,保证评价客观公正。职称管理体制改革需要重点考虑的内容,一是调整职称功能定位;二是统筹职业资格和任职资格制度的关系;三是加强分类指导,推进职称管理科学化;四是同步推进专业技术职务聘任制和事业单位岗位管理制度改革;五是进一步落实职称评审管理权;六是转变政府职能,由直接管理转向间接管理和法制管理;七是建立政府主管部门、行业协会/学会、用人单位共同参与的多元管理机制"。

此外,还从性别结构、年龄结构、工龄、受教育情况、所在单位类型、专业技术职称状况等方面调查了受访者的背景信息。

二 调查结果

专业技术人员版问卷共发放11 774份,回收11 656份,回收率为99%,有效问卷11 656份,有效率为100%。

(一) 调查对象基本情况

参与调查的受访者的基本情况,从性别构成看,受访专业技术人员中男性、女性分别占51.9%、48.1%;从年龄构成看,受访者所在年龄段排在前三位的依次是31—35岁、26—30岁、41—45岁;从工龄构成看,受访者工龄排在前三位的分别是7—10年、21年以上、4—6年;从学历构成看,受访者以本科为主,其次是硕士、大专;从所在单位性质分布来看,受访者以其他事业单位为主,其次是大专院校、国有、集体企业;从专业技术职称构成看,受访者以中级职称为主,其次是初级职称、副高级职称;从取得目前专业技术职称的方式构成看,受访者评审为主,其次是考评结合考试;从取得专业技术职称的年龄来看,受访者平均年龄44.16岁时获得正高级职称,平均年龄38.72岁时获得副高级职称,平均年龄31.69岁时获得中级职称。

(二) 职称的功能作用

调查显示,89%的受访者认为职称晋升使收入待遇得到了改善，其中18%的受访者认为改善很大。54%的受访者认为职称晋升使工作条件得到了改善，其中11%的受访者认为改善很大。62%的受访者认为职称晋升令其申请项目更加容易，其中15%的受访者认为改善很大。54%的受访者认为职称晋升对其担任社会职务有改善，其中11%的受访者认为作用很大。54%的受访者认为职称晋升对其单位职务升迁有改善，其中11%的受访者认为作用很大。49%的受访者认为职称晋升对其职业流动有改善，其中9%的受访者认为作用很大。

（三）职称的影响因素

1. 评审专家

调查显示，对评审专家，受访者认为重要性排在前三位的分别是公平公正（3.28）、对所评专业技术领域的契合程度（3.17）、学术地位和水平和对职称评定政策和标准的熟悉程度（3.12），满意度排在前三位的分别是对所评专业技术领域的契合程度（2.98）、公平公正（2.97）、对职称评定政策和标准的熟悉程度（2.96），重要性和满意度的差值排在前三位的分别公平公正（0.30）、对所评专业技术领域的契合程度（0.19）、学术地位和水平（0.18）。因此，评审专家的公平公正是专业技术人员认为首先需要改进的地方。

2. 评价标准

调查显示，对评价标准，重要性排在前三位的分别是专业实践能力（3.53）、职业道德规范（3.48）、科研课题和科技成果（3.45），满意度排在前三位的分别是职业道德规范和专业实践能力（3.31）、学历（3.30）、科研课题和科技成果（3.29），重要性和满意度的差值排在前三位的分别专业实践能力（0.21）、职业道德规范（0.17）、科研课题和科技成果（0.15）。专业实践能力是职称评价标准中最需要完善的地方。

3. 评价方式

调查显示,对评价方式而言,受访者认为重要性排在前三位的分别是材料审核(3.24)、考评结合(3.20)、专业答辩(3.17),满意度排在前三位的分别是材料审核(3.24)、考评结合(3.20)、专业答辩和集中评议(3.18),重要性和满意度的差值排在前三位的分别是新技术新方法(-0.08)、集中评议(-0.03)、考评结合(-0.02)。这方面的满意度均高于重要性。

4. 评价程序

调查显示,对评价程序而言,受访者认为重要性排在前三位的分别是个人申请(3.46)、组织申报(3.38)、同行评议(3.36),满意度排在前三位的分别是个人申请(3.41)、组织申报(3.36)、民主测评和同行评议(3.31),重要性和满意度的差值排在前三位的分别是个人申请(0.05)和同行评议(0.05)、民主测评(0.04)。

5. 管理服务

调查显示,对评价方式而言,受访者认为重要性排在前三位的分别是评审组织议事规则和评审纪律(3.34)、对职称评定政策和标准的执行力度(3.33)、职称评审过程与结果的监督(3.22),满意度排在前三位的分别是对职称评定政策和标准的执行力度(3.22)、评审组织议事规则和评审纪律(3.20)、评审专家回避机制和职称评审过程与结果的监督(3.08),重要性和满意度的差值排在前三位的分别是评审组织议事规则和评审纪律(0.15)、职称评审过程与结果的监督(0.15)、申诉和复议机制(0.12)、对职称评定政策和标准的执行力度(0.11)。因此,评审规则和纪律,以及监督机制是管理服务中最需要完善的地方。

(四)专业技术人员对职称的需求和建议

1. 发展方向

调查显示,在职称评价结果的使用上,从单位采用方式看,大多以评聘分开为主，占受访者的 57.1%；从受访者的倾向上看，大多数也更倾向于评聘分开，占受访者的 58%。从职称工作今后发展方向看，受访者以改革现行职称制度为主，占 76.7%，其次是延续现行职称制度（13.2%），希望取消职称制度的占 10.1%。

2. 解决思路

调查显示，受访者认为要解决基层专业技术人员职称评审难问题，首先应该淡化外语、计算机、学历、论文论著、科研课题和科技成果要求（56.3%），其次要注重专业实践积累，增加解决实际问题能力的权重（50.2%），再次应该将职称评价与日常工作考核相结合，体现工作业绩（48.1%）。受访者认为要解决非公企业和社会组织专业技术人员职称评审难问题，首先应该根据行业、地方和企业实际制定相应职称评价标准（60.1%），其次是坚持以市场需求为导向设置和调整职称序列（50.3%）、单独制定非公单位的职称评定政策和办法（41.3%）。

3. 改革内容

调查显示，受访者认为下一步职称改革需要重点考虑的内容，首先是修改完善各系列、专业的评价标准，突出能力和业绩的评价，占 66%，其次是随社会发展不断增加评价领域，调整相应政策使评价更符合实际（63%）、扩大评价对象的范围，为社会各类专业技术人才提供服务（61.8%）。职称管理体制改革应以重点考虑"加强分类指导，推进职称管理科学化"为主，占 57.2%，其次是同步推进专业技术职务聘任制和事业单位岗位管理制度改革（55.4%）、统筹考虑职业资格和任职资格制度的关系（44.1%）。

三　调查发现

（一）现行的职称制度急需改革

调查显示，近 80% 的专业技术人员都认为现行的职称制度需要改革。现行的专业技术人员职称制度仍然沿袭自1986年以来实行的专业技术职务聘任制中任职资格评价。专业技术职务聘任制这种在计划经济体制下形成和演进而来的职称管理方式、评价模式和功能设计，已经不能适应社会主义市场经济体制对专业技术人员评价的客观要求。产业结构的巨大变化、现代职业专业化运动趋势、人才资源市场配置以及人才交流国际化，正在成为推动专业技术职称制度改革和社会化人才评价体系形成和发展的重要动力。

（二）"评职称"就是"评待遇"

在专业技术人员职称评聘的实践中，表面是评职称，实则是评待遇。抽样调查表明，近65%的专业技术人员参与职称评审的原因是为了"提高工资待遇"。在人们的意识中，"职称"与"待遇"挂钩已经成为习惯。抽样调查显示，近90%的专业技术人员都认为职称对其现实工作具有一定的甚至很大的作用。这些作用影响更多表现在专业技术人员收入待遇和申请项目等基本待遇问题上。现行职称制度仍是集人才评价、使用、待遇三位于一体的人事管理制度。以深圳市出台的部分人才政策文件为例，发现从社保待遇、子女入学、医疗保健、安居房分配等基本待遇到科研项目申请、从业资格认定、企业资质认定等都与职称挂钩，职称"不堪重负"。随着事业单位聘用制和岗位管理制度的建立，原专业技术职务聘任制中的一些制度，比如岗位设置、聘用管理、工资级别等，已由事业单位聘用制和岗位管理制度中的相应制度代替，如何处理这些制度的衔接问题，迫切需要在制度安排上予以明确。这个问题不解决，社会评价与单位自主用人就没办法彻底分离；能上能下的用人机制就没办法真正建立；评上了就要聘，就要与职务、待遇挂钩的意识和倾向就没办法破除。

（三）"评聘分开"还是"评聘合一"不能一概而论

"评聘分开"还是"评聘合一"，这是我国在实行专业技术职务聘任制过程中长期存在的争论,其本质是"把职称(任职资格)与职务合二为一还是两者完全分离"[①]。1991年,国务院职称改革工作领导小组第一次会议提出,实行职称评定和职务聘任"双轨制",即"评聘分开"。这是在市场经济条件下对专业技术职务聘任制度的新发展。调查表明,目前近60%的单位实行的都是"评聘分开",专业技术人员的选择倾向是"评聘分开"。从促进人力资源市场配置的角度,应该强化职称评价中的"资格属性",将原专业技术职务聘任制中国家统一管理的职称评审制度,纳入社会化人才评价体系,推动职称制度实现"两个转变",即由综合管理国有企事业单位专业技术人员的一项内部人事管理制度,向适用全社会各类专业技术人员的社会人力资源管理和开发制度转变;由以企事业单位内部职务(岗位)任职(聘用)资格(条件)为主要标准的评价向以通用性、职业化能力为主要标准的评价转变,探索建立面向全社会的专业技术人员评价平台。

(四)职称评价标准不能"一刀切"

标准在职称评审制度中居于核心地位。标准制定得科学与否,决定评价质量的高低。同时,标准是政府部门实现对职称评审工作由直接管理向间接管理、宏观管理转变的最现实、最有效的抓手。专业技术人员均反映,目前的职称评审标准存在"一刀切"和"绝对化"的倾向,特别是基层和非公单位,片面强调论文论著、计算机、外语等刚性指标,不能体现人才类型、职务(岗位)要求的特殊性,以及专业技术人员真实的能力和业绩,"评的用不上,用的评不上"的问题凸显,现实中存在的论资排辈、能上不能下、干好干坏一个样等问题没有切实解决。以职务(岗位)要求为基础,促进职称评价标准类别化精细化,是实现职称分类管理的重要

[①] 徐颂陶:《中国人才战略与人才资源开发》,中国人事出版社2001年版。

抓手，也是提高职称评审质量的关键。要研究制订《专业技术人员职称评价标准体系框架》，厘清国家标准、行业标准和企事业组织内部标准的关系，由机械的"一刀切"转变为科学的分类指导。国家标准是评价某一职业领域人才群体的基准性、通用性标准，主要反映一个职业领域普遍需要、通用的品德、知识、能力和业绩要求，是制定行业标准、内部标准的依据；行业标准是评价某一行业人才群体的通用标准，主要反映一个行业共同适用的品德、知识、能力和业绩要求，是制定内部标准的依据；企事业组织内部标准是每一个具体职业、职务、岗位和工种的特定标准，具有专有性，是具体选人用人标准。不同类型的标准有不同的应用范围和使用价值，不能通用。

（五）让"职称"回归"职务"

在对事业单位专业技术人员管理中，专业技术职务聘任制与事业单位岗位管理制度同时存在。一个是以职务为基础的制度体系，另一个是以岗位为基础的制度体系。任职资格由国家统一管理，岗位聘用的"任职条件"由主管部门和用人单位管理，取得任职资格是岗位聘用的"基本条件"。专业技术人员和管理者普遍认为"专业实践能力"应该是最重要的职称评价标准，对其重要性和满意度的评价差值最大。两个制度体系同时并存，使具有高度同一性的职务和岗位相分离是出现此现象的重要原因。在一般情况下，岗位与职务为同义词，都表示"职权、责任与工作范围"[①]。职务有名称有等级，具有职种、职类、职级、职位的含义；岗位有等级没名称，与职位、职等的含义相同。职务管理是岗位管理的基础。在一个单位，具体到一个人，职务和岗位具有高度的同一性。因此，对

---

① 《现代汉语词典》解释，职务是指工作中所规定担任的事情。职务的设置取决于组织目标和组织结构。职务与职位、职级、职等概念密切相关。《现代汉语词典》解释，岗位原指军警守卫的处所，现泛指职位。

职务管理与对岗位管理应统筹设计，不能分割。建议一是深化推进事业单位人事制度改革，进一步落实事业单位用人自主权。在深化事业单位编制和专业技术职务结构比例控制改革的同时，适当下放职务管理和岗位管理权限，鼓励和支持事业单位根据实际需要，设置相应的职务序列、职务名称和岗位等级。二是强化聘任制度，坚持科学设岗、按岗聘任、以岗论价，淡化职称（任职资格），尤其是在破除终身制解决能上能下、干好干坏不一样等方面取得更大进展。三是对科研机构和高等院校等高层次人才比较密集的单位，进一步下放评审管理权，推行以聘代评的办法，即聘任专业技术职务的同时即获得相应的专业技术职称。

（六）评审专家的素质需要进一步提高

职称评审涉及参评人、用人单位、评审委员会等多个主体和环节，从评价技术的角度看，"评委会"实际是专家小组评价，是国际通用的、对高层次人才评价的一种方法。在国内不仅事业单位，而且企业和其他组织在管理实践中的需求日益增强，应用范围非常广泛。在现行制度中，各地政府基本都建立了评委会专家数据库，根据需要随机抽取专家组成评委会，但是专业技术人员和职称管理者均反映，对目前评委会专家，特别是高评委的"学术地位和水平""对职称评定政策和标准的熟悉程度""对所评专业技术领域的契合程度"和"公平公正"都不是特别满意，尤其是非公专业技术人员的体会更深，评审专家整体素质需要进一步提高。应该完善各级评审委员会备案制度，积极推进评委会管理社会化改革，使评委会评价成为社会自主申请、政府实施认可、市场自由选择，公共性和专业性的第三方评价。同时，加强评审专家队伍建设，建立完善评审专家遴选机制和评审回避制度。健全评审组织议事规则，严格评审工作纪律，确保评审质量。

（七）职称管理应该"去行政化"

新中国成立之后，我国实行了高度集中统一的计划经济体制，对职称制度的管理也以直接的微观管理为主,政府包揽了所有的职称管理事务。这种管理方式适应了当时的计划经济体制,也曾取得了显著的成效。随着社会主义市场经济体制的逐步建立和完善,政府事无巨细的直接管理方式已不适应新的社会经济形式,政府职能必须进行相应的转变,不应再介入任职资格评定的具体过程。调查显示,专业技术人员认为"职称评审程序烦琐、管理服务水平不高",其中"申诉和复议机制"是目前令人最不满意的地方。现在我国政府对职称工作的管理依然存在过多过细的问题,政府的主要职能在于监管和服务,保障职称评审相关的公共服务质量,并受理有关任职资格评定的申诉和仲裁。在管理方式上,要逐步实现由直接管理向间接管理和法制管理转变;在评价模式上,要逐步实现由以政府为主导的评价模式向政府、行业共同治理的模式转变。真正做到该管的管住管好,不该管的不管不干预,切实提高职称管理科学化水平。

(八)配套制度要跟上

职称改革是一个复杂的系统,牵涉到许多相关的制度,可谓牵一发而动全身。为了顺利推进职称制度改革,必须改变过去多年就职称改职称的做法,由单一的职称改革转变为与相关制度相协同的配套改革。首先,职称制度改革必须与收入分配制度改革相适应。可以说,设计职称制度的初衷是好的。但是职称制度存在的种种问题,根源就在于它和收入分配、福利待遇等捆绑在一起,从而带来很多弊端,也是受到诟病的根源。其次,职称制度改革还要与社会保障制度改革相配套。从一些单位的职称制度改革情况来看,之所以难以取得成效,一个重要原因是社会保障制度改革滞后。专业技术人员的退休费以岗位工资、薪级工资作为计发退休费的基数,造成大家千方百计争取高一级的岗位。再次,进一步落实事业单位用人自主权,是实现"社会公正评价、单位自主用人""能上能下、能进能出"机制的前提。建议将有关职称基本条件的评价纳入社会化人才评价机制，把职称评价与日常考核结合起来，评价的结果作为用人单位实行岗位聘用的依据或参考。最后，为了更好地推行职称资格的社会化评审，应建立社会化评审组织或咨询服务机构，制订以实绩为主的专业技术职务评审指标；改革评审委员会的组建方式，建立专家库，推行公示制度等措施，以提高职称社会化评审的权威性。

第八章

职称评审社会化

职称评审社会化是市场经济条件下对我国职称制度的发展和完善。随着社会主义市场经济体制的不断完善、我国经济体制和政治体制改革的不断深化以及我国人力资源市场的建立和人才资源配置市场化步伐的加快,职称制度也从计划经济体制下的"大一统"模式进入了"统一领导下的多元化"改革发展模式,评价主体日益多元化、评价标准不断科学化,评价方式日趋多样化,为了适应社会主义市场经济体制的不断完善和发展,在国有企事业单位继续实施专业技术职务聘任制的同时,职称评审社会化的改革势在必行。

第一节 概述

一 概念界定

从文献检索结果看,目前在理论研究和实践中,各方面对什么是职称评审社会化至今还没有比较统一的、权威的、为各方面所接受的界定。理论基本问题不解决,就不能形成统一的认识和统一的行动。如何科学界定职称评审社会化的基本内涵和主要特征,深入探讨职称评审社会化产生和发展的经济社会因素,都迫切需要通过进一步深化理论研究予以解决。

(一) 社会化人才评价

职称评审社会化是社会化人才评价的重要组成部分。社会化人才评价是我国特有的概念，2003年在《中共中央国务院关于进一步加强人才工作的决定》中正式提出。从现有研究看，目前关于社会化人才评价的理解存在两种视角。第一种观点认为，所谓社会化人才评价是指独立于政府、用人单位和专业技术人员自身的社会组织所进行的各种评价活动。该观点是相对于计划经济体制下政府评价的单一模式而提出来的。第二种观点认为，所谓社会化评价是指从市场需求、从基本的评价和使用关系出发，在确立劳动关系（就业和执业）过程中相对于雇员和雇主，权威的、正式的、专业的和普适性的评价活动，即"第三方评价"。比如，根据《行政许可法》的规定，由国家行政机关或法律法规授权的具有管理公共事务职能的社会组织设定的职业资格许可，也是社会化人才评价机制的重要组成部分。

判断一种评价制度是不是社会化评价，不能仅仅从评价主体出发，而要从市场需求、从基本的评价和使用关系出发，评价的最终目的是使用。因此，笔者倾向于第二种观点。从第二种观点可以得出，我国的社会化人才评价体系是包括职称制度和其他评价活动。从评价的实施主体上看，主要是指与评价者和使用者（雇员和雇主）没有直接的行政管理关系或劳动关系的第三方，具体包括国家、行业组织、专业认证机构以及企事业单位；从评价标准上看，有国家标准、行业标准以及企事业单位的特殊标准；从评价结果的法律效力上看，有具有行政许可性质的强制性评价，也有非行政许可性质的志愿性、推荐性评价。

(二) 职称评审社会化

笔者在充分借鉴人才评价社会化概念的基础上，将职称评审社会化的内涵界定为：在我国现行职称制度的总体框架下，从市场需求、从基本的评价和使用关系出发,由独立于用人单位和专业技术人员的第三方,依据一定标准和程序对专业技术人员职业能力和学术技术水平进行的评价活动,具体包括政府主导评聘分开的职称评价、资格认证,以及社会组织开展的资格资质认证活动等。

从历史的角度看,推进专业技术人员职称评审社会化不是现在才提出来的,体现了很强的政策导向性和地方实践性。无论是1991年开始的完善专业技术职务聘任制中推行"评聘分开"试点,还是建立和推行职业资格制度、落实用人单位职称评聘自主权、促进政府职称评审职称转变等,都是对职称评审社会化的积极探索,并且贯穿于职称制度改革的全部过程。从发展的角度看,职称评审社会化不只是针对具体问题提出来的,而且是有着深刻的经济社会根源:现代服务业的发展,职业结构变化和专业化趋势,人才资源市场配置以及人员交流国际化都对发展多元的、丰富的职称评价产品提出了客观要求。

二 构成要素

(一) 评价主体

所谓评价主体是指实施职称评审社会化的机构或组织,主要是指政府、社会组织等。根据评价主体的不同,职称评审社会化大致分为四类:第一类是依据行政许可法开展的许可类职业资格评价;第二类是列入职业资格目录清单的职业水平评价;第三类是由政府主导的实行评聘分开方式并采用高评委模式的职称评价;第四类是政府职能转移过程中转移给协会学会等行业组织承接的职称和各类水平评价。从国际发展趋势看,职称评审社会化主要是指上述第四类情况。

(二) 评价对象

所谓评价对象是指适用职称评审社会化的专业技术人员范畴。

适用于职称评审社会化的评价对象应为：依法应当或者根据职业特点能够以认证认可的方式对其职称（资格）予以确定的专业技术人员范畴。依据2016年中共中央办公厅、国务院办公厅印发的《关于深化职称制度改革的意见》，职称评审社会化应坚持：对专业性强、社会通用范围广、标准化程度高的职称系列，以及不具备评审能力的单位，依托具备较强服务能力和水平的专业化人才服务机构、行业协会学会等社会组织，组建社会化评审机构进行职称评审。

（三）评价内容

所谓评价内容是指职称评审社会化的属性，也就是职称评价是职务管理属性，还是学衔属性。随着社会主义市场经济体制逐步建立、干部人事制度改革稳步推进以及国家职业资格制度建立和推行，我国的职称体系包括任职资格、许可类职业资格、职业水平评价"三位一体"的框架结构。一般而言，体制内单位的职称评价既有职务管理属性，既有学衔的属性，是"职务管理"和社会化"资格管理"的混合体。而面向体制外的职称评审社会化，仅仅有头衔的属性，是对专业技术人员职业能力和学术技术水平的评价。

（四）评价标准

所谓评价标准是指职称评审社会化活动中应用于评价对象的价值尺度和界限。通常，体制内的职称评价标准总体依据"用人做事"原则加以确定。重点考察专业技术人员的职业道德，专业性、技术性、实践性、创造性，以及履行岗位职责的工作绩效、创新成果的经济效益和社会效益等。社会化评价标准要以职业分类为基础、以职业能力为导向，形成体现不同职业特点和各类人才成长规律的职业能力标准。从层次上看，主要包括国家标准、行业标准和用人单位岗位标准。本研究重点关注职称评审社会化的区域标准和行业标准，并关注区域标准和行业标准与国家标准、用人单位岗位标准的联系和衔接。

（五）评价效用

所谓评价效用是指职称评审社会化活动中评价主体做出的评价结果对评价对象和用人单位的使用价值。职称评审社会化是一种以社会公益为主的工作，必须有使用价值才会有生命力。从总体上看，职称评审社会化是基于公共人事管理的制度设计，具有普适性，没有数量和结构比例限制，对所有专业技术人员都公平公开公正地适用，并且在全国或区域内通用。从法律关系上看，评价与被评价是依申请或约定而产生的评价关系，不能强制，也不必主动给予。职称评审社会化所给予的证书或其他证明文件不是对专业技术人员就业和执业的限制，而是对其能力素质达到一定水平的鉴定、证明和认可。同时，也为用人单位科学客观地选人用人提供了决策参考。

三 主要特征

按照上述定义，职称评审社会化必须具备一定的条件才能实现，因此它具有以下基本特征。

（一）专业性

职业的专业化过程，是从根本上解决职称评审社会化的根源和动力问题。有研究表明，一个充分成熟专业必须具备六个标志：（1）是一个正式的全日制职业；（2）拥有专业组织和伦理法规；（3）拥有一个包含着深奥知识和技能的科学知识体系，以及传授/获得这些知识和技能的完善的教育和训练机制；（4）具有极大的社会效益和经济效益；（5）获得国家特许的市场保护（鉴于高度的社会认可）；（6）具有高度自治的特点。一个职业的专业化是一项巨大的社会工程，无论是在专业中心还是在国家中心发展模式主导下，一个专业化工程始终卷入职业、国家、高校和社会（客户和公众）四个实体要素。因此，职称评审社会化的最终成功则极大地依赖于这四者合力的正确取向。在我国目前的资历认证体系内，教育市场上学位文凭认证，劳动力市场上职称（资格）认证，其中行业组织都发挥了重要的主体作用，这正体现了一个职业专业化的演进规律和演进特征。

（二）多样性

职称评审社会化的多样性，主要体现在评价主体的多元性、职称评价产品的多样性以及评价效用的多样性等方面。从评价主体看，主要包括国家、行业组织、专业认证机构以及企事业单位等多个评价主体。从国际经验看，行业组织是主要的评价主体。从评价产品看，既有具有行政许可性质的强制性评价，也有非行政许可性质的自愿性、推荐性评价。从国外情况看，日本有国家资格、公共资格、民间资格和企业资格等。从评价效用看，用人单位可以在经过职称评价的人才中择优用人，专业技术人员可以到具备评价资格的社会组织进行职称评价，然后进入人才市场自由择业。

（三）自律性

如前所述，行业组织是职称评审社会化中最主要的评价主体。行业学会/协会是一个自律性行业组织，其职责是代表会员利益向政府或有关组织提出意见建议，维护本行业信誉地位，制定本行业职业行为规范、职业道德准则，保持公众利益、受理投诉和进行处罚等。行业自律管理涉及会员管理和继续教育等诸多方面，是职称评审社会化的一个突出特点，其中职称（资格）评价是会员管理和继续教育的重要组成部分。从国外的情况看，各类行业组织在管理中承担的职责大致有：注册登记、认证评估、制订行业规范和职业道德规范、组织考试或考核、继续教育、资格互认、调查分析和听取公众意见、受理投诉、处罚等。

（四）权威性

一般而言，职称社会化评审是由权威的行业组织来推进的。行业组织的权威性一方面来自法律支持，另一方面来自行业组织自身能力。例如，会计师有税务、审计等相关法律要求，并建立了专业协会/学会开展行业自律管理。又如，科协所属学会都具有独立的法人身份，具有对评价结果承担法律责任的资源和能力。在职称评审社会化中，行业组织必须在政府主管部门审查备案后方可开展职称评审社会化工作。从国外的情况看，行业组织是对专业技术人员管理的直接实施者，起到了主导作用。行业组织在相关专业方面权威性的建立，主要是通过建立相关专业人士的职称（资格）标准，规范会员的行为准则，从而使学会或协会获得良好的信誉而被社会认可，推动整个行业的健康发展。

第二节 我国职称评审社会化的发展概况

职称评审社会化是在职称制度改革过程中逐步形成和发展的，对于推动现行职称制度改革与发展，促进专业技术人才队伍建设具有重要的意义。

一 我国职称评审社会化的形成发展

（一）初始阶段（1986—1994年）

1986年，我国确立了专业技术职务聘任制，在评价与使用的关系上，强调评聘结合，这是专业技术职务聘任制最基本的评聘模式。1991年，针对实行专业技术职务聘任制中的突出问题，原人事部印发了《关于职称改革评聘分开可试点工作有关事项的通知》，开始启动"评聘分开"试点工作，专业技术人员通过职称评审获取相应的专业技术职务任职资格。文件强调："进行评聘分开试点工作，是为了进一步强化竞争机制，深化和完善专业技术职务聘任制度，研究探索少数专业系列实行职务聘任制，建立学术技术称号制度。"试点最初在人才密集单位的副高级职称中进行[①]后逐步推开，其基本模式是"个人申报、社会评价、单位聘任、政府指导"。这一模式成为后来深化职称社会化评审改革的基本模式。

（二）拓展阶段（1994—2003 年）

随着我国社会主义市场经济体制逐步建立，职称评审社会化逐步打破体制内外的界限，将"个人申报、社会评价、单位聘任、政府指导"的职称评价模式拓展到非公有制经济组织和社会组织。1998 年，全国人事厅局长会议又明确提出："要深化职称改革，逐步建立政府宏观指导下的公开公平公正的社会评价机制"，搭建为全社会提供职称评价服务平台。

（三）深化改革阶段（2003—2016 年）

2003 年，中共中央办公厅、国务院办公厅联合印发的《中共中央国务院关于进一步加强人才工作的决定》指出："建立以能力和业绩为导向、科学的社会化的人才评价机制"，"发展和规范人才评价中介组织，在政府宏观指导下，开展以岗位要求为基础、社会化的专业技术人员评价工作"。2010 年《国家中长期人才发展规划纲要（2010—2020）》（以下简称"规划纲要"），明确提出要"建立以岗位职责要求为基础，以品德、能力和业绩为导向，科学化、社会化的人才评价发现机制。""完善重在业内和社会认可的专业技术人才评价机制。"

（四）规范发展阶段（2016 年至今）

2016 年，中共中央办公厅、国务院办公厅印发《中国科协所属学会有序承接政府转移职能扩大试点工作实施方案》，提出："要

[①] 选择试点单位只限于以下范围的人才密集单位：国务院各有关部委和各省、自治区、直辖市所属的高等院校、科研、设计单位；卫生部和各省、自治区、直辖市所属的卫生医疗机构；少数特大型、大型企业。属于上述范围的试点单位，只在本单位主体系列在职人员的副高级职务层次实行评聘分开，即高等院校的副教授；科研、设计单位的副研究员、高级工程师；特大型、大型企业的高级工程师；卫生医疗机构中的副主任医师和副主任药师。

突出学会专业属性和技术优势，重点开展专业技术人员专业水平评价类职业资格认定，以及开展非公有制经济组织的专业技术人员职称评定工作。"2016年，中共中央办公厅、国务院办公厅印发的《关于深化职称制度改革的意见》提出："对专业性强、社会通用范围广、标准化程度高的职称系列，以及不具备评审能力的单位，依托具备较强服务能力和水平的专业化人才服务机构、行业协会学会等社会组织，组建社会化评审机构进行职称评审。"2017年，国务院在机构改革和职能转变方案中提出，"按规定需要对企业事业单位和个人进行水平评价的，国务院部门依法制定职业标准或评价规范，由有关行业协会学会具体认定"。2018年，中共中央办公厅、国务院办公厅印发的《关于分类推进人才评价机制改革的指导意见》指出："进一步明确政府、市场、用人主体在人才评价中的职能定位，建立权责清晰、管理科学、协调高效的人才评价管理体制。""发挥市场、社会等多元评价主体作用，积极培育发展各类人才评价社会组织和专业机构，逐步有序承接政府转移的人才评价职能。"上述文件为深化职称评价社会化改革提供了基本遵循。

二 职称评审社会化的意义

（一）推动职称评价社会化改革，增强职称制度生命力

职称评审社会化是在深化职称制度改革过程中逐步形成和发展起来的。从初始阶段对学衔制（资格）的探索，到拓展阶段以及深化改革阶段推动政府职能转变，每一步重要改革都与不同时期我国经济体制改革、干部人事制度和人才管理制度等重大改革密切联系，同步推进。这是职称评审社会化始终保持强大生命力的重要因素，也是深化职称制度改革必须坚持的一个正确方向。同时也必须看到，评审社会化改革具有明显的"彼时彼地"的阶段特征，而缺少对功能定位、适用范围、标准导向、运行机制和治理模式等方面

制度性设计。这又严重地影响和制约了职称评审社会化持久、有序、规范发展和独特作用发挥。

（二）扩大职称评审覆盖面，发挥职称评价导向作用

人才评价是重要的风向标和指挥棒。通过资格（职称）评价，认证、认可各类人才专业技术知识、能力和业绩并对赋予他们的资格（头衔）予以保护，是国际通行的做法，也是激励各类人才拓展职业发展空间、提升学术技术水平、促进专业自律的重要举措。调查显示[①]，有99.0%的专业技术人员认为，如果具备评定职称的条件，他们都会希望获得资格（职称）。他们获得资格（职称）的主要目的是：拓展自我职业发展空间（78.0%）、获得同行认可和社会认可（69.5%）和体现个人学术技术水平（63.0%）。职称评审社会化实践探索，不但打破了体制内外、区域内外的界限，使各类人才都有机会享有职称（资格）评价公共服务，而且更重要的是，通过发挥职称评价风向标作用，引导和凝聚各类人才主动适应经济社会发展和行业/产业的要求，立足岗位，建功立业。

（三）推进职称评价国际互认，提升人才评价国际化水平

随着我国各行各业国际化程度的不断提高，特别是"一带一路"倡议的实施，迫切要求我国专业技术人才评价体系与国际接轨。近年来，随着自贸区建设和"一带一路"倡议沿线城市的基础建设的活跃和发展，在有效引进急需紧缺高层次人才的同时，也需要越来越多的专业人才和技术人才随着"中国制造"和"中国服务"走出去，这些都要以人才评价的国际化作为基础。

（四）培育和壮大专业性社会组织，推动职业专业化发展

专业化是职业演进的必然规律，建立和实施资格认证体系是职业实现专业化的关键步骤和重要标志。从各国专业资格认证模式

---

① 数据来源：2018年深圳市专业技术人员职称情况专项调查，有效样本为12 548人。

看，无论是实行"专业主导"还是实行"政府干预"的国家，职业（协会学会）、政府、高校和社会（客户和公众）始终是四个重要的推动力量。其中职业（学会协会）是资格认证的实施者，负责制定资格认证标准、组织实施认证活动、建立资格认证质量保障机制到资格证书管理。政府是资格认证的监督者，通过许可或认可资格认证活动、确立资格认证法律地位并对资格证书予保护，目的是提高专业服务质量、优化人力资源配置以及同时保障消费者利益。

（五）突出人才职称评审自主性，实现人才资本优化配置

我国现行职称评审制度是一种基于岗位和用人单位的评审制度，在体制内单位普遍推行，且多数采用评聘合一的模式，体制外单位尝试推行。在这种制度下，体制内单位的专业技术职称就是职务，这在一定程度上限制了专业技术人员的流动配置，尤其是在不同岗位间的自由流动，以及不同单位间的自由流动。从体制外单位职称申报情况看，积极性和主动性明显不足，专业技术人才普遍认为职称并未成为他们进入职业领域的"通行证"和引领其职业生涯规划的重要风向标。问卷调查显示，"职称没有什么用"已成为体制外单位专业技术人才不申报的主要原因（62.5%）。

三　职称评审社会化存在的突出问题

从职称评审社会化改革的实践看，依然存在着一些重点难点问题亟待突破，这其中既有认识层面的问题，也有制度本身不完善、配套制度改革不到位和操作环节不规范等问题，急需在理论层面和技术层面予以破解。

（一）对职称评审社会化的认识不到位

相对于传统的职称制度，职称社会化评价是基于公共人事管理的制度设计，主要承担社会管理和公共服务两大职能，与现行职称制度主要以实现对国有企事业单位内部人事管理的功能作用有本质

的区别。也就是说，社会化评审的职称强调的是职称头衔属性。但是，从实践情况看，在体制外职称既是"职务"同时也是"头衔"的观念依然存在，要强化社会化评审职称头衔属性的认识还不到位。调查显示，75.9%的体制外专业技术人才获取职称的主要原因是个人升职加薪，其次是增加工作机会（67.4%）和拓展职业发展空间（61.9%）。

（二）职称评审社会化缺少顶层设计

从实践探索情况看，职称社会化评价总体上是沿用体制内职称评价模式和办法，其功能定位、评价标准、运行机制和治理模式等问题还没有根本解决。调研中有专业技术人员反映，目前职称社会化是评审环节的社会化。调查显示，尽管有89.7%的非公单位专业技术人员都希望能够获取职称；有27.6%的非公单位专业技术人员对国家职称评审政策表示"满意"；有77.7%的非公企业赞成并支持参加职称评定，但据专业技术人员反映，他们评职称总体上是"自娱自乐"，与单位内部用人关系不大。各方面认为，不解决顶层设计和制度设计问题，职称社会化评价难有大的发展。34.4%的专业技术人员建议，必须参照国际通行做法重新设计社会化职称制度框架体系。

（三）职称社会化评价标准不够科学

所谓评价标准是指职称评审社会化活动中应用于评价对象的价值尺度和界限。通常，体制内的职称评价标准总体依据"用人做事"原则加以确定，重点考察专业技术人员的职业道德，专业性、技术性、实践性、创造性，以及履行岗位职责的工作绩效、创新成果的经济效益和社会效益等。社会化评价标准要以职业分类为基础、以职业能力为导向，形成体现不同职业特点和各类人才成长规律的职业能力标准。从目前职称社会化评价标准看，主要是学历、资历等职称评审的客观标准，这种硬性指标并不能科学、客观地反映专业技术人员的工作水平。调查表明，67.6%的专业技术人才认为改革现行职称制度工作的着力点应放在完善评价标准上，居各项要素之首。体制外的专业技术人才对着力完善想想职称评价标准的呼声更加强烈（70.6%）。

(四) 社会组织的主体作用不到位

当前，职称评审社会化改革工作取得了突破，最主要是实现了评审环节社会化，评委会承接部门从有关职能部门或企事业单位转移到相关社会组织，各评委会承接部门向本级人社部门负责。但是，职称评审体系的总体架构没有改变，人社部门作为评价主体，依然主导申报标准、评委会组建、申报流程、职称证书等一系列要素，这显然与职称评审社会化的最终目标不一致。调查显示，虽然84.2%的专业技术人员认可由社会组织承接职称评审工作，其中：体制内专业技术人员认可率为77.2%，体制外的认可率为88.8%高于非事业单位专业技术人员的占比（11.2%），但是62.1%的专业技术人员认为社会组织承接职称评审工作需要完善，主要体现在社会组织公信力不足（76%），社会组织管理不规范（70.3%），社会组织公平性不足（69.1%）以及社会组织专业能力不足（63.9%）等方面。59.9%的专业技术人员认为应参照国际通行做法，将职称管理制度着力点放在政府确立社会组织在职称制度框架体系中的地位上。

(五) 职称社会化评价治理体系不完善

根据共同治理理论，在职称社会化评价中，社会组织的功能正好弥补政府职称评审上的失灵。在这种社会条件下，通过职称评审社会化，政府将职称评审的权力让渡给专业性社会组织，同时打破单位和部门的岗位限制，实行专业技术人才个人自主申报，这对持续深化职称评审"放管服"改革，推动政府职能深刻转变具有重要作用。从实践的情况看，政府部门在开展承接职称评审职能的单位资质审查工作把控工作，以及承接职称评审职能单位的监督管理方面还存在一定的欠缺，充分发挥人社、行业主管部门等政府部门的统筹作用，既保障各环节、各单位的积极性，又要有相关的制度约束与监督机制尚未建立。调查表明，专业技术人才认为职称管理制度改革的着力点应为政府确立社会组织在职称制度框架体系中的地位（59.9%）；政府通过构建严格的评估认证体系，实行市场充分竞争，优胜劣汰，促使行业自律管理成为社会组织内生动力（59.1%）；参与的社会组织建立专业资格评定机制，强化内部治理能力，增强社会认可度（52.3%）等。

（六）职称社会化评价与继续教育制度衔接不充分

继续教育在职称评审社会化中占据着重要的地位，它是社会化职称获得与维持的重要评估标准，与学历教育存在延展与补充的关系，是专业技术人才职业发展的必经之路；同时，由于职称认证不是终身认证，所以继续教育与社会化的职称认证存在相互依存的关系，是社会化职称认证准入的硬性要求。在职称社会化评审工作中，政府人社部门依然主导职称证书管理和继续教育等工作，没有真正放权由社会组织统筹资源开展继续教育活动。政府部门也尚未设立专项经费来支持社会组织开展继续教育。此外，从实践情况看，职称评审环节不能严格做到相对独立，导致评审与继续教育、论文发表等服务项目捆绑，尚未真正实现"评培分开""考培分开"。

（七）职称评价社会化的公共服务水平有待提升

近年来，各地依托信息手段不断提升职称评审服务质量和水平，但总体来看信息技术手段还应用得不够充分，必须进一步优化职称申报、评审、管理等信息服务平台，打破"信息孤岛"，推动职称社会化评价与学历文凭认证、国家职业资格考试、继续教育管理以及行业组织会员管理等平台资源整合。此外，还必须充分运用互联网、大数据等现代信息技术，借鉴其他省市职称网上申报评审、电子证书查询验证、个人电子档案管理等做法，简化职称申报手续和审核环节，实现信息互联共享。加快建立职称诚信档案制度的步伐，在将考试作弊、职称申报中涉及学历、经历以及论文、科研项目成果等学术造假行为纳入失信黑名单方面取得一定的突破。

（八）社会化评审职称的国际互认存在瓶颈

随着我国各行各业国际化程度的不断提高，特别是"一带一路"倡议的实施，迫切要求我国专业技术人才评价体系与国际接轨。从实践的情况看，职称社会化评价制度存在国际化对接瓶颈，职称社会化评价标准和评价方式上的差异也造成接轨困难，不能适应经济、贸易全球化发展趋势。目前除部分职业资格证书外，专业技术人员通过职称社会化评审所取得的专业技术职称普遍没有国际可比性。调查显示，专业技术人才对专业资格的认同度排名依次是：国家职业资格证书（64.1%）、职称证书（51.8%）、国际机构认证证书（49.4%）、国外社会组织会员资格（29.7%）。由此可见，专业技术人才对获得国际资格以及国内职称（资格）的国际互认存在一定的需求。

第三节　职称社会化评价的改革思路和路径

借鉴典型国家专业技术资格社会化评价制度的经验，根据中央相关改革精神，坚持问题导向和需求导向，在全面总结职称评审社会改革发展实践与积极回应社会关切的基础上，形成职称评审社会化改革的基本思路，提出深化职称评审社会化改革的基本原则和改革路径。

一 典型国家专业技术资格社会化评价制度的经验借鉴——以工程师为例

（一）多元参与的工程师认证治理模式

综观世界各国工程师制度，政府、专业团体（协会学会）和高等学校是最活跃的三种力量，这三种力量相互促进、协同配合，在本国工程师制度框架体系中各自发挥着重要的、不可或缺的作用。英国工程师制度作为单元适度规制模式的代表，实行的是以专业自治为中心的治理模式，政府不承担具体管理职能，而是通过授权专业管理团体进行综合管理，并由专业学会协会具体实施。美国工程师制度作为多元适度规制模式的典型代表，呈现政府规制与自我规制相结合的管理模式，即政府立法设立准入门槛、专业团体（美国工程与测量考试委员会，简称 NCEES）制定规制标准、工程师协会组织实施、各州政府有关机构负责证书颁发及管理。

（二）有效衔接的工程教育与工程师资格证书

从英国、日本和澳大利亚三个国家资历框架的发展看，资历等级是劳动者自身所具备，可量化、可携带、可转换的知识、技能和能力（素养），在各个国家资历框架中都有相应的资历等级，从而实现了各级各类资历之间的衔接和沟通。从这三个国家工程师制度运行的实践看，都基本上在国家资历框架的基础上，实现了工程师学术资历和职业资历的有效衔接。譬如，在英国，根据知识、技能、理解力、自理能力、分析和创造性思维能力等指标，国家资历框架将所有资历分为九个级别（从入门级到一级、二级，直到八级），高等工程教育认证（从大专到博士学位共五个等级）和专业工程师认证（包括工程技师、主任工程师和特许工程师三个层次）从根本上也都是以"素质能力"为标准和基础的认证制度，后二者在国家资历框架下一脉相承、有效衔接，从而简化了专业工程师认证阶段的难度和工作量，节约了工程师认证成本，如表8—1所示。

表8—1　　　英国国家资历框架下职业资格与学术资格的对接

英国国家资历框架（NQF）（英格兰、威尔士和北爱尔兰）		
以前的国家职业资格	国家资历框架	高等教育资格
五级	八级	博士学位
	七级	硕士学位
四级	六级	优等学士学位
	五级	基础学位
	四级	高等教育文凭
三级		
二级		
一级		
入门		

（三）多路径的工程师职业发展阶梯

从国际经验看，英国、日本和澳大利亚在国家资历框架下，通过有效认定工程教育本科以外的学习成果和工作经历，为工程技术人才搭建了多路径成才的职业发展通道。在英国，按照常规的渠道，各级别专业工程师都有各自的最低学历要求。如果没有被认可的学历，就需要参加相应的培训或继续教育，并提供足够有说服力的材料，以证明其能力可以达到同等学力水平。在日本，修习技术者作为技术士成长路径上的第一个重要节点，获得经JABEE鉴定4年工程教育本科课程或以上学历，或者其他教育背景且通过IPEJ第一类考试的高等院校毕业生都可申请。在技术士资格证书考试中，学历和实际工作经历有一个转换的比例，这个比例按各行业的实际情况而定。在澳大利亚，通过对工程师职业准入资格和特许资格两个职业类别的划分，为不同类型的专业工程师确立了更为全面、综合的成长路径，以满足工程行业发展过程中对不同种类人才的需求，特许资格为专业工程师的最终目标，如图8—1、图8—2、图8—3所示。

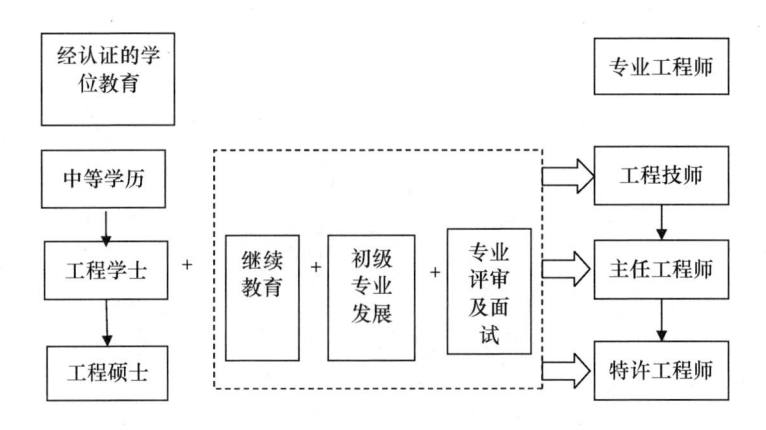

图8—1 英国专业工程师发展路径

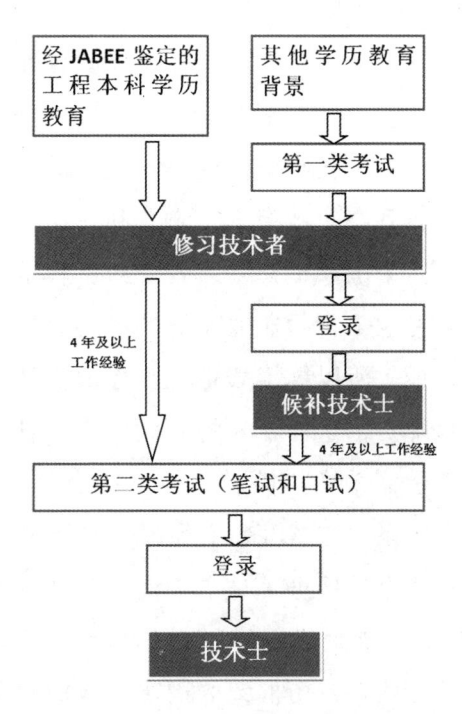

图8—2 日本专业工程师职业发展路径

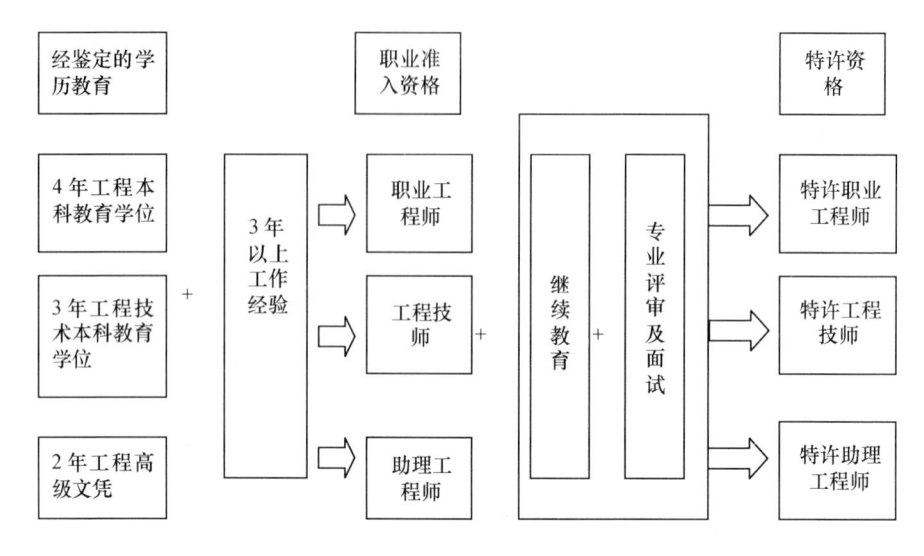

图 8—3 澳大利亚专业工程师成长路径

（四）完备的工程师继续教育体系

从上述三个国家的经验看，工程师继续教育在工程师制度中都占据着重要的地位。除《华盛顿协议》中的工程教育认证内容外，继续教育也是国际专业工程师资格获得与维持的重要评估标准。与英国专业工程师培养系统一脉相承，澳大利亚同样非常重视工程师的继续教育。在这两个国家里，继续教育与工程学历教育存在延展与补充的关系，是专业工程师职业发展的必经之路；同时，由于资格认证不是终身认证，所以继续教育与工程师资格认证存在相互依存的关系，是工程师资格认证准入的硬性要求。日本专业工程师制度致力于发展完备、系统的继续教育体系，形成了继续教育认定、登记、审核、监督体系，与 APEC 工程师等国际专业工程师继续教育框架相统一，从而有效促进了日本工程师资格在国际上的流动。

（五）融通的工程专业教育和职业技术教育

从国际经验看，国家资历框架的构建有效破解了不同教育类型之间长期存在的不融通、不衔接、不对等制度瓶颈，促进了两者双

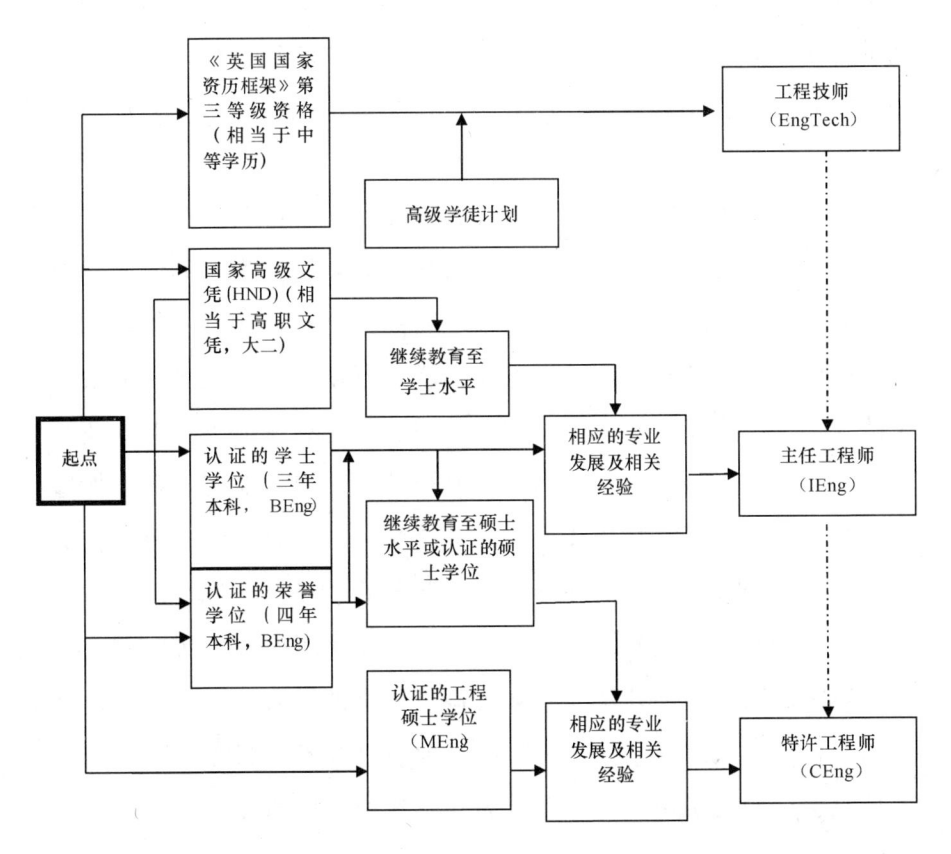

图8—4 英国专业工程师与学位教育的关键路径

向互认、纵向流动，改善了部分学历和资格证书在劳动力市场信号失真失灵现象。在国家资历框架下，英国专业工程师资格认证与工程学位教育认证既相对独立又相互联系。工程师资格证书（非学历）与学位证书是具有一定的对等性，这一点尤其体现在中等职业学历的（专科以下级别）教育上。在澳大利亚，国家资历框架设计目的是建立一个全国统一的、从中学毕业证书一直到博士学位的资格框架，跨普通国民教育、职业教育和普通高等教育三个教育系统，各系统之间的资格和证书最重要的衔接机制是衔接与学分转换和学历承认，其中重点的衔接方向是高中毕业证书和职业教育资格证书之间的衔接，以及工程师资格证书和普通高等教育学历证书之间的衔接。在日本，建立了与终身教育接轨的工程师资格证书体系，工程师资格培训可以和职业教育、学历学位教育互换学分。

（六）严格的工程师会员管理制度

从这几个典型国家的经验看，各国专业工程师制度都是一个多方参与、相互协调、相互合作的运行体系。英国工程师的专业学会作为公益性学术团体，就本学科领域特点进行具体化，具体执行顶层机构的标准框架与程序，是专业工程师制度得以有效实现的重要保障。如果个人想获得专业工程师资格，就必须先成为有关专业学会的会员，再通过专业学会提出注册申请；如果专业工程师要保留工程师资格，就必须长期成为该学会会员；如果会员失去该学会会员资格，就可能导致专业工程师资格的丧失。日本技术士会（IPEJ）作为一家非营利组织，是一个覆盖资格管理、职业教育、伦理监察、商务活动开展、社会公益于一体的综合组织，其宗旨是推动、普及与改进日本专业工程师制度——技术士制度。IPEJ 是一家推行会员制的机构，正式会员为取得执业资格的技术士。

二 职称评审社会化改革思路

（一）总体思路

贯彻落实《中共中央关于深化人才发展体制机制改革的意见》精神，以及《关于深化职称制度改革的意见》《关于分类推进人才评价机制改革的指导意见》《关于深化项目评审、人才评价、机构评估改革的意见》等一系列文件精神，遵循专业技术人员成长规律，以职称评审社会化框架体系构建为中心、以治理模式和改革路径创新为重点，全面深化职称评审社会化改革，形成与经济社会发展相适应、与国际职业资格认证接轨、科学合理、规范有序的职称评审社会化制度新体系。具体步骤如下：

第一步：通过"抓标准的标准、认证的认证"，进一步调整职称社会化功能定位、建立健全评价标准、完善职称质量保障体系以及治理机制。

第二步：培育社会组织，发挥行业组织的主导作用，推动职称社会化评价与会员管理、学历文凭、继续教育、行业自律和职业诚信等制度的关联复合。

第三步：在一些重要的职业领域实现职称（资格）国际可比、互认。

（二）基本原则

统筹规划。统筹职称评审社会化改革与职业资格证书制度改革，统筹专业技术资格（职称）与学历文凭和国际公认资格。

国际可比。以增强国际可比、质量等效为重点，推进职业分类、职业标准、认证办法和治理模式创新。

规范有序。科学界定专业技术资格（职称）类别及其相关概念、术语。规范职称序列的名称、标准、认证流程，完善证书发放与管理办法。

依法监督。加强专业技术资格（职称）立法。实行专业技术资格（职称）目录清单管理制度。建立健全专业技术资格（职称）监督管理长效机制。

共同治理。完善职称评审社会化管理体制机制，建立有政府主管部门、教育部门、行业主管部门和社会组织等参加的工作协调机制。

三　职称评审社会化改革

（一）构建框架体系

一是深入推进职称制度改革。按照人才分类评价改革的总体要求，分类推进国有企事业单位职称评审和职称评审社会化改革，构建以岗位胜任能力为导向的公共部门（国有企事业单位）专业技术职称和以职业核心能力为导向的社会化专业资格（职称）为两大支柱的职称制度新体系。

二是重构职称评审社会化评价体系，包括：功能定位、资格许可/认可、标准导向、评审规程、治理模式以及证书管理等。

三是梳理、归并各类专业技术资格（职称）评价，构建功能定位清晰、结构关系明确、国际可比、相互衔接，具有中国特色社会主义新时代的职称评审社会化体系框架。

（二）培育社会组织

一是进一步下放职称评审权和推进由社会组织承接职称社会化评审职能，确立协会、学会等社会组织在职称社会化评审中的主体地位。

二是加强宏观指导，引导和促进行业组织将职称社会化评价与会员管理服务改革有机结合、同步推进。

三是推进行业会员注册登记制度改革。鼓励和支持行业组织统筹会员注册登记标准和初级职称评价标准，减少重复评价。

四是指导行业组织建立会员职业履历档案管理并将其作为职称社会化评价的重要依据。职业履历档案主要记载其职业生涯发展的重要资历，包括基本情况、过往的职业经历、学术技术业绩、继续教育和培训情况、职业资质评价证书、履职情况等相关资料证明。

五是改革职称证书管理办法。按照"谁使用谁评价，谁评价谁管理"原则，将由政府主管部门统一印制、发放职称证书办法，改为由政府主管部门备案，由承接职称社会化评价行业组织印制、发放。

（三）调整功能定位

一是统筹体制内与体制外职称评价，以强化职称社会化评价的资格属性为重点，调整职称社会化评价的功能定位，推动职称评审社会化向社会化专业资格（职称）认证转变。

二是研究制定职称社会化评价标准内容框架和技术规范，推动建立以职业核心能力为导向的、体现不同职业特点和各类人才成长规律的专业技术人员职业能力标准体系和职称社会化评价标准体系。

三是借鉴国际经验，完善职称社会化评价资格（职称）公示公告办法和备案管理办法，维护专业技术资格（职称）的权威性和排他性。

（四）加强综合配套改革

一是推进职称社会化评价与学历文凭、职业资格证书考试、技能等人才评价制度的综合配套改革，推动建立以资历框架为基准的人才分类评价体制机制创新。

二是厘清职称等级标准与教育资历等级标准的对应关系，搭建职称社会化评价与学历学位证书、国家职业资格证书、继续教育证书有序衔接的学习成果共享互认"立交桥"。

三是适当下放职称序列和等级标准设置权。鼓励和支持行业组织以增强国际可比、质量等效为重点，依据职业特点设置资格（职称）序列和等级标准。

四是完善继续教育学分制管理办法，加大继续教育情况在职称社会化评价中的权重。

五是统筹规划工程师与技能人才资格（职称）和工程学位与职业教育学历等级标准，制定工程师资格（职称）与学历（学位）证书、技能认定证书衔接办法，建设工程技术人才终身教育培训体系和职业发展立交桥。

（五）强化质量保障

一是"抓认证的认证"。以促进提升职业专业化发展为重点，研究制定承接政府职称社会化评价职能行业组织资质标准。具体包括：从业人员状况、职业专业化程度、行业组织成熟度以及国家或社会对该职业活动的呼应度等。

二是"抓标准的标准"。研究制定行业组织职称社会化评价标准审定标准和备案管理办法。鼓励和支持行业组织采用国际通用资历框架标准和职业能力标准。

三是指导行业组织制定承接职称评定工作管理办法等规章制度，明确职称评定操作流程，建立专业委员会和专家库。

四是建立健全职称社会化评价质量监测评估标准和第三方评估机制。

（六）完善公共服务体系

一是制定并公布《职称社会化评价职业（专业）目录》和《授权或认可职称社会化评价行业组织或专业机构目录》。

二是指导行业组织制定和公布职称社会化评价标准、评审工作指南和管理服务规程。

三是借鉴美国 O∗NET 经验，推进职称社会化评价信息化，进一步优化职称申报、评审、管理等信息服务平台。打破"信息孤岛"，推动职称社会化评价与学历文凭认证、国家职业资格考试、继续教育管理以及行业组织会员管理等平台资源整合、信息共享。

（七）推进国际互认

一是以我国加入《华盛顿协议》和深化工程教育改革为契机，推动工程师资格（职称）评价制度改革和资格（职称）多边或双边互认。

二是在《国家职业资格目录》外，鼓励和支持协会、学会等社会组织根据本行业专业化发展和国际间人才流动的需要，设立并实施相应的专业技术资格认证。符合条件的，纳入职称评审社会化体系框架。

三是按照国际可比、等效原则，探索建立注册工程师制度。以建立工程师职业资历框架为中心，推进工程师职业资格认证、水平评价与继续教育、专业学位教育、会员管理和职业诚信体系建设等制度的关联复合。

四是拓宽与知名的国际专业资格认证机构的合作，推动社会化专业资格双边或多边互认。通过资质认可、合伙联营、项目试点、执业备案等特殊机制探索专业技术人才评价结果互认。

五是借助于已经纳入国际职业资格互认体系的国家（地区），如香港，通过社会化专业资格的双边互认，促进专业人才和技术人才随"中国制造"和"中国服务"走出去，加快资格多边互认的步伐。

（八）创新治理机制

一是加强立法。制定《专业技术资格（职称）条例》，明确专业技术资格（职称）法律地位、职业类别、资格设立许可或认可办法、政府与行业组织权责、资格（职称）评价质量保障机制等。

二是强化政府主管部门对专业技术资格（职称）的综合管理职能，完善职业分类体系、职业标准体系、考试考务和职称评审管理体系和证书质量保障体系，增强各项制度的系统性、整体性和协调性。

三是加强组织领导。成立专业技术资格（职称）改革指导委员会。统筹推进专业技术资格（职称）目录清单管理、学历资历与职业资历衔接、国际资格互认以及工程教育专业认证制度等改革。

第九章

新一轮职称制度改革

如何准确客观评价人才、有力有效激励人才,对人才发展发挥指挥棒作用,是新一轮职称制度改革的根本。在这一思想的指导下,深化职称制度改革的文件正式出台,分系列职称制度改革逐步推进,具有地方特点的深化职称改革实施方案陆续出台,围绕建立导向明确、精准科学、规范有序、竞争择优的科学化社会化人才评价机制,最大限度激发和释放各类人才活力,促进人才更多更好成长起来的目标任务,正在形成新一轮职称制度的新格局。

第一节 新一轮职称制度的主要任务

自1986年我国改革职称评定制度、实施专业技术职务聘任制以来,伴随着经济政治体制的不断发展,职称制度也处于不断改革和完善的过程中,在2016年年底最终出台了具有里程碑意义的深化职称制度改革文件,职称制度迎来了新的历史阶段。

一 改革文件正式出台

2016年3月28日,中共中央下发《关于深化人才发展体制机制改革的意见》,针对深化职称制度改革,明确提出要"提高评审科学化水平。研究制定深化职称制度改革的意见。突出用人主体在职称评审中的主导作用，合理界定和下放职称评审权限，推动高校、科研院所和国有企业自主评审。对职称外语和计算机应用能力考试不作统一要求。探索高层次人才、急需紧缺人才职称直聘办法。畅通非公有制经济组织和社会组织人才申报参加职称评审渠道"。这些内容是对长期以来职称制度存在的一些突出问题做出的回应①：

一是人才"评"和"用"脱节的问题。造成这一弊端的主要原因就是政府管得太多，用人单位缺乏自主权，导致"用的评不上，评的用不上"。因此，强调了要突出用人主体在职称评审中的主导作用，这个主导作用就是市场配置资源的决定作用，要让用人单位有评审权、聘用权。对于高校、科研院所和国有企业这些有条件的单位，要放心大胆地让他们自主评审，以调动他们的积极性。

二是一些高端人才包括海归人才在被引进后还要"熬年头"才能逐级晋升职称，极大地影响了他们为国效力的热情。对此，提出职称直聘，为高端人才开辟了一条凭专业能力快速晋升的"绿色通道"。这突破了资历条件和职称职数的限制，有助于解决从国外引才中遇到的新问题，适应了人才的跨国跨境流动需求。

三是一直以来职称评定多集中在事业单位、科研院所，甚至被视为体制内人才的"专属"，而广大非公有制经济组织和社会组织人才却因"职称瓶颈"频频遭遇职业上升"天花板"，积极性和创造性严重受挫。对此，提出畅通非公有制经济组织和社会组织人才申报参加职称评审渠道。"这说明职称评审覆盖范围正在从体制内走向全社会，有助于营造人人皆可成才的良好氛围。"

此外，还提出对职称外语和计算机应用能力考试不作统一要求，解决了不少专业技术人才在发展过程中因外语、计算机等"硬

---

① 《为人才培养和发展造就良好环境——〈关于深化人才发展体制机制改革的意见〉解读》，人民日报 2016 年 3 月 29 日。

杠杠"被卡住的问题，遵循了人才评价的规律和客观实际，减轻了专业技术人才的应考负担。

2016年11月1日上午，中央全面深化改革领导小组第二十九次会议审议通过了《关于深化职称制度改革的意见》。会议指出："深化职称制度改革，要以职业分类为基础，以科学评价为核心，以促进人才开发使用为目的，健全职称制度体系，完善职称评价标准，创新职称评价机制，促进职称评价和人才培养使用相结合，改进职称管理服务方式。要突出品德、能力、业绩导向，克服'唯学历、唯资历、唯论文'倾向，科学客观公正评价专业技术人才，让专业技术人才有更多时间和精力深耕专业，让做出贡献的人才有成就感和获得感。要向基层倾斜，对在艰苦偏远地区和基层一线工作的专业技术人才、急需紧缺的特殊人才等，要有一些特殊政策。"[①] 这是专业技术职务聘任制实施30年来首次出台的改革意见，明确了深化职称制度改革的指导思想、基本原则、主要目标和重点任务。

二 职称改革的主要任务和发展方向

《关于深化职称制度改革的意见》（下面简称《意见》）的出台，顺应了群众长久关切，也彰显了职称同人才相称、与时代同步的改革方向，其目标是最大限度地释放和激发专业技术人才创新创造创业活力，拓展专业人才职业发展空间，不断提升我国人才供给水平，提升人才队伍的整体实力和国际竞争力。提出了如下的主要任务。

（一）健全职称制度体系

完善职称制度体系，通过打破专业技术人才的"天花板"，拓

---

① 《习近平主持召开中央全面深化改革领导小组第二十九次会议》，新华社，2016年11月1日。

展其成长空间，可以让广大专业技术人才更有奔头，激发投身本职工作的热情。①《意见》指出："保持现有职称系列总体稳定，适时调整、整合，探索在新兴职业领域增设职称系列。职称系列可根据专业领域设置相应专业类别。目前未设置正高级职称的系列均设置到正高级。建立职称与职业资格的对应关系，取得职业资格即可认定其具备相应系列和层级的职称。"这也就意味着原来只到副高级设置的"工程、经济、会计、统计、农业、船舶、飞行、工艺美术、实验技术、中专教师、技校教师"11个职业系列的专业技术人员可以参评正高级。职称制度和职业资格制度作为我国人才评价的两项基本制度，终于回归双轨并行的改革方向。

（二）完善职称评价标准

标准是人才评价的核心。此次评价标准改革从"一刀切"转向"科学设置"，强调"品德为先""以职务（岗位）要求为基础"。从现实情况看，职称评价标准中最受关注的是"唯论文"和外语、计算机与职称挂钩等问题。针对这些突出问题，这次职称制度改革系统地将职称评价标准归结为品德、能力和业绩三个方面，科学分类评价专业技术人才能力素质，对不同领域、不同行业、不同层次的专业技术人才，制定不同的评价标准，避免"一把尺子量到底"，实现"干什么、评什么"②。《意见》把品德放在专业技术人才评价的首位，重点考察专业技术人才的职业道德，强化职业操守和社会责任；能力强调以职业属性和岗位需求为基础，注重考察专业技术人才的专业性、技术性、实践性、创造性，突出对创新能力的评价；业绩强调注重考核专业技术人才履行岗位职责的工作绩效、创新成果，并向基层一线和做出突出贡献的人才倾斜。

---

① 尹蔚民：《全面深化职称制度改革　充分发挥人才评价指挥棒作用》，《求是》2017年第5期。

② 同上。

(三) 创新职称评价机制

评价机制改革重点要解决评价方式单一、评价范围覆盖不全面、社会组织发挥作用不够、评审缺乏有效监督等问题[①]。《意见》强调建立以同行专家评审为基础的业内评价机制，注重引入市场评价和社会评价，对基础研究、应用研究和哲学社会科学研究等不同类别人才采取不同的评价权重，对特殊人才通过特殊方式评价进一步丰富职称评价方式，提高职称评价的针对性和科学性。对特殊人才通过特殊方式进行评价，对基层专业技术人才单独评价。进一步打破户籍、地域、身份等制约，畅通职称申报渠道。打通高技能人才与工程技术人才职业发展通道。推进职称评审社会化，建立完善个人自主申报、业内公正评价、单位择优使用、政府指导监督的社会化评审机制。严肃评审纪律，加强评审监督。

(四) 合理选择评聘方式

职称评价的目的是使用，评价和使用的关系主要体现为"评聘结合"与"评聘分开"两种方式[②]。评聘方式改革突出了"灵活多样，不搞'一刀切'""符合职业特点和单位实际情况""强调岗位管理"等特点。《意见》指出"对于全面实行岗位管理、专业技术人才学术技术水平与岗位职责密切相关的事业单位，一般应在岗位结构比例内开展职称评审"；"对于不实行岗位管理的单位，以及通用性强、广泛分布在各社会组织的职称系列和新兴职业，可采用评聘分开方式"；"坚持以用为本，深入分析职业属性、单位性质和岗位特点，合理确定评价与聘用的衔接关系，评以适用、以用促评。健全考核制度，加强聘后管理，在岗位聘用中实现人员能上能下"。

---

① 尹蔚民：《全面深化职称制度改革　充分发挥人才评价指挥棒作用》，《求是》2017年第5期。

② 同上。

（五）改进职称管理服务方式

改进职称管理服务方式的核心是转变政府职能，重点是处理好"放管服"的关系[①]。《意见》提出政府部门要加强宏观管理，加强公共服务，加强事中事后监管，减少审批事项，减少微观管理，减少事务性工作。发挥用人主体在职称评审中的主导作用，科学界定、合理下放职称评审权限，逐步将高级职称评审权限下放到符合条件的市地和社会组织，推动高校、医院、科研院所、大型企业和其他人才智力密集的企事业单位按照管理权限自主开展职称评审。职称评审要化繁为简，按照"于法周全、于事简便"的原则，科学合理地设置评价条件和程序，减少交叉评价和"多头"评价，让专业技术人才少跑腿、少填表、少准备资料，减轻人才"被评价"的负担。同时，要避免"一放就乱"，对于不能正确行使评审权、不能确保评审质量的，将暂停自主评审工作直至收回评审权。

基于对《意见》的理解和把握，笔者认为深化职称制度改革应该重点加强三个方面：一是以职业分类为基础，建立新的职称框架体系；二是以提高质量为中心，完善职称评价标准和评价机制；三是以加强公共管理和服务为重点，转变政府职能，促进职称评价与人才培养使用相结合，全面推进职称管理科学化。深化职称制度改革涉及广大专业技术人员的切身利益，事关专业技术人才积极性主动性创造性的调动和发挥。《意见》的出台只是开始，改革任务的具体落实是关键，需要进一步加强研究，统筹谋划，聚焦各系列改革任务，聚焦政策落地实施，聚焦提升公共服务水平，聚焦创新监管机制，持续深化职称制度改革各项工作，将改革进行到底。

---

① 尹蔚民：《全面深化职称制度改革　充分发挥人才评价指挥棒作用》，《求是》2017年第5期。

第二节 新一轮职称制度的精神

继2016年年底印发《关于深化职称制度改革的意见》后,中共中央办公厅、国务院办公厅于2018年2月和7月,又连续印发了《关于分类推进人才评价机制改革的指导意见》和《关于深化项目评审、人才评价、机构评估改革的意见》两个重要文件,进一步强调了职称评价的"指挥棒"和"风向标"作用,突出了分类评价的导向,明确了新时代职称制度改革深化的着力点。

一 发挥"指挥棒"和"风向标"作用

习近平总书记强调,要发挥好人才评价"指挥棒"作用,为人才发挥作用、施展才华提供更加广阔的天地,让做出贡献的人才有成就感、获得感。职称作为衡量专业技术人才能力和水平的标尺,是专业技术人才职业发展的阶梯和通道,承担着引导和激励专业技术人才的重要功能。深化职称制度改革,是落实人才评价机制改革的重要举措,对于进一步激发专业技术人才创新创造创业活力,拓展职业发展空间,不断提升我国人才供给水平,为实现"两个一百年"奋斗目标提供有力人才支撑具有十分重要的意义。

健全分类评价体系,是发挥好"指挥棒"作用的关键所在。由于专业技术人才的职业、岗位、层次不同,评价所包含的具体内容也不同。要全面准确地反映不同行业、不同岗位专业技术人才的状况,必须根据实际合理设置和使用评价指标,克服唯学历、唯资历、唯论文等倾向,解决评价标准"一刀切"的问题。分类评价人才,重点是坚持德才兼备、以德为先,突出能力和业绩导向,按照社会和业内认可的要求,建立以同行评价为基础的业内评价机制,注重引入市场评价和社会评价,发挥多元评价主体作用。同时,丰富评价手段，采用考试、评审、考评相结合和考核认定、个人述职、面试答辩、实践操作、业绩展示等不同方式，提高评价的针对性和精准性，让职称评价真正成为引领专业技术人才成长的"风向标"。

专业化的评价主体，助力职称评价"指挥棒"作用的发挥。人才涉及不同专业领域，有着不同层次和类型，评价主体的选择至关重要，这是落实人才分类评价机制的重中之重。我国人才评价还存在行政色彩较为浓厚、专业评价不足的问题。相关职能部门评价人才往往采用标签式、可量化的指标，如学位、论文、头衔等，这容易误导人才精力的投放。应在改进政府职能部门评价的同时，发展专业化人才评价机构。评价机构应建立高层次的人才评价专家库，坚持专业性和动态化：专业性是指评审专家应具有突出的专业能力和行业知名度、影响力；动态性是指根据实际需要，及时增减专家数量，优化专家结构，完善专家信息。

发挥职称评价"指挥棒"作用，需要遵循人才成长规律，把握不同职业性质和特点。要促进职称评价与人才培养、使用相衔接，既要做好与专业学位制度、继续教育制度等人才培养制度的有效衔接，督促专业技术人才知识更新、提高能力素养；又要与用人制度相衔接，为选人用人提供依据，实现职称评价结果与人才聘用、考核、晋升等用人制度有效衔接。

二 突出职称的分类评价导向

随着我国经济社会的快速发展、人才队伍的不断壮大和社会分工的不断细化，要准确客观评价人才，实行分类评价势在必行。深化职称制度改革，要牢固树立和贯彻落实新发展理念，立足服务人才强国战略和创新驱动发展战略，以职业分类为基础，以科学评价为核心，以促进人才开发使用为目的，建立科学化、规范化、社会化的职称制度，通过改革焕发职称制度新的生命力。[①] 长期以来，人才评价机制存在着分类评价不足、评价标准单一、评价手段趋同、评价社会化程度不高、用人主体自主权落实不够等问题，尤其是对不同人才评价"一把尺子量到底"等做法备受社会关注。为此，新时代的职称制度改革将破除思想观念和体制机制障碍，在总体谋划的基础上，突出重点领域，重点针对科技、哲学社会科学和文化艺术、教育、医疗卫生、技术技能以及企业、基层一线、青年等行业领域专业技术人才，分类提出职称评价机制改革要求。

分类型构建人才评价体系，在区分不同行业、不同领域人才的基础上，对不同类型的人才实行差别化评价。学术型人才实行同行学术评价，重点评价研究成果的科学价值、原始创新能力；技术型人才重点评价解决工程技术难题及技术发明、推广应用等实际能力；管理型人才突出对经营业绩、综合素质和对社会贡献的考核；技能型人才突出实际操作能力和解决关键技术难题的要求；创新型人才要把自主知识产权、重大技术突破和成果转化等作为重要评价指标。

分行业制定人才评价办法。改革科技人才评价制度，实行代表性成果评价，注重个人评价与团队评价相结合。改革哲学社会科学和文化艺术人才评价制度，根据不同学科领域，对哲学社会科学人才和文化艺术人才，实行分类评价。改革教育人才评价制度，坚持立德树人，把教好书、育好人作为教育人才评价的核心内容。改革医疗卫生人才评价制度，完善涵盖医德医风、临床实践、科研带教、公共卫生服务等要素的评价指标体系。改革产业人才评价制度，建立与产业发展需求、经济结构相适应的产业人才评价机制。激励支持科研人员潜心研究、教师上讲台、医生到临床、工程师到

---

① 《用好人才评价"指挥棒"》，《中国组织人事报》2017年4月10日。

实验室和厂房工地、农技人员到田间地头，在不同岗位上建功立业、做出贡献，真正让干得好的人能评得上。

分层次完善人才评价机制。注重考察各层次人才的专业性、创新性和履责绩效、创新成果、实际贡献，不唯学历、不唯资历、不唯论文。对取得重大基础研究和前沿技术突破、解决重大工程技术难题、在各项经济社会事业发展中做出重大贡献的特殊人才，建立评价"直通车"制度。对长期在基层一线和艰苦边远地区工作的人才，加大爱岗敬业表现、实际工作业绩、工作年限等评价权重。

三 强调评价的科学规范有序

新时代职称制度改革深化的主要着力点在于建立科学的评价标准，形成规范的评价方式，提升职称管理科学化水平。具体如下[①]：

职称的科学评价首先体现在评价标准上。长期以来，评价标准缺乏科学分类，对不同类型人才"一把尺子量到底"，存在重学历轻能力、重资历轻业绩、重论文轻贡献、重数量轻质量等问题，对一线创新创业人才正向激励作用不足，甚至引发丧失科研学术诚信、弄虚作假、学术腐败等突出问题。为了科学客观公正进行职称评价，发挥好职称评价"指挥棒"作用，按照"干什么、评什么"的原则，中央文件提出三项重点改革举措：一是实行分类评价。以职业属性和岗位要求为基础，分类建立健全涵盖品德、知识、能力、业绩和贡献等要素，科学合理、各有侧重的专业技术人才评价标准。二是突出品德评价。坚持德才兼备，加强对科学精神、职业道德和从业操守等评价考核，完善专业技术人才评价诚信体系。三是注重凭能力、业绩和贡献评价专业技术

---

① 《分类推进人才评价机制改革 发挥好人才评价"指挥棒"作用——人社部相关负责人就〈关于分类推进人才评价机制改革的指导意见〉进行解读》，《人民日报》2018年3月2日。

人才。克服唯学历、唯资历、唯论文等倾向，合理设置和使用论文等评价指标，解决评价标准"一刀切"问题，对不同专业技术人才实行差别化评价。

有了导向明确的评价标准，还必须通过科学规范的职称评价方式，才能实现对专业技术人才的精准评价。针对当前专业技术人才评价主体单一、评价手段趋同、非公领域专业技术人才评价渠道不畅等突出问题，中央文件提出：一是建立以同行评价为基础的业内评价机制，发挥市场、社会等多元主体在基础研究、应用型研究、哲学社会科学人才评价中的作用。二是丰富专业技术人才评价手段，结合不同专业技术人才特点，科学灵活采用不同评价办法。三是打破户籍、地域、所有制、身份、人事关系等限制，畅通非公有制经济组织、社会组织、新兴职业等领域专业技术人才申报评价渠道。完善引进海外高层次人才、外籍人才等申报参加职称评价办法。四是遵循人才成长发展规律，科学设置评价考核周期，探索实施聘期评价制度，适当延长基础研究人才、青年人才评价考核周期。五是深入推进项目评审、人才评价、机构评估改革，精简评审数量，简化评审环节，改进评审方式，加强结果共享，支持人才潜心研究、长期积累。

围绕使市场在人才资源配置中起决定性作用和更好发挥政府作用，防止职称评价行政化、"官本位"倾向，保障落实用人单位自主权，充分发挥政府、市场、专业组织等多元评价主体作用，形成充满活力的职称评价管理和运行机制，中央文件提出以下改革举措：一是建立权责清晰、管理科学、协调高效的职称评价管理体制，推动职称管理部门转变职能、简政放权，减少审批事项和微观管理。二是尊重用人单位主导作用，合理界定和下放职称评价权限，推动具备条件的高校、科研院所等企事业单位自主开展评价工作，促进职称评价与专业技术人才的培养、使用、激励等有机衔接，最大限度发挥职称评价效能。三是健全社会化市场化管理服务体系，积极培育发展职称评价社会组织和专业机构，有序承接政府职称评价职能等。同时，为加强事中事后监管，提高职称评价质量和公信力，还提出多项监管措施，主要包括：强化政府人才评价宏观管理、政策法规制定、公共服务、监督保障等职能，严格规范申报、公示、申诉等评价程序和制度，建立随机、回避等评审专家遴选机制，完善职称评价诚信体系，加强对用人单位自主评价工作监管，建立评价机构综合评估、动态调整机制。

四 确立职称评审的法律地位

1986年以来，为加强和规范职称评审工作，人事部先后印发了《关于重新组建专业技术职务评审委员会有关事项的通知》《专业技术资格评定试行办法》等一系列政策文件，在建立职称评审组织、规范评审程序、确保评审质量等方面发挥了重要作用。但是，各类文件规定比较分散，缺乏系统性，效力层次不高，有些政策规定已经不能适应新一轮职称评审工作需要。2016年年底，两办印发的《关于深化职称制度改革的意见》提出，要加强职称评审管理法治建设，完善职称政策法规体系。2019年7月1日，职称工作的第一部法律性文件——《职称评审管理暂行规定》（以下简称《规定》）印发，并将于9月1日正式实施。这一规定的出台是贯彻落实中央关于深化职称制度改革部署、加强职称评审管理、完善职称政策法规体系的重要举措，将过去分散的政策上升为统一规定，将一般性政策文件上升为部门规章，对从源头上规范职称评审程序，依法加强职称评审管理，切实保证职称评审质量起到重要作用。[1]

《规定》全文共8章44条，分别为：总则、职称评审委员会、

---

[1] 人社部有关负责人就《职称评审管理暂行规定》答记者问，2019年7月15日。

申报审核、组织评审、评审服务、监督管理、法律责任和附则。主要包括以下内容：一是明确了职称评审的主体，即职称评审委员会。国家对职称评审委员会实行核准备案管理制度，以确保职称评审质量；二是规范了职称评审的基本程序，即主要包括申报、审核、评审、公示、确认等基本程序；三是优化了职称评审服务，通过建立职称评价服务平台，加强职称评审信息化建设，推广在线评审，探索实行职称评审电子证书，进一步提高职称评审公共服务水平；四是强化了事中事后监管。按照"放管服"改革要求，进一步减少政府部门对职称评审的微观管理，主要通过事中事后的抽查、巡查，以及对有关问题线索的倒查、复查，来确保职称评审的公平公正。更进一步，《规定》强调在充分发挥用人单位主体作用的同时，明确规定了申报人及工作单位、职称评审委员会及组建单位、评审专家、工作人员等主体违反规定应当承担的法律责任。

《规定》将职称评审管理的实施范围，由过去主要在体制内拓展到面向全体专业技术人才和各类用人单位，管理服务覆盖到评审的各个环节，做到制度全覆盖，管理全链条；在保证规定刚性、原则性的同时，充分考虑各地区、各部门实际，赋予一定的自由裁量权；实行分级管理、自主评审、放管结合，坚持放管服相结合，由直接组织评审转变为核准备案和综合管理。同时，强调优化服务，简化证明材料，加强事中事后监管。《规定》的出台确立了职称评审的法律地位，完善了职称评审的政策体系，赋予了新一轮职称评审工作法律保障。

第三节　各地深化职称制度改革意见

根据中央深化职称制度改革的意见精神和人力资源和社会保障部的部署，指导各地制定出台改革实施意见是深化职称制度改革的重点任务之一。改革意见印发不久，各地迅速行动，积极谋划，加快制定本地区实施意见。截至2018年7月底，31个省市区均印发了深化职称制度改革的实施意见或方案。湖北、湖南、安徽还出台了相关的配套文件或针对重点领域改革办法。总体来看，各地的职称改革意见具有如下特点。

一　职称体系

（一）完善了专业设置

辽宁、广东、北京等地结合本地产业和区域发展实际，及时调整职称专业设置情况，增设战略性新兴产业相关专业及区域特色专业，促进新兴行业发展；广东、海南、四川等加强对新兴业态、新兴领域的调研，对职称专业设置进行研究论证，广东提出要在规范清理各系列专业设置基础上，构建分类清晰、等级完备、定期更新发布的职称专业目录，如表9—1所示。

表9—1　　　　　　　　部分省份①新增评审专业

省份	新增专业
辽宁	生物技术、海洋、金融、生态环境保护、能源资源、现代物流、通信、旅游、工业设计、电子商务、科技服务、知识产权、食品安全等
湖北	生物制药、智能制造、动漫等
江西	新能源、新材料、生物和新医药、信息技术、航空制造、先进装备制造、锂电与电动汽车、文化暨创意、绿色食品等
广东	智能制造、绿色低碳、生物医药、文化创意、网络信息、人工智能、知识产权、新材料、新能源等
北京	人工智能、创意设计、知识产权、技术经纪、科学传播等
江苏	思想政治工作、工业设计、文化创意等
上海	网络文学、社会工作、医学工程、景观造型设计等

---

① 在本省实施方案中明确提出专业设置名称的省份。

（二）启动正高级职称评审工作

山西、吉林等地率先在农业、经济、会计等系列，分系列细化制定正高级职称评审标准，在总结经验基础上稳步有序推开，一批符合条件的专业技术人才取得了正高级职称；上海稳步推行工程、经济、会计（审计）、统计、工艺美术、中专教师、技校教师、舞台技师、科研实验九个系列正高级职称评聘，对已开展评价试点的工程、会计系列正高级职称，进一步完善评价标准和方式。对于工艺美术系列、中专技校教师正高级职称，已经制定了评价试点方案，今年启动首次评价工作。

二　评价标准

（一）建立健全人才分类评价标准

辽宁、广西、宁夏等地注重突出不同学科特点，对基础应用学科、应用技术学科、医疗卫生、现代农业科学、哲学社会科学等分类制定评价标准；山东、青海等地按照各系列专业设置的不同，细化制定专业评价标准；上海职称评价聚焦科技创新中心承载区建设，调整完善新材料、网络通信、集成电路等领域职称评价办法，营造鼓励创新创业的人才环境；山西省提出，"用两年左右时间，完成全省所有系列（专业）评价标准条件修订工作，建立体现行业特色、专业特点的职称分类评价标准体系"。

（二）强化职业道德建设

28个省市出台了职业道德方面的举措，如建立职称申报评审诚信档案和失信黑名单制度，纳入全国信用信息共享平台，实施学术造假"一票否决"制；云南、重庆、贵州、西藏、新疆等地还通过信息化手段，建立诚信档案库和失信"黑名单"。

（三）完善基层专业技术职称评价标准和办法

内蒙古对在旗县（市、区）及以下基层一线和艰苦边远地区工作的专业技术人才，将基层工作经历作为职称评聘的条件。河北、甘肃、海南、广西、山东等省，除了"单独分组、单独评审"外，还采取了"定向评审、定向使用"制度；山东还实行了基层专业技术人才职称"双通道"，可自主选择基层职称或全省统一的职称；云南对在乡镇及以下事业单位工作的专业技术人员，符合条件的可不受高级职称岗位数额限制，申报相应专业技术职称；河北不仅提高基层单位岗位结构比例，而且逐步推行县（市、区）域内教育、卫生、农业等专业技术岗位统筹使用，并向乡（镇、街道）、农村（社区）倾斜；山东实行基层高级专业技术岗位实行总量控制、比例单列，不占单位专业技术岗位结构比例总数。增加基层经历的职业发展优势，鼓励人才向基层和一线流动。山东省还将基层服务经历、贡献业绩作为高校、科研院所、大型医疗机构专业技术人才职称评审的重要指标；非乡镇单位专业技术人才交流聘用到乡镇单位专业技术岗位工作，在现岗位工作1年以上，经考核符合条件的，可不受任职年限和职务级别的限制，申报相应职称。

三　评价机制

（一）丰富职称评审方式

河北、山西等21个省市提出，采用考试、评审、考评结合、考核认定、个人述职、面试答辩、实践操作、业绩展示等多种评价方式，提高职称评价的针对性和科学性；河北、湖北、江西、黑龙江、上海、广西、山东、江西8个省市实行定性与定量相结合方式；河北探索利用大数据、云计算等信息技术手段，为多维度评价人才提供依据；黑龙江和云南探索建立专家推荐制度，提高业内同行专家从专业视角客观评价的效率和效果；湖北、江西、四川等省探索完善（专业）水平能力测试评价机制，提升评审质量；上海完善以同行专家评审为基础的业内评价机制，探索在部分领域引入市场评价和社会评价。

(二) 完善社会化评审机制

河北、山西等 21 个省市提出，拓展职称评价人员范围，服务包括从非公有制经济组织、社会组织中的专业技术人员，到离岗创业人员、在内地工作的港澳台专业技术人才、持有外国人永久居留证或各地颁发的海外高层次人才居住证的外籍人才、海外引进人才、高技能人才等多种类型人才；浙江探索推进企业职称社会化评价，坚持标准引领，以职业属性和专业要求为基础，由自律性强、专业性强、运转规范、具有较大影响力的行业协会学会等牵头，行业龙头企业参与，共同制定相关职称评价标准，组织开展职称评审工作；黑龙江在评审能力薄弱的地区探索实行市（地）际间联合评审，有效解决评审专家不足、执行回避制度难的问题；福建和浙江还着力加强职称评审专家库建设，完善评审专家遴选机制，探索专家评审实名制，建立评委工作业绩档案，建立评审专家履职评价、晋级、淘汰和退出机制。

(三) 强化事中事后监管

福建在职称评审中推行"一随机、一巡查、一公开"制度，评审前对评审材料进行随机抽查，评审时实行全过程巡查，及时公开抽查及巡查结果；天津推行"双公示""双承诺""三公开""四到位"和"四不准"制度，确保职称工作规范有序开展。

四 评聘方式

(一) 坚持评价与人才培养使用相结合

浙江制订本行业专业科目学时登记细则，进一步明确学习内容、学时数量和登记标准等要求；将继续教育情况列入职称评审、岗位聘任、聘期考核、执业注册的内容，作为专业技术人才考核评价和晋升的重要依据，加快推进专业技术人才知识结构优化；安徽按照"控制总量、盘活存量、优化结构、增减平衡"的原则，建立岗位管理"五统筹"机制①。

(二) 开通职称评审直通车

北京市拓展了中关村国家自主创新示范区探索实施的高端领军人才职称评审"直通车"模式，建立特殊人才职称评价认定方式，对具有特殊技艺技能，在特殊领域、特殊岗位取得突出成绩、做出重大贡献的专业技术人才，组织行业专家通过现场答辩、考核测评等方式进行职称层级认定；同时还搭建了"直通车"高端人才与高校合作的对接平台，推荐获得正高级工程师职称的高端领军人才应聘高校客座教授、兼职教授等教研职务或与高校进行科研、教学项目合作，将人才发现评价机制与人才选拔使用机制进行了有机结合，进一步扩大"直通车"改革成果；上海、广东和天津等提出开辟特殊人才职称评价"直通车"，对于海外高层次留学人才和急需紧缺人才，建立高级职称直报和认定制度，为更多创新性人才提供脱颖而出的机会；安徽等地完善高层次人才综合信息服务体系建设，衔接贯通省、市、县三级的高层次人才"一站式"服务平台，形成省、市、县三级联动的服务体系；江苏、四川、陕西、甘肃等地开辟职称评审"绿色通道"，对海外高层次人才、急需紧缺人才，打破常规、简化手续，采取一事一策、特事特办等方式开展不定期的评审。

(三) 合理下放评审权限

甘肃、湖南、上海等9个省市发布了下放高校职称评审权通

---

① 具体是指：统筹区域布局，整合岗位资源配置，动态调控岗位总量和结构比例；统筹行业发展，拓展公共服务供给，对承担公共服务较多的教育、卫生、科研等重点行业和重点领域予以重点保障；统筹优化结构，促进整体能力提升，着力调整优化主体岗位和辅助岗位比例；统筹各类人才，拓宽岗位等级晋升通道，对于引进的高层次、急需紧缺人才和基层人才可采取"一事一议"等方式评聘职称；统筹岗位绩效，发挥薪酬分配激励导向作用，引导人才向创新岗位集聚。

知；湖北、陕西、广东等地职称改革围绕服务经济创新发展、企业转型升级做文章，出台针对性政策，向自由贸易实验区、高新技术园区等区内重点单位下放高级职称评审权；北京在市属高校全面下放职称评审权的基础上，逐步在条件成熟的科研机构、新型研发机构、新型智库、创新型领军企业下放职称评审权，由用人主体自主开展职称评审和岗位聘用；上海在全国率先下放市属高校职称评审权，同时将中小学高级教师职称评审权下放到区县，全面推行听课说课、现场教学等实践评价；山东、湖南、广东等地探索社会化评审，鼓励第三方机构参与人才评价，积极吸纳龙头企业参与评价标准制定；浙江除了建立企业社会化评审机制外，还以特种设备高级职称社会化评审为突破口，建立以行业协会为主体的职称评价体系，实现由"政府评"到"业内评"的转变；江苏、山西等地鼓励支持具备条件的专业化人才服务机构、行业协会学会等社会组织，有序承接政府转移的人才评价职能。

五　管理服务方式

（一）提升职称公共服务水平

浙江、内蒙古、海南、江西等地利用大数据、云计算等技术，整合数据资源，推进"互联网＋职称"建设，开展职称网上申报、网上审核，探索职称电子证书，打造"阳光职称"；广东提出将职称申报与传统的人事档案管理脱钩，提出设立职称直报点；新疆及兵团出台细则，专门为对口援疆省市、港澳台及"一带一路"沿线国家专业技术人才参加职称评审开辟渠道。

（二）推动区域发展和职称互认

北京和天津提出推动建立京津冀职称工作协调共享机制，探索在条件成熟的领域统一评审标准、程序和方法，推进京津冀职称评审专家资源和专业技术人才资源信息共享。深入落实京津冀职称资格互认协议，逐步扩大跨区域职称互认领域和范围，推动三地人才自由流动；河北围绕雄安新区建设、京津冀协同发展、冬奥会筹办、世界一流大学和一流学科建设、大气环境治理等重点工作，健全高层次人才职称聘用政策，适当提高专业技术岗位结构比例，激励高层次人才创新创业；北京支持雄安新区建设，为入驻雄安新区的本市企业随迁专业技术人才提供职称评价服务。

《关于深化职称制度改革的意见》贯彻实施两年多来，各省市区在解决职称制度体系不够健全、评价标准不够科学、评价机制不够完善、管理服务不够规范配套等问题创造了许多好的经验和做法。但从已出台政策文本分析看，也存在"雷同化""一般化"问题。"就评价论评价"的倾向依然存在。一些难点重点问题没有形成大的突破：比如如何科学界定职称制度与职业资格制度的关系问题，职称评审社会化改革的方向与路径问题，职称制度改革与事业单位用人制度改革同步推进问题，以及如何打破部门局限、促进职称制度与职业资格制度、学历文凭制度衔接问题，等等。深化职称制度改革任重道远。

第四节　分系列职称制度改革

自1986年实行专业技术职务聘任制以来，一直实行29个专业技术职务系列，《关于深化职称制度改革的意见》（下面简称《意见》）提出：保持现有职称系列总体稳定，适时调整、整合，探索在新兴职业领域增设职称系列。在《意见》出台之前，颁布了中小学教师这个系列的职称制度改革意见——《关于深化中小学教师职称制度改革的指导意见》。《意见》出台后，其他系列也陆续出台改革指导意见，截至2019年7月出台了6项正式指导意见——《关于深化技工院校教师职称制度改革的指导意见》《关于深化会计人员职称制度改革的指导意见》《关于深化工程技术人才职称制度改革的指导意见》《关于深化民用航空飞行技术人员职称制度改革的指导意见》《关于深化自然研究人员职称制度改革的指导意见》《关于深化经济专业人员职称制度改革的指导意见》。

一 技工院校教师职称制度改革

技工院校教师职称制度在加强技工院校教师队伍建设、推动技工教育发展和高技能人才培养等方面发挥了重要作用。2010年人社部开始着手研究技工院校教师职称制度改革工作，针对职称层级不够完善、评价标准不够科学、评价方式过于单一、与用人制度衔接不够等问题，提出"开展技工院校教师职称制度改革试点，增设正高级教师职称，吸引和稳定理论与技能兼备的优秀人才长期从事技工教育"[1]，支持各地陆续开展技工院校教师职称制度改革探索。直到2017年11月，出台《关于深化技工院校教师职称制度改革的指导意见》。改革的基本原则有四条："一是坚持遵循规律，突出特点。遵循技工院校教师成长规律，突出技工教育职业特点，引导技工院校教师提高能力素质，促进其职业发展；二是坚持统一制度，分类管理。在统一的技工院校教师职称制度下，根据文化、技术理论课教师和生产实习课指导教师的不同特点，分类施策；三是坚持科学评价，激励创新。以品德、能力、业绩为导向，发挥人才评价'指挥棒'作用，激励技工院校教师提高教育教学水平，提高创新创业能力；四是坚持以用为本，发挥作用。围绕用好用活人才，创新人才评价机制，促进人才评价与使用相结合，使职称制度与技工院校聘用制度和岗位管理制度相配套。"

改革的主要内容包括四个方面：一是制度体系上，完善技工院

---

[1] 《关于大力推进技工院校改革发展的意见》，2010年8月23日。

校教师职称层级,将技工院校教师职称设置到正高级,结合技工院校发展实际,取消了文化、技术理论课教师员级职称,初级只设助理级。促进技工院校教师职称与事业单位岗位设置相衔接;二是评价标准上,坚持师德为先,注重实践教学和技能人才培养实绩,注重职业素养的养成、工匠精神的塑造和创新创业能力的培养。不将论文作为技工院校生产实习课指导教师职称评审的限制性条件,对职称外语和计算机不作统一要求。技工院校教师职称评价的国家标准要和地区标准相结合,人社部制定基本标准条件,各地根据实际制定不低于国家标准的具体评价标准;三是评价机制上,要求加强评委会建设,完善评委会组织管理办法,健全工作程序和评审规则。改进评价方式,采取实践操作等多种评价方式对技工院校教师的品德、能力、业绩进行科学评价。要合理下放技工院校教师职称评审权限,积极培育技工院校自主评审能力;四是实现职称制度与用人制度的有效衔接,公办技工院校教师职称评审时要坚持评聘结合,非公办技工院校教师职称评审时可参照公办院校评审办法,也可采取评聘分开方式,正高级教师要在确保质量的前提下逐步达到合理比例。[①]

二 会计人员职称制度改革

自 1986 年以来,我国先后建立了会计专业技术职务聘任制度、初中级会计专业技术资格考试制度、高级会计师资格考评结合制度,对调动广大会计人员积极性、提高会计人员整体素质、促进会计工作作用发挥和服务经济社会发展发挥了重要作用。随着我国社会主义市场经济体制的不断完善、职称制度改革的深入推进和会计人员队伍结构的不断优化,一直以来实行的会计人员职称制度已经

[①] 《人社部专技司、职业能力司负责同志解读〈关于深化技工院校教师职称制度改革的指导意见〉》,2017 年 12 月 4 日。

不适应经济社会发展要求，急需改革和完善。在党中央和国务院总体决策部署下，2019年1月11日人力资源和社会保障部与财政部联合印发《关于深化会计人员职称制度改革的指导意见》，对深化会计人员职称制度改革进行统筹部署和谋划。改革基本原则有三个："一是坚持服务发展。围绕新时代推进高质量发展对会计工作提出的新要求，充分发挥职称评价在会计人员能力评价方面的指挥棒和方向标作用，着力提升会计人员专业能力和职业素养，统筹推进会计人员队伍建设，为经济社会发展提供会计人才支撑。二是坚持科学评价。完善会计人员评价标准，科学设置评价标准条件，突出评价会计人员职业道德、能力素质和工作业绩，创新评价机制，丰富评价方式，充分调动会计人员干事创业的积极性、创造性。三是坚持以用为本。促进评价结果与会计人员培养、使用相结合，鼓励用人单位将选人用人制度与会计人员职称制度相衔接，引导用人单位根据工作需要择优聘任具有相应职称的会计人员。"

改革的主要内容包括完善职称层级、明确职称评价标准、下放评审权限、加强监督管理四个方面：一是在完善会计人员职称层级方面，明确改革后的会计人员职称层级分为初级、中级、副高级、正高级。与改革前相比，改革后的会计人员职称层级增设了正高级会计师职称，为会计人员打通了进一步向上晋升和提高的渠道，拓展了会计人员职业发展空间。二是在明确会计人员职称评价标准方面，强调会计人员职称评价标准实行国家标准、地区标准和单位标准相结合。其中，人力资源社会保障部、财政部负责制定国家标准；各地区人力资源和社会保障部门、财政部门可根据本地区经济社会发展情况，制定地区标准；具有自主评审权的用人单位可结合本单位实际，制定单位标准。地区标准、单位标准均不得低于国家标准。同时明确了会计人员职称评价国家标准的具体条件，从而为建立全国统一的会计人员职称评价标准条件奠定了基础。三是在下放会计人员职称评审权限方面,明确各省(自治区、直辖市)和国务院有关部门、中央企业可按规定成立高级职称评审委员会,强调逐步将副高级会计职称评审权限下放至符合条件的企事业单位、社会组织或市地。四是在加强会计人员职称评价监督管理方面,要求自主评审单位组建的高级职称评审委员会应当按照管理权限报送省级以上人力资源社会保障部门核准备案,评审结果应当报送人力资源和社会保障部门与财政部门备案;对于不能正确行使评审权、不能确保评审质量的,将暂停自主评审工作直至收回评审权。[①]

三 工程技术人员职称制度改革

1986年,中央职称改革工作领导小组印发了《工程技术人员职务试行条例》,建立了工程技术职务聘任制度。该制度在提高工程技术人才能力水平、调动工程技术人才积极性、加强工程技术人才队伍建设等方面发挥了重要作用。随着我国人才发展体制机制改革的深入推进和工程技术人才队伍结构的不断优化,这项工程技术人才职称制度已经不适应社会发展的新要求,急需改革和完善。实施人才强国战略、制造强国战略和创新驱动发展战略对工程技术人才职称制度改革提出了新的要求,为充分激发工程技术人才创新潜能,加快突破关键核心技术,培养造就素质优良、结构合理、充满活力的工程技术人才队伍,迫切需要全面改革工程技术人才职称制度,更好地发挥职称评价的"指挥棒"和风向标作用。在党中央和国务院总体决策部署下,2019年2月1日人力资源和社会保障部和工业和信息化部联合印发了《关于深化工程技术人才职称制度改革的指导意见》。改革的基本原则有四点:一是坚持服务发展。围绕经济发展方式转变、产业结构调整要求,发挥人才评价"指挥棒"

---

① 《人力资源和社会保障部专技司 财政部会计司有关负责人就印发〈关于深化会计人员职称制度改革的指导意见〉答记者问》,2019年1月24日。

和风向标作用,激发工程技术人才创新创造活力,提升关键领域核心技术攻关能力,推动经济高质量发展。二是坚持遵循规律。遵循工程技术人才成长规律和不同发展阶段职业特点,建立科学分类、合理多元的评价体系,强化责任意识、弘扬科学精神,减少急功近利、浮夸张扬,营造潜心研究、追求卓越的制度环境。三是坚持科学评价。以职业分类为基础,以品德、能力、业绩为导向,分类制定评价标准,破除唯学历、唯资历、唯论文、唯奖项倾向,突出技术性、实践性和创新性,鼓励工程技术人才多出原创性高水平成果。四是坚持开放创新。立足我国工程技术人才队伍建设实际,充分借鉴国外人才评价创新做法,积极推动工程技术人才国际交流与合作,提高工程技术人才的专业化、职业化、国际化水平。

改革的主要内容包括六个方面:一是健全制度体系。增设正高级工程师,完善职称层级,扩展工程技术人才职业发展空间。实现与工程领域职业资格制度的有效衔接,实行职业资格考试的专业,不再开展相应层级的职称评审。实行评审专业动态调整,促进评审专业设置与国家战略需求和产业发展同步。打通高技能人才与工程技术人才职业发展通道,搭建两类人才成长的立交桥。二是完善评价标准。坚持德才兼备、以德为先,重点考察工程技术人才的职业道德,对学术不端行为实行"一票否决"。分专业领域完善评价标准,以能力、业绩论英雄。以学历、论文、奖项要求,科学引文索引、论文数量和影响因子等作为评价参考,突出对业绩水平和实际贡献的评价,重大原创性研究成果可"一票决定"。三是创新评价机制。建立以同行专家评议为基础的业内评价机制,注重社会和业内认可。对艰苦边远地区和基层一线工程技术人才,采取"定向评价、定向使用"方式。对引进的海外高层次人才,引入国际同行评价。突破关键核心技术、做出重大贡献的工程技术人才,采取"直通车"方式直接申报评审正高级职称。四是实现与人才培养使用等制度的有效衔接。获得工程类专业学位可提前参加职称评审,在相应职业资格考试中缩短工作年限要求或免试部分考试科目;充分发挥企业等用人主体作用,促进评价标准与使用标准深度融合。五是进一步下放职称评审权限。逐步将工程系列高级职称评审权下放到工程技术人才密集、技术水平高的大型企业、事业单位;鼓励具备条件的企、事业单位开展自主评审,评审结果实行备案管理。六是加强工程师国际互认。按照《华盛顿协议》框架规则,以国际工程联盟、国际咨询工程师联合会等国际组织为平台,参与国际工程师标准制定,加强工程技术人才国际交流,加快工程师资格国际互认。①

四 民用航空飞行技术人员职称制度改革

1988年,中央职称改革工作领导小组关于转发中国民用航空局《民用航空飞行技术人员职务试行条例》等文件的通知(职改字〔1988〕第10号),建立了民用航空飞行技术人员职称制度。30年来,在加强民航高技术高技能人才队伍建设、推动民航事业改革发展等方面发挥了重要作用。但随着飞行员队伍建设的不断深入,飞行员职称评审工作也存在着层级不够完善、评价标准不够科学、评价方式过于单一、与用人制度衔接不够等问题。在党中央和国务院总体决策部署下,2019年2月26日人力资源社会保障部和中国民用航空局联合印发了《关于深化民用航空飞行技术人员职称制度改革的指导意见》。改革基本原则有四点:一是遵循规律,突出特点。遵循飞行技术人员成长规律,突出飞行技术职业特点,引导飞行技术人员提升专业技术能力,提升飞行技术人才队伍整体素质。二是统一制度,分类管理。健全完善统一的飞行技术人员职称制度,根

---

① 《人力资源和社会保障部专技司、工业和信息化部人教司有关负责人就印发〈关于深化工程技术人才职称制度改革的指导意见〉答记者问》,2019年3月4日。

据运输航空和通用航空飞行技术人员的不同特点，统筹兼顾不同作业形式实际，分类施策，分别评价。三是科学评价，激励创新。以品德、能力、业绩为导向，发挥人才评价"指挥棒"作用，激励飞行技术人员遵循飞行规律，学习钻研业务，积极总结经验，提高技术水平，保障飞行安全。四是以用为本，发挥作用。围绕用好用活人才，创新人才评价机制，促进人才评价与使用相结合，促进飞行技术人员职业发展。

改革的主要内容包括四个方面：一是健全制度体系。主要明确民航飞行技术人员职称评审的范围、层级设置等。增设正高级职称，名称为正高级飞行员，初级只设三级飞行员、取消了四级飞行员职称。二是完善评价标准。这是整个改革意见的核心。主要包括：贯彻落实中央反"四唯"精神，科学设置评审条件；坚持德才兼备，以德为先，坚持把品德放在评价飞行技术人员的首位；对外语和计算机条件不做统一要求；突出评价业绩水平和实际贡献；探索建立职称评审绿色通道。三是创新评价机制。主要包括合理下放职称评审权限；建立完善以同行专家评审为基础的业内评价机制；促进职称评价与人才培养使用相结合。四是改进服务方式。包括探索建立社会化职称评审服务机构，强化职称评审服务体系，进一步发挥民航专家管理办公室作用，推进信息化建设。①

改革的重点难点问题主要包括三个方面：一是评价标准问题。自1988年国家建立飞行技术人员职称制度以来，飞行技术职称评审条件历经1996年、2004年、2008年多次修订，每次修订均体现了飞行技术实际和时代特点。进入新时代，对于民航飞行技术人员的不同类型、不同层级和能力素质提出了更高的要求。在此基础上，本次研究制定了《民用航空飞行技术人员职称评价基本标准条

---

① 《人力资源和社会保障部　中国民用航空局有关司局负责人就〈关于深化民用航空飞行技术人员职称制度改革的指导意见〉答记者问》，2019年3月26日。

件》(以下简称《条件》),主要突出了以下四方面的要求:一是注重职业素质、职业道德、纪律意识和敬业精神,以德为先,践行当代民航精神。二是注重技术能力和工作实绩,不过分强调学历、论文、外语和计算机能力等。三是注重安全飞行经历,鼓励一线飞行技术人员安全精飞,提升实践操作能力;四是注重对低级别飞行人员的指导和检查能力,要求二级飞行员以上职称的飞行人员要在培养和提高低级别飞行人员的业务技术和安全管理能力方面做出成绩,在职业培训方面发挥作用。二是评聘方式问题。对于一级飞行员及以下职称,在不实行岗位管理的众多民航企事业单位,可采用评聘分开方式,单位不限定指标,鼓励具备条件的飞行人员全部参评。在全面实行岗位管理的事业单位中,应在岗位结构比例内开展职称评审和职务聘用。正高级飞行员评审数量国家实行结构比例和总量控制。三是评审权限问题。为科学界定、合理下放民航飞行技术系列职称评审权限,根据飞行技术专业特点和安全要求,正高级和一级飞行员仍统一由民航局负责组织评审,引导和鼓励具备条件的企事业单位成立二级飞行员评审委员会。开展自主评审的单位,政府部门不再审批评审结果,实行事后备案管理。

整体来看,各系列职称制度改革在党中央和国务院总体决策部署下具有一定的共性特点,改革内容大都着眼于健全制度体系、完善评价标准、创新评价机制、实现评用衔接、改进服务方式等几个方面,但具体内容根据各自专业领域特点各有侧重,充分体现了分类评价、突出重点的思想。

五 自然科学研究人员职称制度改革

1986年3月1日,中央职称改革工作领导小组转发中国科学院《自然科学研究人员职务试行条例》对调动自然科学研究人员的积极性、加强自然科学研究队伍建设发挥了重要作用。随着人才发展体制机制改革的不断深化，自然科学研究人员职称制度中存在的问题逐渐凸显，如评价标准不够科学，"四唯"问题突出等问题，均需要通过改革加以完善。2019年4月23日，人力资源和社会保障部与科技部正式印发《关于深化自然科学研究人员职称制度改革的指导意见》。

近年来，全球科技竞争日趋激烈，科技创新发展面临着新形势新要求，自然科学人员是提高国家自主创新能力的关键，实施创新驱动发展战略对深化自然科学研究人员职称制度改革提出了明确要求，即要构建有利于科研人员潜心研究和创新的人才评价制度，引导科研人员面向世界科技前沿、面向经济主战场、面向国家重大需求，在关键领域、关键核心技术等方面下功夫。因此，此次改革在完善评价标准、创新评价机制、促进与用人制度有效衔接等方面提出针对性改革举措[1]：

一是在完善评价标准方面。坚持德才兼备、以德为先。突出评价自然科学研究人员的科学精神和职业道德，对科研不端行为实行"零容忍"。根据不同类型科研活动特点，将自然科学研究人员分为从事基础研究、从事应用研究和从事科技咨询与科技管理服务的人员三类，分类制定评价标准，实行分类评价。破除"四唯"倾向，淡化学历要求，学历不再是否决项，不具备相应学历可以通过同行专家推荐进行破格申报；淡化论文要求，推行代表作制度，改变片面将论文、著作数量与职称评审直接挂钩的做法，注重成果的质量、贡献、影响；不把奖项、荣誉性称号作为限制性条件。

二是在创新评价机制方面。建立健全同行专家评议机制，引入市场评价和社会评价，发挥多元评价主体作用。对特殊人才打破常规，采取特殊方式进行评价。打破户籍、地域、身份等制约，确保

---

[1] 人力资源和社会保障部专技司有关负责人就印发《关于深化自然科学研究人员职称制度改革的指导意见》答记者问，2019年5月10日。

民办机构自然科学研究人员在职称评审方面享有平等待遇，保障离岗创业或兼职科研人员评审权利。建立绿色通道，对取得重大基础研究和原创性、颠覆性、关键共性技术突破的，做出重大贡献的自然科学研究人员，可直接申报评审副研究员、研究员职称。

三是进一步下放职称评审权限。逐步将自然科学研究人员高级职称评审权下放到市地或符合条件的科研单位，充分发挥科研单位在职称评审中的主导作用。加强职称评审信息化建设，减少各类申报表格和纸质证明材料，科研项目、人才支持计划等申报材料中与职称相关的内容，可作为职称评审的参考，为自然科学研究人员职称评审"减负"。

六　经济专业人员职称制度改革

1986年以来，我国先后建立了经济专业人员职称制度（1986年4月11日中央职称改革工作领导小组转发《经济专业人员职务试行条例》、经济专业技术资格考试制度（1993年1月6日，《经济专业技术资格考试暂行规定及其实施办法》），对提高经济专业人才队伍素质，促进经济专业技术人才队伍建设起到了重要作用。目前，经济专业人员职称初、中级实行以考代评，专业技术人员考试合格取得证书后即可聘任至相应级别专业技术岗位；高级职称主要通过评审方式取得。

为贯彻落实建设现代化经济体系和深化职称制度改革总体要求，遵循经济领域人才资源开发规律，健全完善符合经济专业人员职业特点的职称制度，2019年6月17日，人社部印发《关于深化经济专业人员职称制度改革的指导意见》。此次改革的方向是突出经济活动的职业属性和岗位要求，突出专业水平和创新实践，提升职称评价与社会主义市场经济改革的契合度，加强职称评价的科学性和针对性，提高评价结果的公信力，满足经济行业对于专业人才的新需求。改革重点和突破点主要在三个方面①：

一是增设正高级经济师。正高级经济师一般采取同行评审方式，分类开展职称评审。改革前各地自行试点评审的经济专业人员正高级职称，要按规定通过一定程序进行确认，具体办法由各地、各有关部门和单位另行制定。

二是动态调整专业设置。根据经济社会发展和新的职业分类要求，适时调整了经济系列专业设置。全国统一考试的专业设置由国家统一公布。具体而言，对从业人员数量较大、评价需求稳定、发展良好的专业（如工商管理、金融、人力资源管理等），做好专业建设，持续稳定开展评价工作；对行业发展变化较大、评价需求不断缩减、从业人员数量过小的专业，及时调整或取消；在发展势头良好、评价需求旺盛的新兴领域，增设新的专业（如知识产权专业）；对知识结构、岗位要求相近的专业，及时整合或合并。

三是进一步明确经济系列职称制度与职业资格制度的衔接。专业技术人员取得经济专业技术资格、房地产估价师、拍卖师、资产评估师、税务师和工程咨询（投资）、土地登记代理、房地产经纪、银行业等与经济专业人员从业内容关系密切的相关领域职业资格，可对应相应层级的职称，并可作为申报高一级职称的条件。

整体来看，各系列职称制度改革在党中央和国务院总体决策部署下具有一定的共性特点，改革内容大都着眼于健全制度体系、完善评价标准、创新评价机制、实现评用衔接、改进服务方式等几个方面，但具体内容根据各自专业领域特点各有侧重，充分体现了分类评价、突出重点的思想。

---

① 人力资源和社会保障部专技司有关负责人就印发《关于深化经济专业人员职称制度改革的指导意见》答问，2019年6月22日。

第十章

国外的专业职务制度

专业职务制度并不算是中国特色的产物,在国际上也是对高校教学人员和科研人员较为普遍使用的一种评价任用的管理制度。世界各国对高校教学人员和科研人员都会采用专业职务管理制度,其目的都是服务于教师和科研人员的专业化发展,将专业职务看作他们发展学术的动力。

第一节 苏联的学衔制度

历史原因,苏联对新中国成立之初的各项制度和体制的建立都产生了一定的影响。职称制度也不例外,一定程度上受到苏联学衔制度的影响。苏联的学衔制度自1934年由人民委员会议正式建立以来,直到苏联解体,经过不断地修订,成为其科学教育干部制度的重要组成部分,由国家统一制修订,统一组织评定。

一 体系结构

由于苏联的学衔制度主要用于科学教育干部,因此与学位制度紧密联系,实行的制度文件为《学位、学衔授予条例》,最终版本是1975年12月29日由苏联部长会议批准实行的。其中规定，学位包括科学博士和副博士学位，学衔包括教授、副教授、助教。学位制度是反映科学教育工作者学术水平的；而学衔制度则是表示他们在高等教育工作中所做出的贡献和领导科研、教学工作实际能力的。两者之间相互补充、相互依存，从而有效地保证了学衔的授予质量。苏联学衔的授予不受数额比例的限制，但不论何地何校，其授予标准必须完全一致，由统一机构负责审理。尽管苏联希望能有更多的博士、副博士获得教授、副教授学衔，但是实际上每年被授予教授和副教授学衔的总人数基本每年保持一致，教授每年2000人左右，副教授每年15 000人左右。这种长期稳定的结构比例是由于苏联有较严格的学位授予制度和授予学衔的严格要求而形成的，同时，这也反映了苏联高级专家成长的客观规律。

二 评审机制

(一) 学衔授予标准

《学位、学衔授予条例》对各级学衔的授予标准做了统一的规定，主要包括学历、成果和资历三项。具体要求如下：

(1) 学位的要求，指申请教授学衔一般必须是博士学位获得者，副教授学衔一般必须是副博士学位获得者。

(2) 科学研究著作的要求，指学位论文答辩后出版的科学著作和教学法著作。

(3) 现工作职位及其实践经验的要求，指申请教授学衔应经竞试被选任教研室主任或教授，已顺利工作一年以上，并具有十年以上科学教育工作资历，其中五年以上为高等教育工作的资历；申请副教授学衔必须被选任为副教授，已顺利工作一年以上，并具有五年以上科学教育工作经历，其中三年以上为高教工作经历。

作为例外，在授予无博士学位的教授学衔时，对其知名度、科学著作以及高教工作资历要求更高、更严，但一般也应具有副博士学位；副教授学衔也可授予受过相应高等教育而无学位的专家，但同样对其知名度、著作以及资历要求较高。

苏联的《学位学衔条例》中还明确规定："不得为在研究部学习过或享受过写博士论文优待办法，但没通过副博士论文或博士论文答辩者申请批准教授或副教授学衔。""除艺术工作者外，不得为获得副教授学衔而无副博士学位的人申请不经过答辩应考科学博士学位论文而授予教授学衔。"说明学衔的授予与学位的获得紧密联系。

学衔与学位的主要区别在于从两个不同的角度对科学教育工作者进行评价。如有的人学术水平很高，是一个很好的博士，但若无教育工作能力或不从事教育工作，那就只能是博士而不能同时是教授（按规定，在科学院系统工作要申请教授学衔，必须带五个博士或副博士研究生才行，在科学研究单位不授予副教授学衔）。学衔是学术水平和教学工作能力的综合体现，也是对教师履行职责的一种评价。可以说，高等学校的学衔制度实际上是学位制度的一种补充。苏联在高等学校建立学衔制度的主要目的就是吸引最优秀的学者去工作，鼓励科学教育工作者全面地发展。

(二) 评定机构和程序

最初，苏联部长会议最高评定委员会是向科学、技术、教育和文化各方面的科学工作者授予学位和学衔的全联盟性国家机构，享有苏联部级机关的权力。按规定，最高评委会由各主要科学部门的著名科学家和专家组成，最高评委会的领导机关是主席团，并设置常务委员会。主席团由25人组成。每周开会一次，研究授予博士学位、教授学衔方面的工作，并向全会报告工作。常委会的主要职能是对主席团的工作实行领导和监督，并负责处理重大疑难问题。苏联学衔的授予程序为：

助教和初级研究员学衔由高等学校教研室或科研机构研究室申请，由所在单位的委员会以不记名方式投票表决，并由高等学校或科研机构的领导人予以公布。

凡经批准成立的高等学校委员会以及各专业部和主管委由领导、专家组成的委员会都有权为具备条件的人员申请教授、副教授学衔。各委员会以不记名投票方式做出同意申请的决定后，一般可由学校委员会按规定直接呈报最高评定委员会。教授学衔由苏联最高评定委员会主席团授予；副教授学衔由常委会授予；科学院系统的高级研究员的学衔由苏联科学院主席团授予。

1987年苏联成立国家教育委员会之后，苏联最高评定委员会将高等学校教授、副教授学衔的审批、授予工作移交给国家教委。国家教委设高等学校学衔评定常务委员会，负责授予高等学校教授、副教授学衔。常委会由23人组成，成员为国家教委主任、五位副主任和有关司局长及著名学者。国家教委科学教育干部总局下设有评审处，负责评审教授、副教授学衔的日常工作。各级委员会提交国家教委常委会讨论推荐人选的材料主要包括简历、论著出版时间、学校委员会通过情况、教研室工作情况、教学效果和社会工作等方面内容。常委会每月举行二次，每次讨论600—800人次。评审淘汰率一般在1%左右。

三 结果的使用

（一）聘任程序

苏联高等学校教授和副教授职位的任补，不是由有空缺单位从低一级职位的教师中评定晋升，而是面向校内外公开招聘，通过竞试办法择优任补。职位的竞试和任补一般要求具有相应学位或学衔。有教授学衔或已获得博士学位者，可参加任补教授职位的竞试；有副教授学衔或已获得副博士学位者，可参加任补副教授职位的竞试；具有上述学衔和学位者均可参加任补教研室主任的竞试。若没有相应学衔与学位的人员要想参加上述职位的任补竞试，必须是长期从事教育工作、教学水平高并有科学著作或著有教学法参考书的高度熟练专家。

职位空缺竞试一般程序为：（1）在举行竞试的两个月前，在定期刊物上公布需要进行任补的职位；（2）由教研室负责审查竞试者的一切材料，必要时可采取试讲、听取学生意见等多种办法，并采用公开表决方式做出书面决定，向学校一级学术委员会推荐；（3）学校学术委员会用不记名投票方式表决。当选者任期五年。竞试的内容包括：教学与教学法水平、科研能力（科学著作和发明）、思想政治修养等。

在苏联，高等学校教授、副教授职位数量没有明确规定的限制，各教研室之间教授、副教授的比例也很不平衡，教授职位的多少主要取决于各教研室获得博士学位人数的多少，但学校高级职位的多少又受上级核拨的工资总额的制约。另外，有些学校，如教师进修学院，只有设立教研室才能有教授职位，而能否设立教研室要由国家教育部决定。苏联高等学校教授、副教授的职位数额实际上是受学校发展规模、学生人数、教研室主任职位和教师实际承担的工作量以及工资总额制约的。苏联高等学校在长期发展过程中，每年教授、副教授职位的增长较稳定。

（二）学衔与待遇

苏联高等学校教师工资标准主要取决于：一是现任职位；二是已获得的学位、学衔；三是科学教育工龄。一般来说，在相同职务、相同工龄情况下，有学位、学衔者的工资高于无学位、无学衔者的工资。按规定，获得科学博士、副博士学位者，或获得教授、副教授学衔者，自最高评定委员会决定授予之日起即可提薪。对还没有教授学衔，但已获得博士学位，并经竞试选任为教授职位的人可赋予具有学位的高级教员的工资；对于按竞试制度录用的副教授，在未被批准授予副教授学衔之前，赋予教员的工资；经竞试选任为副教授的高级教员，在批准其副教授学衔之前，仍拿原工资。一般来说，授予学衔后的工资比未授予学衔的工资要高出50—100卢布。

综上所述，苏联的学衔制度主要用于科学教育干部，与学位制度紧密联系。学衔包括教授、副教授、助教，学位包括科学博士和副博士学位。各级学衔的授予标准统一规定，主要包括学历、成果和资历三项，学历是基本前提。在学历不满足的情况下，如果知名度、著作成果和资历非常出色也可以破格。苏联高等学校教授和副教授职位的任补，不是由有空缺单位从低一级职位的教师中评定晋升，而是面向校内外公开招聘，通过竞试办法择优任补。竞试的内容包括：教学与教学法水平、科研能力（科学著作和发明）、思想政治修养等。学衔评定是国家行为，评审机构主要是各级评审委员会。助教和初级研究员由所在单位评定委员会评定并公布，副教授和教授需上报国家最高评定委员会。学位是反映科学教育工作者学术水平的；学衔则是学术水平和教学工作能力的综合体现，也是对教师履行职责的一种评价。学衔授予与工资待遇挂钩。

第二节　美国高校的专业职务制度

美国高校教师专业职务制度已有180年左右的发展历史[①]，建

[①] 郭明维、何新征、朱晓娟：《国外高校职称评聘管理的基本模式》，《发展》2011年第2期。

立了以待遇、社会福利保障等制度为基础，绩效考核和评议相结合的评价方法，具有完善的评价聘任、考核晋升、激励保障机制。

一 体系结构

美国高校中的专业职务没有统一的规定，不同大学的专业职务有所不同，而同一大学中不同的院系或者从事不同具体工作的专业职务也有一定的区别。但总体说来，可以分为教学科研和研究两个系列。

教学科研系列主要指从事教学和研究的人员，其专业职务结构包括讲师、助理教授、副教授、教授和杰出大学教授。一般而言，讲师和助理教授职务不与终身制挂钩。但助理教授的工作、学术表现与终身制的授予挂钩，学校将根据其工作业绩的积累来考虑是否晋升副教授并授予终身职衔。一般来说，对助理教授得到晋升并拿到终身职衔有一定的时间限制，如果到期未能使其工作效绩达到晋升和授予终身职衔评定的标准，就只能离开另谋出路。副教授视其晋升途径考虑是否其授予终身职衔，从助理教授晋升副教授的同时一般会被授予终身职衔，但对于直接任命的副教授，一般不会考虑终身职衔的授予。美国大学中的教授一般都有终身职衔，也就是通常讲的终身教授。大学在授予杰出大学教授职衔的同时，还会拨给其固定的年度资金，以支持其教学和研究等活动。

美国高校中研究系列主要指不参与教学，主要从事研究、学术或艺术创作方面工作的人员，其结构为研究助理、研究副手、研究助理教授（或称为助理研究科学家、助理研究工程师、助理研究学者）、研究副教授（或称为副研究科学家、副研究学者、副研究工程师）、研究教授（或称为高级研究科学家、高级研究学者、高级研究工程师）五个级别，他们在晋升上一般没有时间限制，可以连续担任，一般不与终身职衔挂钩。

二 评审机制

在美国，大学教师无论是公立的还是私立的，一般都是与大学理事会签订雇用合同的被雇用者。教师与学校两者之间是契约雇用关系。美国的私立大学教师在法律上属于自由职业者，公立大学教师则通常属于政府的雇员，虽然某些公立大学的教师聘任受州相关法律的约束，但是总的来说，大部分的公立大学都具备公共法人或"事实上的法人"地位，大学与教师签订雇用合同，在合同中会详细列出教师的教学任务或研究项目、任期、续约及晋升与否的条款、评价、申诉、福利政策等。

（一）评价标准

虽然不同学校对教师的评价标准会根据学校自身特点略有差别，但总体看，美国大学对各级专业职务的评价标准的基本要求还是比较一致的。

1. 教学科研系列

讲师（"Instructor"）一般要求拥有其所从事研究领域的硕士学位，应该有潜力在其所从事的教学和学术研究领域内做出杰出成绩。

助理教授（"Assistant Professor"）应有较高水准的教学和研究能力，在其领域中有一定的创新能力。在很多领域，拥有该领域的博士学位是任助理教授的基本条件。

副教授（"Associate Professor"）应该在助理教授水准的基础上，有更高水平的教学和研究能力，能在其从事的学术领域中表现出非同一般的研究、学术以及创造能力，并显示出能持续创新的潜力。除了自身教学和研究能力外，还应对其学术领域和整个大学做出相应的贡献，发挥一定的影响。

教授（"Professor"）除了达到副教授应有的标准外，一般应在其研究和学术领域拥有一定的全国及国际知名度，在其领域内已经做出杰出的贡献，有高水平的研究和学术创新能力，并有杰出的教学经历和科研贡献。

杰出大学教授（"Distinguished University Professor"），在美国知名的大学里一般都有为数不多的杰出大学教授的称号，他们由大学校长直接授予。杰出教授应该在教学、研究、创新活动方面有公认的杰出业绩，同时对整个大学、其所从事的专业领域以及所在社区做出了突出贡献。

2. 研究系列

研究助理，一般在具体的研究课题负责人的带领下从事协助研究工作，有一定的专业技能，能够进行数据分析整理，并能按照负责人的要求完成分派的工作。研究助理至少要拥有学士学位。

研究副手应该有一定的独立研究能力和一定的学术水平，并有承担过该领域其他研究项目的经验。一般来讲，研究副手应至少是在读的博士研究生。

研究助理教授（或称为助理研究科学家、助理研究工程师、助理研究学者）与助理教授的职称平行，要有该领域的博士学位，一般任期为3年左右。

研究副教授（或称为副研究科学家、副研究学者、副研究工程师）这一系列职称与副教授职称平行，一般任期为7年左右。

研究教授（或称为高级研究科学家、高级研究学者、高级研究工程师）与教授职称平行，有较高的研究、学术水平，在本地和全国的同行中有相当的知名度，发表过大量的学术研究专著，有突出的学术和创新贡献，一般任期9年左右。

(二) 评价程序

美国高校教师的来源主要通过公开招聘，全国没有统一的规定，一般由各校自行负责教师的招聘工作。美国高校选聘教师的程序严格、复杂，不仅学校之间不尽相同就是大学内部各个可能也没有统一的程序规范。但总体来说，教师选聘程序都要经过确定缺额、成立招聘委员会、初选、招聘委员会面试、学校面试、行政审核等环节。具体如下：

（1）确定教师缺额。当某系出现教师职位空缺，即向学院院长和教务副校长提出招聘申请。获准进行招聘后，即在报纸杂志刊登公告，讲明职位、职责、对应聘者的要求等。

（2）成立招聘委员会。通常由1名主席和3—4名成员组成，招聘委员会负责招聘的具体工作，一旦聘任，委员会立即解散。

（3）初选。在收齐全部申请资料后，由招聘委员会负责初选，同时全系拥有终身教职的教师都可查阅申请人的资料。招聘委员会通常会从申请人中筛选出10余名，并在全系会议上逐一介绍申请人获选的理由和特点（包括其优点和缺点）等。

（4）招聘委员会面试。通常候选人自费到本专业一年一度的年会上面试，招聘委员会成员悉数到场参加。面试一般每人只有半小时，请候选人先用4—5分钟谈谈其博士论文的主要内容、观点和贡献，然后就其博士论文进行提问；此外，还会询问候选人其他一些问题，如其研究如何能为本系的科研和教学做出贡献，对教学的见解，打算开些什么新课，下一个研究计划的题目等。当然，候选人也有机会向委员会了解教学工作量多少，终身聘任有什么具体要求等。候选人必须在半小时内向招聘委员会证明其是理想的、有前途的学者，否则将很可能被淘汰。

（5）学校面试。招聘委员会在面试后，会再选出5—6人，在全系会议上再次详细介绍，并做出排名（若教授间有不同意见，则可能由全系不记名投票），选出前三名到学校面试。此次面试所需要的费用均由校方承担。每个候选人轮流到学校两天，其间候选人要与很多人见面，包括系里的教授、院系有关负责人，以及本系研究生等，几乎从早到晚都有活动，每餐都有若干教授陪同，谈论话题几乎无所不包。教授们从中对候选人的学识和为人进行全面考察。学校面试的重头戏是一场学术报告（若以教学为主的学校则要求给学生讲一堂课），这是对候选人学术水平和表达能力的一次决定性的检验。学术报告一般一个小时，先由候选人演讲半个小时到40分钟，其主题一般是他个人目前的研究，然后是提问环节。由于出席者有意要检验候选人的学术根基、应变能力以及口才，等等，所提问的问题都相当尖锐，有些甚至超出其研究范围。一般来讲，如果学术报告发挥不尽如人意，一切努力将付诸东流。

（6）行政审核。在学校面试结束后，招聘委员会先广泛征求意见，甚至包括研究生们的意见，然后作出1—3的排名，提交全系大会讨论，然后是无记名投票表决。招聘委员会签署意见后提交系主任，由系主任附上自己的意见一并递交到学院一级，由院长审核材料的完整性和程序的公正性，并提供一份独立的意见后，将由下至上所有的材料和意见一并上报给学校一级，由校长决定并报学校董事会批准。

此外，为保证评议的公正性和客观性，美国许多高校特别是研究型大学在招聘或晋升过程中，通常对候选人都会进行外部评价。外部评价的人数取决于所招聘的人的地位，如果是招刚刚毕业的具有博士学位的人，也就是最低一级的人员，外部评价的人数有5位以上就够了。但如果要招聘副教授以上的资深学术人员，至少要有7名评价人，而且这7个人绝对不能是本校的教授，最好是来自多个国家的学者。这5位或7位或外部评价人必须是独立的，跟申请人没有直接的利害关系。

三 结果的使用

如果招聘委员会提交的评价结果得到逐级通过，这个职位将提供给第一名，如果第一名没有接受（通常候选人都同时申请若干所学校，一名优秀的候选人可能会得到不止一份工作），职位会顺延给第二，然后第三。由学校颁发聘书，签订雇用合同，合同内容包括职位、聘期、规定以前的教龄是否计入当前获取终身的年限、薪水情况与付薪方式，以及应享受的福利待遇（如假期、医疗费、学术假等）等相关事宜。新招聘的教师都要从助理教授开始，助理教授每年都必须通过严格的评审考核，经过五六年才能晋升为副教授，然后再向教授冲刺，在晋升教授、副教授的过程中没有名额限制，只要条件成熟，就可以提出申请。如果助理教授经过五六年的时间还不能晋升，就要另谋出路。美国高校不仅对新聘教师严格把关，而且对续聘、晋升和终身聘任同样都要经过全面、仔细严格的评审。在任何情况下，聘任、续聘和晋升都不是自动的，而是在公正、透明的程序下经过激烈竞争择优聘任的，通常都是学术评审与行政审核相结合，教授负责学术评审，校长负责行政审核。

一般而言，对于各层级教师学术职业的晋升条件和要求主要由大学的系、院、校三级管理部门与教师代表大会或教师评委会等机构共同商议和制定，充分体现贯彻了大学共同治理的理念。晋升政策的框架主要体现在几个方面：首先，是制定各个层级学术职业的任职标准和晋升要求，并具体说明从哪些方面和角度进行评价与考核，如教学能力、科学研究水平与能力、社会服务等。其次，是关于晋升的申请与提名，绝大多数学校允许教师在符合条件的情况下自己申请成为学衔晋升的候选人，当然有时候即使教师不主动提出申请，也有可能会得到同行专家、系、院、校三级管理人员的提名，甚至在某些特殊的情况下，学生也有提名权。再次，是关于晋升的程序的确定与实施问题。另外，还有关于晋升过程中争议及相关问题的处理等。

讲师的聘期通常为 1 年，连续聘任一般不会超过 3 次，在聘期内讲师可以申请晋升为助理教授，最多有 3 次申请机会，若不能成功获得晋升，聘期结束后学校则不会再续聘，讲师需离开该校另谋他职。对讲师晋升为助理教授的申请，主要通过评估教师的个人档案和履历材料，合理借助同行专家的评价，来审查该讲师是否具备扎实的学术功底，能够胜任教学和研究的工作，有成为助理教授的潜力或可能性。

助理教授的聘期通常为 3 年，一般情况下可以获得连续 2 次的聘任，也有个别顶尖的研究型大学最多可以续聘 3—4 次。助理教授在聘期的第 4 年和第 5 年有两次机会可以申请从非终身制的职位晋升为终身制的职位，即申请终身教职的评估，目的在于就教师对学校发展做出贡献的预期性进行考察。若通过评估与考察，则助理教授有资格在第 5 年后申请晋升为终身制的副教授，若两次评估都不能通过，则在第二个聘期结束时即第 6 年聘期结束后，学校不再续聘，并且至多给予 1 年的找工作的缓冲期，助理教授必须在第 7 年末离开学校。助理教授要想申请晋升为副教授，至少在全国乃至世界范围内获得同行的较高评价与认可，并且在教授学科领域内有重要创新和发现，具有成为学术带头人的潜力等。

一般而言，终身制的副教授可以在任何时间内提出申请晋升为终身制的教授，但是如果终身制副教授在其聘期的第 5 年结束时还没有提出申请，则系主任会在第 6 学年开始时书面通知该教师提出晋升的申请，在第 6 年结束时仍然没有提出晋升申请，则必须在第 7 年的最后期限内提出晋升申请，除非教师以书面形式正式声明放弃晋升到终身制教授职位。但其仍然可以在其终身制副教授的岗位上一直工作到退休，除非学校遇到重大财政困难不得不解散相关院系和专业或者教师在此期间存在严重的行为不端等问题。获得终身教职聘任的教师在工作中仍然要接受职后的评估与考核，也就是终身教职的职后评估。

总之，在美国，大学教师无论是公立的还是私立的，一般都是与大学理事会签订雇用合同的被雇用者。教师与学校两者之间是契约雇用关系。美国高校中的教学科研系列主要指从事教学和研究的人员，其职称结构主要是讲师、助理教授、副教授、教授和杰出大学教授。美国高校中研究系列主要指不参与教学，主要从事研究、学术或艺术创作方面工作的人员，其结构为研究助理、研究副手、研究助理教授、研究副教授、研究教授五个级别。一般来说，教师聘任程序都要经过确定缺额、成立招聘委员会、初选、招聘委员会面试、学校面试、行政审核、正式聘用等环节。美国大学教师一般都遵循由讲师或助理教授直至终身制正教授晋升的学术职业路径。一般来说，助理教授如果在第6年聘期结束时仍未能使其工作效绩达到晋升和授予终身职衔评定的标准，就只能离开另谋出路；从助理教授晋升副教授的同时一般会被授予终身职衔；终身制的副教授可以在任何时间内提出申请晋升为终身制的教授，但聘期的第7年是申请的最后期限。获得终身教职聘任的教师在工作中仍然要接受职后的评估与考核。

第三节　其他国家高校的专业职务制度

除了美国之外，世界其他发达国家的高校职称制度也非常完善，比如以英国为代表的英联邦高校的专业职务体系、德国高校的专业职务体系、日本高校的专业职务体系，都有不同的特点。

一　英国高校的专业职务制度

（一）体系结构

英国是最早在大学中设立职称的国家。英国高校职称主要包括讲师（Lecture）、高级讲师（副教授）（Senior Lecture）、准教授（Reader）和教授（Professor）四个等级，虽同为四级结构，但其设置比美国要复杂得多，相同职级的含金量也高于美国。高级讲师和副教授在美国分属于两个职级，而在英国则是同级的。英国非常重视多元、个性化教学风格的树立和培养，会根据教师的兴趣特长安排相应的岗位，高级讲师和副教授这两种同级的职称，前者比较侧重教学效果，而后者则侧重学术成就。英国的"高级讲师"这一称谓含金量非常高，完全达到了美国副教授要求的水平。[1]"准教授"是英联邦高校中职称体系所特有的。准教授的薪水与教授很接近，级别上相当于美国的正教授。被评聘为"准教授"一般有两种情况，一种是由于英国高校中教授的职位非常有限，因此当教师的学术水平和研究能力都达到了教授的要求而又没有相应的职位时，则会被评为准教授；另一种情况则是由于准教授的工作重点在于研究方面而不要求必须进行教学及社会服务，因此如果有教师只喜欢专心搞学术研究，他们就可以随自己的意愿终身都只在准教授这一职级上。与美国的教授相比，在英国获得教授的难度更大、要求资历更深、学术地位也更高，一般一个系只有一个或两个教授的职位。

（二）评价标准

2006年，英国出台第一部高校教师专业标准——《英国高校教师专业发展标准框架》（UKPSF），这是英国高校教师发展走向专业化发展的标志，2011年颁布了修订版。这一标准框架是推荐性而非强制性的，各学校可以依据这一标准框架制定自己的评价标准，对教师进行遴选、评价和晋升。

---

[1] 张玲等：《国外高校及研究机构职称体系的主要特点》，《中国人才》2011年第5期。

1. 标准框架

该标准主要包括三个维度，即高校教师的主要活动领域，高校教师应拥有的核心知识，高校教师应秉持的专业价值。具体如下：

（1）教师的主要活动领域：限定在五个范畴内，即学习活动的设计和学习计划或方案的研究；教学或辅助教学；给学习者评估和反馈；为辅助学生和指导学生创造良好的学习环境和采用有效的方法；参与持续的专业科目或学科发展，把实验研究、科研经费和教学评价结合起来，以实现相互促进与相互发展。

（2）教师应具备的知识：包括六个方面，每个领域的核心知识内容都直接与教师的教学实践相挂钩，即教学的主题内容；了解在主要学习领域和学习计划中，采取何种教学方法较为恰当；在自己所教的学科领域及一般课程中，能帮助学生了解如何用不同的学习方法开展学习活动；恰当的学习方法是什么，它具有何种价值；如何对教学的有效性进行评价；围绕教学展开的保证学术质量和提升专业实践质量的活动，能产生怎样的教学效果。

（3）教师应秉持的价值观：尊重个体学习者和各类学校社团；促进人们接受高等教育，有平等学习的机会；使用循证方法和研究、科研经费和继续深造的成果；承认高等教育的整个社会大背景，认识到专业实践的影响。

2. 不同级别教师的具体标准

为了提升新《标准》的可操作性与指导性，新《标准》结合高校教师专业职务评定体系，从讲师、副教授、教授、学科带头人四个层面出发，对这四类高校教师发展的专业标准及相应的职业表现从能力和资历两个角度进行了说明，如图10—1所示。

表 10—1　　　　　　　　英国高校教师专业标准①

专业职务	能力	资历
讲师	需了解"有效的教学、辅助教学方法和学生学习方法"的具体概念。而为了实现此目标，讲师应该需在如下几个方面达到相应的水平：（1）成功涉足于教师5个活动领域中的任何2个领域；（2）对涉及的领域做到有效教学和教学实践；（3）至少对K1、K2有基本的正确理解；（4）对帮助别人学习有正确的专业价值观，有职业奉献精神；（5）在如上领域，具备相关的专业实践、研究主题和教学研究和/或获得过科研经费；（6）在时机适当时，成功地承担与专业发展相关的教学活动、学习和评估的责任	个人能用实力证明其专业水平，通常情况下，至少包括一些教学和/或辅助教学的责任。这一教学和学习作用允许在经验更丰富的教师或导师的帮助下获得。讲师的教学或辅助教学的责任包含以下内容：（1）早期职业间已经担负过教学责任的研究员（例如博士研究生，教师协会，签约定向学者/博士后学生等）；（2）新的教学员工（包括兼职的学术职责）；（3）辅助教学的工作人员（如辅助教学技术人员，学习开发者和学习资源/图书馆工作人员）；（4）承担部分相关教学责任的工作人员，比如演示员/技术人员；（5）在相关专业领域有经验的工作人员，可能是刚接触教学和/或其教学权限受限制
副教授	具备有效的教学、辅助教学方法和辅助学生学习的整体素质。能为学生提供高质量的教学。为了实现此目标，副教授个人应该能够在如下几个方面达到相应的水平：（1）成功涉足全部的5个领域；（2）对所有领域都有基本的正确理解；（3）对所有领域都能做到有效教学和教学实践；（4）对帮助别人学习有正确的专业价值观，有职业奉献精神；（5）在如上领域，具备相关的专业实践、研究主题和教学研究和/或获得过科研经费；（6）在时机适当时，成功的承担与专业发展相关的教学活动、学习和评估的责任	副教授个人能承担更具实质性的教学活动和辅助教学，以此证明其专业水平。一般参加了一个或更多的专业团队或与专业相关的团队。能证明其专业水平的活动如下：（1）早期职业间已经担负过教学责任的大学教师；（2）有实质性教学责任的辅助教学工作人员；（3）英国高等教育中相对新兴的科目中有经验的专家；（4）在只评估教学水平的（有时是非常重要的）机构里的教育人员

---

① 李俐：《英国高校教师发展研究》，博士学位论文，西南大学，2013年，第43—45页。

续表

专业职务	能力	资历
教授	具备有效教学、辅助教学方法的整体高水平素质。提供高质量教学的中坚力量。为了实现此目标，教授个人应该能够在如下几个方面达到相应的水平：（1）成功涉足全部的5个领域；（2）对所有领域都有基本的正确理解；（3）对帮助别人学习有正确的专业价值观，有职业奉献精神；（4）对所有领域都能做到有效教学和教学实践；（5）在如上领域，具备相关的专业实践、研究主题和教学研究和/或获得过科研经费；（6）在时机适当时，成功的承担与专业发展相关的教学活动、学习和评估的责任；（7）能成功地协调、支持、监督、管理教学，以及指导（无论是人还是团队）他人	个人能承担更具实质性的教学活动和辅助教学，以此证明其专业水平。一般参加了一个或更多的专业团队或与专业相关的团队。能证明其专业水平的活动如下：（1）个人能通过像引领、影响和/管理具体的教学和辅助教学的方式，证明其对所主持项目、研究课题和学科领域的影响；（2）具备指导新老师的丰富经验；（3）具备在高等教育机构承担更多的辅助教学指导责任的丰富经验
学术带头人	具备引领教师团队进行稳定有效的教学、辅助教学方法和学生学习方法的整体高水平素质。为了实现此目标，个人应该能够在如下几个方面达到相应的水平：（1）通过与学生、教师以及机构的配合，积极涉足体系里全部领域；（2）在机构或（国际）国内层面，通过技巧成功引领学生学习；（3）制定有效的政策和策略，辅助引领（比如监督指导的手段）他人做到高质量的教学和辅助教学；（4）在机构和/或更广范围内，综合实力（比如教学、研究、经费、行政等）排行前列；（5）长期稳定的胜任与专业发展相关的教学活动、学习和评估	作为具有丰富经验的专业人员，个人能在机构和/或（国际）国内层面，能通过技巧成功引领学生学习，具备引领教师团队进行稳定有效的教学、辅助教学方法和学生学习方法的整体高水平素质。能证明其专业水平的活动如下：（1）在许多学术或学术有关的方面有丰富的领导经验和领导技巧；（2）负责领导所在机构，制定教学领域的规矩；（3）在教学上的影响力和策略管辖力超出了本人所在机构

（三）职务聘任

英国高校讲师一般要通过三年试用期，五年后还要进行一次全面的考核，合格者方能被长期聘用。副教授和高级讲师是平级的，工资相同，但晋升的条件和方法不同。评聘副教授的首要条件是学术水平，通过校内外招聘择优录用。高级讲师通常是根据教师对教学工作的贡献以及在教学管理工作中的表现来确定，一般是在校内讲师中由系主任推荐。晋升教授的条件非常严格，教授必须知识丰富，学问渊博，领导能力、学术水平、个人品德也是很重要的参考条件。英国高校教师职称评审具有较高的发展性和灵活性。所谓发展性表现在英国高校教师职称并非一审定终身，而是每两年依据教师的学术成果等重新认定；所谓灵活性则是指其职称评定的方式，以教授晋升为例，在英国，教授的晋升以推荐与评议相结合，本单位首先推荐，然后由校方征求本国及国外的大学同行的评议意见，最后确定。对于有特别突出才能的青年讲师，也可以直接聘为副教授或教授。

二　德国高校的专业职务制度

（一）体系结构

德国高校教师属于国家的公务员系列。教授是德国高校教学科研的核心力量，具有开课、主持考试、确定科研项目、组织教学、科研实施、参与院系和研究所的管理的职能。德国的教授职称系统在2005年之前用"C"标识，2005年后用"W"标识，由低往高依次为 W1（C2），W2（C3），W3（C4），分别对应初级教授、副教授和教授。原来体系中的 C1 是指学术助教或者学术顾问，即博士生毕业，通过"教授备选资格考试"，在高校的任职。[①] W1（C2）是初级教授（Junior-professor），是2001年德国政府为了让优秀的年青科学家马上有条件进行独立研究而增设的，专门为一些没

[①] 钟勇：《德国教授体制探讨与启迪》，《机电技术》2015年第1期。

有参加"教授备选资格考试",但是被认为非常有学术潜力的年轻人准备的一个六年期的职位。Junior-professor 在与学校签订的六年期限合同到期后,不能申请本校或研究中心的终身教授职位,只能申请其他大学的职位。W2(C3)被称为"非正式教授"(A. o. professor),也称"计划外教授",他们并没有自己的实验室或教研室,而是隶属于某一位教授。他们是大学里教学和科研的主要组织者和承担者,可以独立申请课题,指导博士生。基本上相当于美国高校职称体系中副教授或教授这个水平。W3(C4)是真正意义上的教授(O. professor),相当于美国职称体系中正教授,也是大学里的最高职位。只有 W3(C4)教授是终身教授,他们通常是研究所或教研室的主任。高校里教授位置的个数是限定的,只有当有人退休或者离开,即当其所在位置空出时,其他人才有晋升的机会。

(二)评价标准

德国对高校教师设有"教授资格"要求,高校教师的入职条件相当严格。根据德意志联邦共和国颁布《高等学校总纲法》的规定,要成为高校专任教师:一是具有博士学位,即作为一名研究生在高校从事研究工作两年以上,完成博士论文并取得博士学位;二是与高校签订职员关系合同,担任"助理教授",就任为期3年的有期限公务员;三是在任期届满(3年)后作为高校教师人选继续担任"助理教授"3年;四是至少经过6年磨炼并在此期间完成一篇比博士论文要求更高的"教授备选资格论文";五是参加由笔试和口试组成的执教资格考试取得高校执教资格;六是在获得执教资格后,经校方同意以一名"私家讲师"的身份在校开课(但尚未成为高校正式教师);七是参加非本校的"教授资格考试"并获通过者,才能具有高校教师的资格,并成为"终身制公务员"即"终身教授"。

随着大学职能的演变与扩大，德国大学对教授的聘任标准逐步呈现多样化和综合化的趋势。大学教授不仅需要具备一定的专业能力、教学能力以及学术上的自我管理能力，更需要掌握多元的社会技能，如解决矛盾的能力、与人协作谈判的能力等。另外，随着高等教育地不断发展，大学的教学业绩也越来越重要，学术人才的管理能力也逐渐得到重视。因此，在大学教授的聘任过程中，大学主要考核教授候选人是否具备以下几个方面的能力。

1. 科研能力

个人科研能力的评价方式主要有两种。第一，大学制定评价教授候选人学术成果的评价指标。指标主要包括出版物数量、业内著名出版机构的出版数量、演讲数量、获得第三方资金数量、科研项目情况、专利数量和学术奖金数量等。学校根据候选人已有的科研资料判断和预估他的科研能力以及未来可能取得的成绩。值得注意的是，杂志文章和专著数量的权重并不是固定的，它们因学科专业领域的不同而有所不同。第二，引入同行评议。在这一评价方式中，大学没有设置固定的评价指标。一般情况下，主要包括：取得大学教授资格情况、候选人的博士生导师、所在学院的学术声望、本人在专业领域的国内及国际声誉、是否有参与科研项目的经历或者学术合作的经验等。

2. 教学能力

自大学成立之始，人才培养就是一项重要职能。大学教授作为大学顶级的高层次人才，他们的教学能力和人才培养能力备受关注。所以在大学教授的聘任过程中，大学也十分重视教授候选人的教学能力。教学能力的评定主要依据教授候选人在大学讲课的课时和近几年的教学经验，另外学生评教也起一定的作用。在试讲公开课中，不仅仅是聘任委员会的成员可以评价其教学效果，就连所在学校的所有学生都可以试听并进行公开评价。这些评价结果将直接纳入教授聘任考核意见中。除此之外，教授候选人还可以提交一些附加材料，如教学评价的成绩、指导毕业论文的数量、验收考试的情况等，这些资料也可以佐证其教学能力。

3. 自我管理能力

除专业技能外，大学还考察教授候选人的管理能力等其他综合能力。因为教授作为一所大学的高层次人才，占据着学校的最优质的资源，包括人力资源。他需要具备一定的管理能力，促使各类资源利用最大化，从而促进大学的发展。德国大学教授的聘任标准主要涉及以上几大方面的内容，但是在实际的操作过程中，各个学校依据各个学科专业的特征与学校发展情况等灵活地安排聘任标准的权重和分值。

（三）职务聘任

德国高等学校对教授实行严格的聘任制，在聘任教授时一般不考虑本校人员，通常会在全国甚至欧共体范围内实行公开竞聘。教授要想得到晋升，只能通过应聘其他单位来实现。比如，一位高校教师在某所大学担任副教授，如果想晋升成为教授，就只能到其他学校去应聘教授职位。只有应聘成功，晋升才会实现。这套体制的设计目的就在于促进人才的流动，认为人才只有动起来，才能最大限度地保持其科研活力。

在职称招聘过程中，尽管德国高校也会有一些硬性标准，比如，应聘教授职位的人员，至少需要获得博士学位，并在此后要进行若干年的研究工作；但在这一标准之上，各个学校会根据各自情况，对应聘者提出不同要求，不过没有严格的量化指标。此外，在招聘过程中，虽然会考察申请人过去的成就和业绩，但高校更希望考察申请人对未来的目标规划和行动安排，即申请人计划在未来的职位上做哪些工作，有什么好的设想，这些设想又与学校的发展目标是否一致。同时，为尽量避免作弊现象的出现，一是学校会在招聘启事中对职位要求作明确规定；二是学校也会成立专门的招聘委员会，而且由于应聘的人数一般较多，对应聘者的要求也会很高；三是由于招聘委员会的存在，单个人的意见并不能左右应聘结果，同时，应聘者还需要在全体师生面前作公开报告，所有师生都可能监督，从而最大限度保证了招聘的公开和公正。

三　日本高校的专业职务制度

（一）体系结构

早期日本高校教师的职称结构分为助教、讲师、副教授和教授四个层次。随着国际化影响的日益明显，助教在日本大学中的地位渐渐没落，大多数学校不再将它列入职称体系之列，而是与国际大学的设置结构接轨，如东京大学的职称体系虽然还是分为四级，但却是由讲师、助理教授、准教授和（正）教授所构成的四级层次。日本的很多高校学习美国，也设立了"名誉教授"的称谓，其职位在教授之上。

在日本，讲师主要分为专任讲师和兼任讲师。事实上，在一所高校就职的专任讲师，可以到其他高校担任兼任讲师；而更多情况下，通常受限于目标高校的进人名额，很多人包括在读博士都是先从兼任讲师做起，慢慢升格为专任讲师的。讲师一般任职经过几年就可以晋升为准教授，而且讲师本人可根据自己的工作年限、业绩积累，并参照学校订立的标准，随时向系部主任提出申请。一旦教师提出申请，系部主任会组织3—5名校内外同行专家，组成资格审定小组进行评审。评审时，系部主任读完申请人相关材料后，会当场询问资格审定小组的意见。如有反对意见，则当即提出；如无反对意见，则顺利通过。在日本，高校教师非常注重学术积累和工作业绩，当自己有把握认定确已达到教授或准教授的条件时，才会向系部主任提出职称评定的申请。所以，在讲师晋升准教授时，多数申请人都会获得通过。不过，日本大学教师由副教授晋升为教授，难度则相对较大。一方面，是因为日本高校分配的教授名额比较少。国立大学按照国家标准决定教授名额，而私立大学一般会更少。事实上，只有某个教授辞职或者退休才有名额空缺，抑或新设立的专业才会增加教授名额。另一方面，评审标准比较高，审查也相当严格，日本一流高校大多要求"教授必须达到国际水平"。

（二）评价标准

根据1991年修改的《大学设置标准》规定：

大学教授必须具备下列各项条件之一，才被认为在教育研究上有能力者。（1）取得博士学位（包括在外国取得与此相等的学位），在研究上有业绩者；（2）在研究上的业绩被认为相当于博士学位取得者；（3）有在大学当教授经历者；（4）有在大学当副教授经历，在教育研究上被认为有业绩者；（5）在艺术、体育等领域有卓越的特殊技能，有教育经历者；（6）在专门领域有特别卓越的知识及经验者。

副教授必须具备下列各项条件之一：（1）符合有关的规定能成为教授者；（2）在大学有副教授或专任讲师经历者；（3）在大学有3年以上助教或与此相当的职员经历者；（4）取得硕士学位（包括在外国取得与此相等学位）者；（5）在研究所、实验所、调查所等工作5年以上，在研究上被认为有业绩者；（6）在专门领域有卓越的知识及经验者。

讲师必须具备下列各项条件之一：（1）符合规定能成为教授、副教授者；（2）在其他特殊的专门领域被认为有教育能力者。在日本大学里专职讲师是少数，多为从校外聘请来的授课的兼职讲师。

助教必须具备下列各项条件之一：（1）取得学士学位（包括在外国取得与此相等的学位）者；（2）被认为有相当于学士学位之能力者。

（三）职务聘任

日本对教师任用的管理吸收了美式观念和方法，同时又保留了东方文化传统和大和民族传统的影响，在形式上采用了教师作为教育公务员的任用制度。教师来源主要有两种，一种是公开招聘，另一种是校内晋升。

日本高校公开招聘的程序是，当一所大学某专业的名额空缺或增设新讲座需要教师时，就刊登招聘广告或向有关单位发出招聘通知，公开招聘大学教授或副教授。自认符合条件的申请人，可将自己的相关材料寄往招聘学校，大学的招聘评选委员会根据应聘者的学历、资历、教学和科研能力（发表过的论著或科研成果）进行书面审查，有的还要面试。然后把应聘者的情况向学部教授会报告，由教授会来投票表决，规定要有 2/3 以上的票数才能被录用。若是国立大学，要由大学校长签文呈报文部省审批，最后由文部大臣任命。大学讲师是由教授提名，经教授会同意，校长批准即可；助教一般是从研究生院优秀学生或毕业生中选拔。

日本高校教师校内职务晋升的具体程序是首先由学校公布（一般仅在内部公布）缺额人数及条件然后由各学院或学科负责人物色候选人，并由教授个人推荐，最后由学院的教授会或校评议会集体审议（必要时请当事人面试），通过无记名投票，过 2/3 票数的合格者报校长审批任命。教师职务晋升的任命是通过不定期的大学学刊来公布的。日本高校教师的晋升，还受教授、副教授、讲师等教师职位数额的限制。

综上所述，各国高校职称结构基本都包括四个等级：英国划分讲师、高级讲师（副教授）、准教授和教授；德国划分学术助教、初级教授、副教授和教授；日本划分讲师、助理教授、准教授和（正）教授。各国对高校教师的职称评审都有学历、资历方面的标准，对于教授的评价，通常都要求"达到国际水平"。各国普遍实行高校教师职务聘任制，各级教师的聘任通常有公开招聘和校内晋升两种形式。公开招聘一般是通过高校招聘评选委员会对应聘者材料进行书面审查、组织面试、教授会审议等环节，最终决定是否聘用。校内晋升则是采用推荐加评议的形式。

参考文献

政务院：《关于颁发各级人民政府供给制工作人员津贴标准及工资制工作人员工资标准的通知》，1952年7月。

政务院：《国家机关工作人员工资包干费标准及有关事项的规定》，1954年。

国务院：《关于国家机关工作人员全部实行工资制和改行货币工资制的命令》，1955年8月。

国务院：《关于工资改革的决定》，1956年6月16日。

国务院：《关于高等学校教师职务名称及其确定与提升办法的暂行规定》，1960年2月16日。

国务院科技干部局：《关于做好科技干部职称评定工作的通知》，1979年12月7日。

国家科委、国家经委、国务院科技干部局：《关于颁发工程技术干部技术职称暂行规定的请示报告》，1979年12月10日。

国家人事局：《关于贯彻执行国务院颁发的七种业务技术职称暂行规定若干问题的说明》，1980年3月6日。

党中央、国务院：《关于改革职称评定、实行专业技术职务聘任制度的报告》，1986年1月24日。

国务院：《关于实行专业技术职务聘任制度的规定》，1986年2月。

中央职称改革领导小组：《关于实行专业技术职务聘任制工作中若

干问题的原则意见》，1987 年 6 月 1 日。

中央职称改革工作领导小组：《关于认定专业技术职务任职资格的原则意见》，1988 年 1 月 7 日。

中央职称改革工作领导小组：《关于完善专业技术职务聘任制度的原则意见》，1988 年 3 月 12 日。

中央职称改革工作领导小组：《中央国家机关实行专业技术职务任命制度的规定》，1988 年 3 月 26 日。

人事部：《关于加强职称改革工作统一指导的通知》，1988 年 8 月 8 日。

人事部：《关于对专业技术职务评审聘任工作进行复查的通知》，1989 年 10 月 17 日。

人事部：《关于认真做好"专业技术资格"考试工作的通知》，1990 年 4 月 28 日。

人事部：《企事业单位评聘专业技术职务若干问题暂行规定》，1990 年 11 月 10 日。

人事部职位职称司：《关于贯彻人职发〔1990〕4 号文件有关问题的解答》，1991 年 5 月 8 日。

人事部：《关于农民技术人员职称评定问题的通知》，1991 年 2 月 6 日。

人事部：《关于职称改革评聘分开试点工作有关事项的通知》，1991 年 4 月 25 日。

人事部：《关于重新组建专业技术职务评审委员会有关事项的通知》，1991 年 4 月 25 日。

人事部：《〈企事业单位评聘专业技术职务若干问题暂行规定〉有关具体问题的说明》，1991 年 5 月 20 日。

人事部：《〈企事业单位评聘专业技术职务若干问题暂行规定〉有关具体问题的补充说明》，1991 年 10 月 15 日。

人事部：《关于全民所有制企业评聘专业技术职务工作的原则意见》，1991年12月03日。

人事部：《关于高级职务任职资格评审委员会有关问题的通知》，1992年5月12日。

国务院职称改革领导小组办公室：《当前职称改革工作中有关问题的通知》，1992年12月30日。

人事部：《经济专业技术资格考试暂行规定及其实施办法》，1993年1月6日。

人事部：《关于非公有制企业人员评定专业技术资格（职称）由工商联牵头管理并纳入当地人事职改部门统一组织的通知》，1993年12月24日。

人事部：《专业技术资格评定试行办法》，1994年10月31日。

人事部：《关于加强对专业技术资格考试综合管理的通知》，1994年11月1日。

人事部、国家科学技术委员会：《关于民营科技企业人员评定专业技术职称（资格）有关问题的通知》，1995年1月5日。

人事部：《关于加强选拔优秀青年科技人员聘任高级专业技术职务工作的若干意见》的通知，1995年1月13日。

人事部：《职业资格证书制度暂行办法》，1995年1月17日。

人事部：《关于贯彻〈国务院办公厅关于加强职称改革工作统一管理的通知〉的通知》，1995年1月28日。

人事部：《关于加强职称评聘和考试工作中证书管理的通知》，1996年8月15日。

人事部：《关于重申离退休人员不再评审专业技术职务任职资格的通知》，1997年3月24日。

中国科学院：《中国科学院知识创新工程试点全面推进阶段全员岗位聘任制试行办法》，2001年4月10日。

人事部：《关于全国专业技术人员计算机应用能力考试的通知》，2001年12月12日。

中共中央、国务院：《关于进一步加强人才工作的决定》，2003年12月26日。

人事部：《事业单位岗位设置管理试行办法》，2006年7月4日。

人事部：《事业单位岗位设置管理试行办法实施意见》，2006年8月31日。

人事部：《关于完善职称外语考试有关问题的通知》，2007年3月20日。

人事部，教育部：《关于印发高等学校、义务教育学校、中等职业学校等教育事业单位岗位设置管理的三个指导意见的通知》，2007年5月7日。

人力资源和社会保障部：《深化中小学教师职称制度改革试点指导意见》，2009年1月15日。

人力资源和社会保障部：《深化中小学教师职称制度改革试点工作方案》，2009年2月17日。

中共中央、国务院：《国家中长期人才发展规划纲要（2010—2020年）》，2010年6月。

人力资源和社会保障部：《关于大力推进技工院校改革发展的意见》，2010年8月23日。

中共中央组织部、人力资源和社会保障部：《专业技术人才队伍建设中长期规划（2010—2020年）》，2011年3月9日。

中共中央组织部：《关于加强对干部德的考核意见》，2011年10月13日。

浙江大学：《浙江大学专业技术职务评聘工作实施办法》，2012年。

人力资源和社会保障部、教育部：《关于深化中小学教师职称制度改革的指导意见》，2015年8月28日。

人力资源和社会保障部、国家卫生计生委:《关于进一步改革完善基层卫生专业技术人员职称评审工作的指导意见》,2015年11月15日。

中共中央办公厅、国务院办公厅:《关于深化人才发展体制机制改革的意见》,2016年3月21日。

人力资源和社会保障部:《关于加强基层专业技术人才队伍建设的意见》,2016年7月1日。

中共中央办公厅、国务院办公厅:《关于深化职称制度改革的意见》,2016年11月。

人力资源和社会保障部办公厅:《关于在部分职称系列设置正高级职称有关问题的通知》,2017年11月1日。

人力资源和社会保障部:《关于深化技工院校教师职称制度改革的指导意见》,2017年11月28日。

中共中央办公厅、国务院办公厅:《关于分类推进人才评价机制改革的指导意见》,2018年2月。

中共中央办公厅、国务院办公厅:《关于深化项目评审、人才评价、机构评估改革的意见》,2018年7月。

人力资源和社会保障部,财政部:《关于深化会计人员职称制度改革的指导意见》,2019年1月11日。

人力资源和社会保障部、工业和信息化部:《关于深化工程技术人员职称制度改革的指导意见》,2019年2月1日。

人力资源和社会保障部、中国民用航空局:《关于深化民用航空飞行技术人员职称制度改革的指导意见》,2019年3月4日。

《关于深化自然科学研究人员职称制度改革的指导意见》,2019年4月23日。

《关于深化经济专业人员职称制度改革的指导意见》,2019年6月17日。

人力资源和社会保障部：《职称评审管理暂行规定》，2019年7月1日。

国家科学技术委员会科技管理局：《中华人民共和国科学技术法规选编》（第一册），科学技术文献出版社1984年版。

曹志：《中华人民共和国人事制度概要》，北京大学出版社1986年版。

林代昭：《中国近现代人事制度》，劳动人事出版社1989年版。

徐颂陶：《中国人事管理工作实用手册》，中国财政经济出版社1991年版。

《邓小平文选》（第2卷），人民出版社1994年版。

邓力群等：《当代中国的人事管理》，当代中国出版社1994年版。

《列宁全集》（第35卷），人民出版社1985年版。

张正钊、韩大元：《外国许可证制度的理论与实务》，中国人民大学出版社1994年版。

徐颂陶：《中国人才战略与人才资源开发》，中国人事出版社2001年版。

人力资源和社会保障部专业技术人员管理司：《职称工作实用政策文件汇编》，中国人事出版社2009年版。

吴江、蔡学军：《中国职称制度改革》，中国人事出版社2011年版。

牛力：《职称》，中国劳动出版社2011年版。

吕民忠：《职业资格制度概论》，中国人事出版社2011年版。

国家职业分类大典修订工作委员会：《中华人民共和国职业分类大典（2015年版）》，中国人力资源和社会保障出版集团有限公司2015年版。

吴江、蔡学军：《职称制度体系框架研究》，《中国人事科学研究院研究报告》2009年。

蔡学军、黄梅：《分类推进专业技术人员职称制度改革的关键问题研究》,《中国人事科学研究院研究报告》2012 年。

潘陆山:《专业技术人员职称目录的修订与动态调整研究》,《中国人事科学研究院研究报告》2012 年。

蔡学军、谢晶、孙一平等:《专业技术人员职称状况调查》,《中国人事科学研究院研究报告》2013 年。

蔡学军、黄梅:《基层专业技术人员高级职称评价标准研究——以临床医生为例》,《中国人事科学研究院研究报告》2013 年。

蔡学军、赵宁、范巍:《非公专业技术人员职称状况调查分析报告》,《中国人事科学研究院研究报告》2013 年。

谢晶:《中小企业专业技术人员职称状况调查》,《中国人事科学研究院研究报告》2013 年。

蔡学军、谢晶、黄梅:《职称框架体系研究》,《中国人事科学研究院研究报告》2015 年。

蔡学军、孙一平:《评聘结合和评聘分开问题研究》,《中国人事科学研究院研究报告》2015 年。

蔡学军、黄梅:《深圳市深化职称制度改革研究》,《中国人事科学研究院研究报告》2018 年。

龙杏云:《苏联的学位学衔》,《国际观察》1981 年第 1 期。

高炽:《苏联的学衔制度》,《中国电力教育》1989 年第 1 期。

陈浩、刘民慧:《我国执业资格制度体系框架研究》,《科研管理》1999 年第 5 期。

刘玉斌、白雪云等:《专业技术职称评价模型设计》,《江苏省农业管理干部学院学报》2000 年第 3 期。

艾珂:《国外如何定职称》,《中国商报》2001 年 6 月 3 日。

余仁智:《中科院职称改革大提速》,《人才瞭望》2001 年第 9 期。

王文学:《职称评聘工作在企业人力资源开发中的作用》,《工会论坛》2004 年第 7 期。

蒋斌仁、岳星等：《深化职称制度改革，建立科学的职称评价体系》，《才智》2004年第11期。

唐智国、姜艳、潘莲君等：《新时期对我国专业技术职称工作的思考》，《浙江理工大学学报》2006年第1期。

庞海芍：《高校教师职业特点及激励机制研究》，《北京理工大学学报》（社会科学版）2006年第3期。

赵鑫帅：《深化职称改革，推行评聘分开》，《山西焦煤科技》2007年第1期。

张红晓：《现阶段我国高校教师评价机制的缺陷及改进》，《中州学刊》2007年第2期。

房列曙：《民国文官制度的独特创制》，《史学集刊》2007年第6期。

陈瑞华、严裕华：《非国有企业职称评审政策的比较分析》，《江西社会科学》2008年第5期。

郭杏雅、杨潮：《建立附属医院专业技术职务聘任临床技能考核评价模式的思考》，《中华医院管理杂志》2008年第6期。

萧鸣政：《人才评价机制问题探析》，《北京大学学报》（哲学社会科学版）2009年第3期。

刘俊振：《职务管理系统：一个整合的概念性框架》，《标准学》2009年第4期。

周江林：《我国高校教师职务聘任制改革问题与对策》，《中国高校师资研究》2009年第4期。

郭睿、纪望平：《高校教师职称管理问题研——高校教师专业技术职务评聘的历史演进、问题与对策》，《惠州学院学报》（社会科学版）2009年第4期。

祁占勇、陈鹏：《我国高校教师聘任制的困境及理性选择》，《陕西师范大学学报》（哲学社会科学版）2009年第4期。

李子江：《我国高校教师职务管理制度的历史沿革与展望》，《大学教育科学》2010年第4期。

宋广文等：《高校教师职称制度改革的几点思考》，《国家教育行政学院学报》2010年第5期。

孙福兵：《国外高校教师职称制度的特点及启示》，《吉林工程技术师范学院学报》2010年第9期。

李建钟：《论职称制度改革》，《中国人力资源开发》2010年第11期。

杨汝涛：《市场经济条件下职称制度改革研究》，《社会科学战线》2010年第12期。

郭明维、何新征、朱晓娟：《国外高校职称评聘管理的基本模式》，《发展》2011年第2期。

张玲等：《国外高校及研究机构职称体系的主要特点》，《中国人才》2011年第5期。

董志超：《我国职称制度的发展与改革》，《中国卫生人才》2011年第5期。

李晓阳：《职业标准建设：发达国家的经验与我国的路径选择》，《教育理论与实践》2011年第7期。

余兴龙：《以公平为导向的职称评审制度构建研究》，《中国行政管理》2011年第11期。

王柯亮、张蕾、张光鹏：《我国卫生人才评价现状与对策》，《中国卫生政策研究》2011年第12期。

董志超：《新中国职称制度的历史追溯》，《人民论坛》2011年第20期。

王海燕：《我国事业单位职称制度改革探析》，《人力资源管理》2014年第11期。

牛风蕊：《高校教师职称制度的结构与历史变迁——基于历史制度

主义的分析》,《高教研究》2012 年第 10 期。

李志峰:《衔到岗位:高校教师职务管理的内在逻辑》,《教育研究》2013 年第 5 期。

高文豪、陈超:《美国研究型大学教师职称晋升权力分治现象——以哈佛大学文理学院终身教职晋升为例》,《教师教育研究》2013 年第 6 期。

陈健:《美、德、日教授评定略览》,《教育旬刊》2013 年第 6 期(中)。

高阳:《让医生回归临床》,《中国卫生人才》2013 年第 7 期。

徐波:《浅谈建国以来我国职称制度的演变》,《黑龙江史志》2014 年第 1 期。

许波:《教师职务聘任制中职务晋升的非学术因素分析》,《人力资源管理》2014 年第 2 期。

黑嘉鑫:《高等学校专任教师职称评聘问题探析》,《沈阳农业大学学报》(社会科学版) 2014 年第 4 期。

张恋:《高校教师职称评审制度问题及对策研究》,《南昌师范学院学报》2014 年第 6 期。

钟勇:《德国教授体制探讨与启迪》,《机电技术》2015 年第 1 期。

贺永平:《职称晋升中科研成果评审的问题与对策》,《中国高校科技》2015 年第 3 期。

黄梅:《我国职称制度改革面临的突出问题与相关路径探析——基于 2013 年全国专业技术人才职称状况调查的分析》,《中国行政管理》2015 年第 11 期。

王林涵:《新形势下我国专业技术职务聘任制度探析》,《中国经贸导刊》2015 年第 11 期。

《为人才培养和发展造就良好环境——〈关于深化人才发展体制机制改革的意见〉解读》,《人民日报》2016 年 3 月 29 日第 6 版。

陈建辉、王树金、徐海波：《非公领域专业技术人员职称评聘问题思考》，《中国人力资源社会保障》2016年第6期。

陈建辉、王树金、徐海波：《非公领域专业技术人员职称评聘政策演变与优化设计》，《人事天地》2016年第8期。

孙明艳：《新形势下公立医院职称评审制度的思考》，《人力资源管理》2016年第10期。

张晓欣：《专业技术人才评价体系创新中的政府职能研究》，《人才资源开发》2016年第21期。

何永松：《事业单位职称改革的战略选择——基于贵州省的调查分析》，《重庆工商大学学报》（社会科学版）2017年第1期。

《用好人才评价"指挥棒"》，《中国组织人事报》2017年4月10日。

尹蔚民：《全面深化职称制度改革　充分发挥人才评价指挥棒作用》，《求是》2017年第5期。

《人社部专技司、职业能力司负责同志解读〈关于深化技工院校教师职称制度改革的指导意见〉》，2017年12月4日。

《分类推进人才评价机制改革　发挥好人才评价"指挥棒"作用——人社部相关负责人就〈关于分类推进人才评价机制改革的指导意见〉进行解读》，《人民日报》2018年3月2日。

《人力资源社会保障部专技司　财政部会计司有关负责人就印发〈关于深化会计人员职称制度改革的指导意见〉答记者问》，2019年1月24日。

孙彦玲、孙锐：《制度有效性视角下职称制度改革探讨》，《中国科技论坛》2019年第3期。

《人力资源社会保障部　中国民用航空局有关司局负责人就〈关于深化民用航空飞行技术人员职称制度改革的指导意见〉答记者问》，2019年3月26日。

人力资源社会保障部专技司有关负责人就印发《关于深化自然科学研究人员职称制度改革的指导意见》答记者问，2019年5月10日。

人力资源社会保障部专技司有关负责人就印发《关于深化经济专业人员职称制度改革的指导意见》答问，2019年6月22日。

童静菊：《我国高校教师职务评聘的若干问题研究》，硕士学位论文，华中师范大学，1999年。

刘薇：《专业技术职务聘任制及其发展趋势研究》，硕士学位论文，大连理工大学，2000年。

王彦生：《我国事业单位职称改革的现状及走向分析》，硕士学位论文，郑州大学，2002年。

孙建伟：《临床医学专业高级职称量化评价标准体系研究》，硕士学位论文，浙江大学，2004年。

杨武杰：《山东省农业职称改革现状与对策研究》，硕士学位论文，中国农业大学，2005年。

李娜：《我国高校教师专业技术职务评聘模式及评审体系研究》，硕士学位论文，河海大学，2006年。

李昊：《中美大学教师聘用制度的比较研究》，硕士学位论文，上海师范大学，2006年。

何永桂：《试论实行"评聘分开"的专业技术人员职称管理模式》，硕士学位论文，苏州大学，2007年。

盘名德：《职称评审的政府管理模式研究》，硕士学位论文，广西民族大学，2007年。

王慧：《高校教师职务聘任制改革研究》，硕士学位论文，河海大学，2007年。

刘海燕：《美国大学终身教授制度研究》，硕士学位论文，山西大学，2007年。

徐美华：《我国高校教师职称评聘制度沿革分析》，硕士学位论文，苏州大学，2008年。

曹志云：《工程技术人员职称社会化评价的实践与思考》，硕士学位论文，上海交通大学，2008年。

彭争艳：《论我国事业单位人事制度改革》，硕士学位论文，湖南师范大学，2009年。

蒋石梅：《工程师形成的质量规制研究》，博士学位论文，浙江大学，2009年。

赵剑锋：《非公经济企业员工职称评审改革研究》，硕士学位论文，天津大学，2010年。

吴凡：《专业技术资格评定有效性研究——以南宁市为例》，硕士学位论文，华中科技大学，2011年。

王敏：《试析民国时期专业技术人员考试法制》，硕士学位论文，西南政法大学，2011年。

徐斯雄：《民国大学学术评价研究》，博士学位论文，西南大学，2011年。

李放：《医疗体制改革下公立医院医师职称聘任制度研究》，硕士学位论文，中央财经大学，2012年。

张磊：《陕西省卫生职称"评聘分开"管理模式研究》，硕士学位论文，西北大学，2013年。

董宁：《我国高校教师职称评审现状调查与制度设计研究》，硕士学位论文，扬州大学，2013年。

李俐：《英国高校教师发展研究》，博士学位论文，西南大学，2013年。

于娟娟：《综合性大学教师专业技术职务聘任制度研究》，硕士学位论文，安徽大学，2014年。

李丽莉：《改革开放以来我国科技人才政策演进研究》，博士学位论文，东北师范大学，2014年。

郭炜：《1978—1992年中国共产党知识分子政策的研究》，博士学位论文，中共中央党校，2014年。

曹俊：《美国大学教师晋升制度研究——以威廉玛丽学院为例》，硕士学位论文，扬州大学，2014年。

刘虹：《上海中医药大学教师职称晋升完善对策研究》，硕士学位论文，西北师范大学，2015年。